넥스트 AI 비즈니스

넥스트 AI

새로운
부의 기회를 선점할
AI 기술 트렌드

비즈니스

Next AI Business ||||||| 최은수 지음

비즈니스북스

일러두기

1. 본문에 나오는 외래어 표기는 국립국어원의 외래어 표기법을 따랐으며, 표기법을 어긋나지만 관례적으로 굳어진 외래어는 그대로 표기했습니다.

2. 본문에 나오는 서비스, 소프트웨어, 시스템, 제품, 플랫폼의 영문 이름은 '참고'에서 확인할 수 있으며, 기업 이름과 동일한 경우 맥락에 따라 기업 이름일 때는 본문에 영문을 병기했습니다.

넥스트 AI 비즈니스

1판 1쇄 인쇄 2025년 2월 11일
1판 1쇄 발행 2025년 2월 18일

지은이 | 최은수
발행인 | 홍영태
편집인 | 김미란
발행처 | (주)비즈니스북스
등 록 | 제2000-000225호(2000년 2월 28일)
주 소 | 03991 서울시 마포구 월드컵북로6길 3 이노베이스빌딩 7층
전 화 | (02)338-9449
팩 스 | (02)338-6543
대표메일 | bb@businessbooks.co.kr
홈페이지 | http://www.businessbooks.co.kr
블로그 | http://blog.naver.com/biz_books
페이스북 | thebizbooks
인스타그램 | bizbooks_kr
ISBN 979-11-6254-409-9 03320

지금 이 순간도
AI가 세상을 바꾸고 있다

모든 기계와 대화가 가능하고 언어 장벽이 사라진 세상, 누구나 최고의 전문가를 수행 비서로 두고 일할 수 있는 세상, 위험과 질병을 예측해서 막아주고 맞춤형 서비스가 제공되는 초개인화 세상, 기후와 의학 등 인류의 난제를 해결하는 세상, 인공지능Artificial Intelligence, AI으로 무장한 테크 다윗 기업이 전통의 골리앗 기업을 정복하는 세상….

우리는 AI가 모든 산업을 리셋하고 인류의 삶에 혁명을 일으키는 세상을 목전에 두고 있다. 나는 올해 라스베이거스에서 CES 2025에 심사위원으로 참가했다. 혁신상 심사를 비롯해 기조연설과 콘퍼런스에 참석하고, 각종 기자회견과 전문가 및 석학의 인터뷰를 진행하며 '이제는 개인이든 기업이든 AI가 가져올 세상의 변화에 뒤처지면 순식간에 경쟁에서 밀려나겠구나' 하는 절박함을 느꼈다. 그뿐만이 아니다. 축구장 26개 규모의 방대한 전시장을 분주하게 뛰어다니는 수많은 사람의 모습을 보면서 AI 시대는 미래가 아닌 지금 우리가 맞닥뜨린 현재임을 절감했다.

AI 전환은 일시적 유행이 아니다

컴퓨터와 인터넷, 스마트폰을 앞세운 정보통신기술Information and Communications Technology, ICT의 발달은 2000년대 중반부터 지금까지 우리 사회에 '디지털 전환'Digital Transformation, DX이라는 화두를 몰고 왔다. 아마존 같은 유통 기업과 디즈니, 넷플릭스, 에어비앤비와 같은 콘텐츠와 서비스 기업들도 디지털 전환에 올라탔다. 그리고 구글, 메타, 애플 등의 빅테크 기업들은 디지털 전환에 박차를 가하며 경쟁 우위를 확보했다.

디지털 기술은 아날로그 방식으로 이루어지던 업무 및 각종 프로세스, 경영 방식, 조직문화를 혁신적으로 바꾸어놓았다. 업무 자동화와 데이터 분석을 통한 생산성 향상은 비즈니스 방식과 고객과의 소통법을 진화시켰다. 그리고 클라우드 환경을 구축해 IT 인프라를 효율적으로 관리하고 사물인터넷Internet of Things, IoT을 활용한 실시간 데이터 수집과 분석은 새로운 통찰을 가능케 했다.

　이러한 디지털 전환은 다양한 산업에서 혁신적인 비즈니스 모델을 탄생시켰다. 우선 플랫폼을 앞세워 공유경제와 구독경제의 기반을 만들었다. 거대 플랫폼은 공급자와 수요자를 연결하는 디지털 생태계를 완성해냈다. 나아가 기존 산업이나 서비스에 근본적인 변화를 일으켰다. 일례로 전통적인 자동차 제조 기술과 IT 기술이 결합해 자율주행 자동차를 탄생시켰고, 이 틈새를 전통 자동차 회사가 아닌 테슬라가 파고들어 전기차 시대를 앞당겼다. 그 결과 테슬라는 완성차 회사 중 1위인 도요타(시가총액 약 500조 원)를 제치고 현재 시가총액(약 2,000조 원) 기준 세계 1위 자동차 회사가 됐다.

　2022년 11월 30일, 오픈AI가 챗GPT를 공개하면서 세상은 또 한 번의 변혁을 맞았다. 기업들이 모든 제품과 서비스에 AI를 탑재하는 데 주력하면서 'AI 전환'AI Transformation, AX이 가속화되었다. AI 전환은 AI 기술을 조직 운영, 비즈니스 모델 개발, 프로세스의 자동화와 최적화, 데이터 활용, 제품과 서비스 개발 등에 통합적으로 적용해 혁신을 일으키는 비즈니스 전환을 의미한다. 단순한 기술 도입을 넘어 조직의 구조, 문화, 전략에 이르기까지 AI를 중심으로 근본적인 변화를 일으키는 것이다. 이를 통해 기업은 경쟁 우위를 확보하고 새로운 수익 창출과 비용 절감을 달성하며 고객 만족도를 향상시켜 지속가능한 발전을 모색할 수 있다.

　이미 전 세계 기업과 국가들의 AI 전환은 시작되었다. 이는 거스를 수 없는 흐름이다. 제조 기업들은 AI를 활용해 생산 공정을 자동화하고 최적화된 스마트팩토리를 구축하여 생산성을 향상시키고, 데이터 기반 운영으로 효율성을 높이고 있다. 금융 회사들은 AI 챗봇을 도입해 고객에게 개인 맞춤형 서비스를 제공하면서 24시간 고객의 요구에 대응하는 시스템까지 구축했다. 심지어 로봇 투자상담사까지 등장한 상황이다.

많은 국가가 정부 차원에서 AI 시대에 대응하고 있다. 특히 AI 반도체 패권을 장악하기 위한 반도체 전쟁이 뜨거운 가운데 미국과 중국의 기싸움이 팽팽하다. 2022년 10월, 미국 상무부는 미국 기술을 사용한 첨단 반도체 장비나 AI 칩의 중국 수출을 제한하는 통제 정책을 발표했다. 이어 2024년 10월에는 반도체, AI, 양자컴퓨팅Quantum Computing 등 최첨단 기술 분야에서 미국 자본의 중국 투자를 막는 규제안까지 내놓았다.

반면 중국은 미국의 강력한 제재에도 불구하고 기세가 꺾이지 않았다. 2030년까지 AI 분야에서 미국을 추월하기 위한 중장기 마스터플랜을 수립해 실행 중이다. CES 2025에서도 중국은 가전, 자동차, 로봇 등 다양한 분야에 AI 핵심 기술을 적용해서 AI 굴기의 성과를 과시했다. 중국 가전업체 하이센스Hisense는 '당신의 인생을 AI하라'는 슬로건을 앞세워 중국의 공격적인 면모를 상징적으로 보여주었다.

특히 중국 딥시크DeepSeek가 혜성처럼 등장해 "고작 80억 원으로 오픈AI와 맞먹는 성능의 AI를 개발했다."고 R1을 공개하면서 엔비디아 주가를 17퍼센트(860조 원)나 추락시켰다. 저성능칩과 적은 개발비로 오픈AI를 위협하는 AI 개발에 성공했기 때문이다. 알리바바도 큐원 2.5-맥스를 공개했다. 알리바바는 "거의 모든 영역에서 오픈AI의 GPT-4o, 딥시크-V3를 이긴다"고 맞서고 있다. 이에 놀란 오픈AI는 새로운 AI 추론 모델 o3-미니를 내놓으며 저비용, 빠른 속도를 자랑했다. 이처럼 AI 개발 경쟁이 새로운 국면을 맞고 있다.

AI는 기업과 국가 차원에서 생산성 향상, 의사결정 지원, 공공 서비스 개선 및 국제 협력 증진 등 다양한 변화를 이끌고 있으며 이러한 변화는 더욱 가속화할 전망이다. 과연 AI는 세상을 얼마나 바꾸어놓을까? 물론 미래는 아무도 확언할 수 없다. 다만 한 가지 분명한 것은 사람의 지능 수준을 갖춘 AI의 등장이 예고되었다는 점이다. 또한 이러한 상황에서 AI 전환에 뒤처지면 개인뿐 아니라 모든 산업의 경쟁력이 약화될 것이라는 점은 불 보듯 뻔하다.

AI 전환으로 게임의 규칙이 바뀐다

"AI는 새로운 전기이며 모든 산업에 혁명을 일으킬 것이다."

AI와 딥러닝의 선구자인 앤드루 응Andrew Ng 미국 스탠퍼드대학 교수의 말이다. 그는 AI가 전기처럼 사회경제 전반에 끼치는 범용 기술이 될 것이며, 결코 한때의 유행에 머물지 않고 '영원한 봄'이 될 것이라 전망했다. 이제 AI는 인터넷을 벗어나 모든 산업에 적용되고 확장되는 대전환기에 접어들었다.

그렇다면 '디지털 전환'이 일으킨 변혁에 이어 'AI 전환'은 어떻게 우리 삶과 산업의 구조를 바꿔놓을까? 현재 시점의 AI는 사람과 대화가 가능한 '제2의 기계 인간'으로 이해하면 좋을 듯하다. 말과 글로 명령만 하면 사람처럼 지능적인 기능을 수행하지만 여전히 인간의 역할을 보조해주는 기계에 머문다는 의미다.

컴퓨터나 가전제품, 스마트폰 등 모든 기기나 장비에 이 기계 인간이 장착되어서 사용자의 요구사항을 이행해준다. 기계가 사람의 말을 알아듣고 대화가 가능하기 때문에 모든 장비와 기기는 '비접촉식'으로 작동한다. 사용법을 몰라도 AI가 챗봇(AI 에이전트)이 되어 자세히 설명해주기 때문에 질문으로 문제를 해결한 후 진행하면 된다. 고장이나 오류가 나도 걱정할 것 없다. 장비나 기기에 탑재된 '제2의 기계 인간'에게 물어보면 되기 때문이다. 이는 분명 디지털 전환과는 차원이 다른 세상을 만들 것이며 창작을 넘은 창조에 가까운 신산업을 탄생시키리라 예측된다.

나는 CES 2025 심사위원으로서 33개 분야 3,400여 개에 달하는 출품작과 최고 혁신상 및 혁신상 수상 제품들의 비즈니스 모델을 분석하면서 AI가 다섯 가지 측면에서 비즈니스를 바꿔놓고 있다는 것을 확인했다.

1. **AI 기반 초개인화 서비스가 확산되고 있다.** 개별 소비자에 최적화된 맞춤형 서비스와 제품을 제공하는 새로운 비즈니스 모델이 기존 산업의 패러다임을 바꾸는 중이다. 넷플릭스는 AI 알고리즘으로 소비자 개개인의 시청 습관을 분석해 맞춤형 콘텐츠를 추천함으로써 기존과는 완전히 다른 구독 기반의 비즈니스 모델로 진화했다. 이러한 초개인 서비스는 전 산업으로 확산될 전망이다.

2. **산업 현장이 데이터 중심으로 전환되고 있다.** 현실 세계와 똑같은 디지털 트윈을 통해 사전 시뮬레이션을 진행하여 리스크 제로의 상황을 만든다. 기업은 AI를 활용해 방대한 데이터를 수집 및 분석하고 패턴을 찾아내 데이터 기반의 의사결정을 하는 형태로 진화하면서 현장의 효율성과 생산성을 극대화할 것이다.

3. **생성형 AI로 업무 방식을 혁신하고 새로운 비즈니스 모델을 창출하고 있다.** 수많은 기업이 생성형 AI를 도입해 창의적인 콘텐츠를 자동으로 생성하여 광고, 마케팅, 영화 제작 등에서 비용 절감과 효율성 제고에 박차를 가할 것이다.

4. **인간과 AI의 본격적인 협업이 시작되고 있다.** 로봇으로 무장한 AI가 인간이 수행하던 복잡한 작업을 자동화하거나 보조하는 등 본격적인 협업 모델이 되면서 새로운 비즈니스를 창출하고 있다.

5. **AI가 기존 산업에 탑재되면서 비즈니스 모델이 진화하는 한편 시장 생태계도 새롭게 조성되고 있다.** 에어비앤비는 AI 기반의 매칭 시스템을 통해 여행객과 호스트의 선호도를 분석했다. 이를

기반으로 최적의 숙박 옵션을 추천하여 사용자 경험을 향상하고 서비스 효율성을 높여서 더 많은 고객을 유입하는 중이다. 우버 역시 머신러닝 알고리즘을 활용해 수요 예측, 최적 경로 산출, 동적 가격 책정을 하여 운전자와 승객 간의 매칭 효율성을 높임으로써 서비스 품질을 향상하고 있다.

AI를 활용하는 자가 기회를 잡는다

AI의 진화와 신기술의 발전 속도는 전문가들조차 놀랄 정도로 빨라지는 추세다. AI 기술은 선택 사항이 아닌 필수적 동반자가 되었다. 이제 기업은 물론 개인 또한 새로운 툴과 플랫폼, 기술을 받아들이는 데 주저하지 않고 끊임없이 배우고 적응하려는 자세를 가져야 한다. 우리의 삶 속에 깊이 들어온 AI와 로봇과 협력하는 방법을 고민해야 하며 휴머노이드 로봇을 비롯한 피지컬 AIPhysical AI(AI 기술을 휴머노이드 로봇이나 자율주행차 등에 탑재하는 등 물리적 환경에서 구현하고 적용하는 것을 말한다)를 자연스럽게 맞이해야 할 때가 왔다.

한편 AI 발전이 긍정적인 것만은 아니다. AI로 인한 부작용도 일상 속으로 깊이 파고들었다. 대표적인 예로 누구나 가짜뉴스와 딥페이크 Deepfake 생성, 저작권 침해와 명의도용, 해킹에 관여할 수 있으며, 반대로 누구라도 그 피해를 입을 수 있다. 그러므로 기술의 편리함을 누리되 기술의 투명성과 윤리적 기준을 강화하고, 인간 중심의 통제와 책임 체계를 확립하는 노력이 절실하다.

AI 시대에 단순한 사용자로 머물 것인가, 변화를 주도할 것인가에 대한 답은 스스로의 몫이다. 변화는 두렵지만 새로운 기회도 준다. 2024년 나는 30년 91일간의 기자 생활을 접고 AI 지식인이 되기로 결심했다. 두려움 대신 새로움을 즐기기 위해 AI 기업 CEO로 자리를 옮겨 AI 세상에 주저없이 뛰어들었다. 그 선택 덕분에 얼마 전에는 CES 2025 심사위원이자 참관객으로서 참여해 AI 기술의 미래를 몸소 체험할 수 있었다. 이 책에는 나의 다양한 AI 경험과 지식은 물론 최신 AI 기술과 AI가 바꿀 미래에 대비하는 인사이트, 앞으로 부상할 AI 비즈니스 사례가 풍부하게 담겨 있어 AI가 만드는 새로운 세상에서 개인과 기업은 어떻게 기회를 선점할 것인가에 대한 실마리를 얻을 수 있다.

또한 나는 산업통상자원부의 AI산업정책위원회 미래분과 위원으로 참여해 8개월 넘게 정부의 산업 AI 정책을 더 가까이에서 들여다보는 소중한 시간을 가졌다. 이에 2025년 1월 산업통상자원부가 확정해서 발표한 '산업 AI 확산을 위한 10대 과제'를 이 책의 특별부록으로 소개한다. AI를 비즈니스 기회로 활용하고 싶은 기업이나 리더, AI 기업에 투자하고 있는 사람들에게 실질적인 도움을 줄 것이다.

AI 시장에는 아직도 틈새시장이 존재하고 후발 주자가 선두 주자를 따라잡는 사례도 등장한다. 성공 사례의 주인공이 당신이 될 수도 있다. 자, 지금부터 그 가능성의 세계로 떠나가보자.

제1장

새로운 비즈니스 기회를 열어주는 5대 AI 혁명

이미 시장은
AI가 지배하고 있다

인공지능Artificial Intelligence, AI이 우리의 일상을 바꿔놓고 있다는 사실은 개인 음성 비서를 통해 가장 쉽게 체감할 수 있다. 인간의 언어인 자연어를 알아듣고 요구사항을 척척 해결해주는 AI는 일상생활과 업무를 도와주는 말 그대로 '나만의 비서'와 마찬가지다. 운전 중이라 전화를 걸 수 없을 때 "김철수에게 전화해줘."라고 요청하면 AI가 대신 전화를 걸어준다. "비 오는 날씨에 어울리는 음악 틀어줘."라고 주문하면

음성 비서

사람의 말을 알아듣고 명령을 수행하는 AI. 스마트폰, 기계, 장비와 대화가 가능하도록 해준다.

자연어

사람이 일상생활에서 사용하는 언어. 자연어처리NLP 기술로 AI가 사람의 말을 알아듣게 되었다.

DJ가 되어 선곡해준다. "어제 엔비디아 주가 알려줘."라고 질문하면 전날 장 마감 후의 주가를 알려준다.

1. 음성 혁명 : 모든 기계와 대화가 가능한 세상

음성 비서는 스마트폰에 탑재되어 있다. 대표적인 AI 음성 비서는 애플의 시리, 아마존의 알렉사, 구글의 제미나이 라이브, 알리바바 그룹의 핀테크 기업인 앤트의 지샤오바오 등이 있다. 국내 기업들 중 삼성은 빅스비에 대규모 언어 모델Large Language Model, LLM을 탑재했다. 그리고 네이버는 클로바X 외에 초거대 AI 하이퍼클로바X 기반으로 자연스러운 대화가 가능한 스피치X를 개발 중이다. 카카오 계열인 디케이테크인은 AI 플랫폼 카카오 아이를 기반으로 헤이 카카오를 출시했다.

> **대규모 언어 모델**
> 방대한 양의 텍스트 데이터를 학습한 AI가 사람처럼 글을 쓰고, 이해하고, 대화할 수 있도록 해주는 기술.

이들 음성 비서는 각 회사에서 판매하는 스마트 스피커나 휴대폰, 스마트기기 등에 내장되어 있어 말로 지시만 하면 된다. 구글의 제미나이 라이브는 사용자가 "헤이 구글."이라고 부르면 AI가 정보 검색부터 스마트폰 조작까지 다양한 작업을 수행해준다. 갤럭시 휴대폰 이용자라면 알람을 설정할 때 "하이, 빅스비! 아침 6시 모닝콜 부탁해."라고 해보자. 정확히 그 시간에 잠을 깨워줄 것이다. 아마존의 알렉사는

"알렉사, 휴지 주문해줘."라고 말하면 아마존 계정을 사용해서 상품을 주문해주는데, 최근에는 대화형 AI로 업데이트되었다.

음성 비서의 진화로 챗GPT와 구글 제미나이는 사용자와 자연스럽고 자유로운 음성 대화가 가능해졌으며 대화 중간에 사용자가 끼어들거나 주제를 변경해도 AI가 자연스럽게 이해하고 대응해준다.

삼성의 빅스비와 LG전자의 음성 비서 씽큐 역시 텔레비전, 세탁기, 냉장고, 에어컨, 로봇청소기 등을 음성으로 작동할 수 있게 해준다. 세탁물을 넣고 "씽큐(또는 빅스비), 세탁기를 돌려줘."라고 말하면 세탁이 시작되고 세탁이 끝나면 알림을 제공한다. 카카오톡 문자를 보낼 때는 마이크를 눌러 음성으로 메시지를 작성한 뒤 '전송'을 누르면 된다. "헤이 카카오, 택시 불러줘."라고 말만 하면 카카오T와 연동해 차량을 호출해준다. 영어 회화 공부도 할 수 있다. 네이버 클로바에 접속해서 "클로바, 영어로 대화하자."라고 하면 영어 회화 연습을 지원한다.

그런데 이게 다가 아니다. 이들 음성 비서를 능가하는 더 똑똑한 '박사 비서'가 등장했다. 사람의 문자와 음성을 모두 이해하면서 이미지까지 판별하고 생성할 수 있는 AI 음성 비서가 나온 것이다. 이는 고도화한 LLM 덕분이다. LLM을 통해 대화의 맥락과 복잡한 질문을 이해하고 다양한 지식을 학습할 수 있으며, 이용자에 맞춘 개인화된 서비스도 제공받을 수 있다.

이른바 생성형 AIGenerative Artificial Intelligence, GAI를 활용해 만들어진 대화형 AI의 3인방인 오픈AI의 챗GPT, 구글 제미나이, 마이크로소프트 빙은 다양한 주제로 대화를 나눌 수 있다. 또한 사용자의 질문에 자연스럽게 피드백하고 맥락에 맞는 답변을 제공해주는 등 고급 대화가 가능하다. 축사나 시 작성과 같은 스토리텔링, 마케팅 카피 작성, 전문 보고서 작성 등 창의적인 작업과 전문 정보 검색까지 도와준다.

예를 들어 콘셉트를 전달하고 "챗GPT, 이 콘셉트에 맞는 마케팅 문구 만들어줘."라고 명령하면 마케팅 아이디어를 제공해준다. 또 "챗GPT, 최신 AI 기술 트렌드를 보고서 형태로 정리해줘."라고 말하면 보고서를 작성해준다.

삼성전자는 TV에 LLM을 기반으로 한 고급 AI 음성 비서 앰비언트 어시스턴트Ambient Assistant를 탑재해 CES 2025 혁신상을 수상했다. 이 음성 비서는 TV가 꺼져 있어도 사용자가 음성으로 질문하면 이를 인식해 하루 일정이나 보고 싶은 콘텐츠를 화면에 띄워준다.

음성 혁명은 기계와 대화가 가능한 세상을 만들어 사용자 인터페이스User Interface, UI의 대변혁을 이끌어내고 있다. 이제는 모든 기기에 음성 인식 기능의 탑재와 상호작용이 필수가 되었다. UI는 사용자와 시스템 또는 기기, 소프트웨어와 상호작용을 할 수 있도록 설계된 매개체를 뜻한다. 사용자가 기기를 작동시키려면 명령을 전달해야 하는데 키보드 입력, 마우스 입력, 버튼 클릭, 터치스크린, 제스처 입력 등 다양한 방법이 있다.

하지만 기계가 사람의 말을 알아듣는 AI가 탑재되면서 음성 사용자 인터페이스Voice User Interface, VUI가 UI의 대세가 되었다. 음성은 운전이나 작업 중에도 지시를 내릴 수 있어 편리하고 입력과 실행이 한 번에 이루어져 매우 효율적이고 직관적이다. 또한 사용자 경험User Experience, UX을 향상시켜주는 역할을 한다. 이로 인해 음성 입력은 단순한 명령 실행을 넘어 UI의 혁신을 이끌며 미래형 UI로 자리 잡고 있다. 자동차에 탑재된 음성 UI는 내비게이션 내 목적지 설정, 음악 재생, 전화 걸기 등을 수행해주어서 운전자가 보다 운전에 집중할 수 있도록 도와준다.

> **음성 사용자 인터페이스**
>
> 사용자 인터페이스는 컴퓨터 자판, 스마트폰 앱, 화면, 버튼, 메뉴 등 기기를 작동시키는 방법을 말하는데, 음성 비서가 등장하면서 UI 핵심이 되고 있다.

> **사용자 경험**
>
> 사용자가 제품을 사용하면서 느끼는 총체적인 경험. 기능뿐만 아니라 UX 디자인을 통해 만족감, 효율성, 감성적 충족을 줘야 한다.

퀴즐렛은 음성 입력 기능을 통해 단어의 발음을 확인하고, 정확하게 암기할 수 있는 인터랙티브한 학습 경험을 제공하는 플랫폼이다. 마이크로소프트의 리딩 프로그레스는 음성 인식 기술을 활용해 학생들의 독해 능력을 평가하고 개선을 도와주는 역할을 한다. 넷플릭스는 음성지원 기능을 통해 사용자가 원하는 영화를 손쉽게 찾아 선택할 수 있도록 해준다.

음성 인식은 스마트홈 자동화에도 활용되고 있다. 시리, 알렉사, 구글 어시스턴트 같은 가상 비서를 활용해 음성으로 조명, 온도 조절기, 보일러, 가전제품, 에어컨 등을 작동시킬 수 있다. 클로바노트에 탑재된 음성 UI는 강의 내용을 자동으로 요약해주고 음성 검색 기능으로 필요한 부분을 쉽게 찾아 들을 수 있게 해준다. 구글의 티엘디브이는

> **가상 비서**
>
> 인간 비서와 달리 디지털 공간에 존재한다는 뜻에서 붙여진 이름. 텍스트, 음성, 터치 등 다양한 방식으로 명령을 수행해주며 음성 비서도 가상 비서 중 하나다.

회의를 자동으로 녹음하고 텍스트로 변환한 후, 중요한 내용만 요약해줘서 업무 효율성을 높여준다. 이처럼 VUI는 가전제품을 포함한 모든 기계와의 대화가 가능한 세상을 만들어주면서 음성 혁명을 일으키고 있다.

2. 생체 및 건강 혁명 : 질병 예방부터 치료와 건강관리까지 책임진다

영국에 사는 69세 할머니 다이앤 코비Dianne Covey는 2024년 12월 지속적인 기침 증상으로 병원을 찾았다. 애널리스Annalise AI가 흉부 X레이를 판독해 폐암을 조기에 진단해줌으로써 지금은 건강하게 생활하고 있다.

할리우드 톱 배우 앤젤리나 졸리는 2013년에 미국 생명공학 회사 23앤미23andMe의 유전자 검사를 받았는데 유방암 발병 확률이 87퍼센

트, 난소암 발병 확률이 50퍼센트에 달했다. 이는 대규모 유전자 데이터베이스를 AI와 머신러닝 알고리즘으로 분석한 결과였다. 앤젤리나 졸리는 이 결과를 통보받은 후, 자신의 건강을 지키기 위해 '예방 수술'을 결정했다. 양측 유방을 절제하고 뒤이어 난소 및 난관 절제 수술을 받아 암 발병 위험을 현저히 낮출 수 있었고 지금까지 건강하게 활동하고 있다.

AI는 건강 지킴이로 맹활약하면서 나의 건강 상태를 24시간 실시간 모니터링해준다. 특히 헬스케어 디바이스 사용자들이 늘면서 내 몸의 생체 신호를 모니터링해주는 AI 기반 건강관리기기 시장이 활기를 띠는 추세다.

웨어러블 디바이스인 피트니스 트래커는 손목에 차고 있기만 하면 된다. 디바이스가 알아서 걸음걸이 수, 신체 활동량, 칼로리 소모량, 심박수, 수면 패턴 등 생체 관련 지표를 모니터링하고 추적해서 스마트폰을 통해 알려준다.

피트니스 트래커

신체 활동(걸음 수, 이동 거리, 칼로리 소모량), 건강 지표(심박수, 수면, 스트레스 수준) 등 건강 데이터를 수집하도록 설계된 웨어러블기기.

이러한 피트니스 트래커는 애플 워치, 구글에 인수된 핏빗Fitbit의 핏빗 센스, 삼성의 갤럭시 핏, 샤오미의 스마트 밴드, 스마트반지업체 오우라Oura의 오우라링, 가민Garmin의 비보스마트, 위딩스Withings의 슬립 패드 등 매우 다양하다.

프랑스 회사 위딩스는 수면 중 침대에 매트리스 패드를 깔고 자기만 하면 수면의 질, 심박수와 무호흡증 등 수면 패턴을 분석해 수면 습관을 바꾸는 데 큰 역할을 한다. 특히 세계 최초로 최첨단 셀룰러(무선통신) 기반 혈압계 BPM 프로2를 개발해 CES 2025 혁신상을 받았다. 이 기기는 혈압측정은 물론 약물 복용, 수면 패턴, 환자 증상 등 건강 데이터를 스마트폰이나 서버로 원격 전송해서 의료진이 환자의 건강 상태를 종합적으로 파악해 조치할 수 있도록 해준다. 이 회사의 또 다른 CES 2025 혁신상 수상 제품인 유스캔은 화장실에서 소변만 보면 소변 속 주요 바이오마커를 AI가 분석해 그 결과를 앱으로 전송해 건강 상태를 점검해준다.

바이오마커
단백질이나 DNA, RNA, 대사 물질 등을 이용해 몸 안의 변화를 알아낼 수 있는 지표.

애플 워치는 심박수 변화를 추적해 불규칙한 심장 박동을 감지하면 즉시 알림을 제공하고, 심전도를 실시간 측정해 심장의 건강 상태를 체크해준다. 그뿐만 아니다. 수면의 패턴과 질을 분석해주고, 스트레스 지수가 높으면 호흡 운동을 안내해서 스트레스 완화를 돕는다.

비보스마트는 달리기, 수영, 자전거 타기 등 스포츠 모니터링에 특화된 기기로 최적의 운동을 설계해주고 휴식 시간을 제안해준다. 핏빗 센스는 피부의 습도에서 발생하는 미세한 전기적 반응을 측정해 사용자의 스트레스 수준을 알려주고, 수면 중 피부 온도를 측정해 건강 상태를 모니터링한다. 유전자 분석 기업인 23앤미는 타액에서 추출된 DNA를 기반으로 파킨슨병이나 유방암 등 특정 질병과 연관된 개인의 유전적 변이를 찾아 질병 위험도를 미리 알려준다.

AI는 여기서 멈추지 않고 개인의 건강을 지켜주는 첨병 역할을 하고 있다. IBM의 왓슨 포 온콜로지는 환자의 유전체 데이터를 분석해 개인별 맞춤형 치료법을 제공한다. 의사를 대신해 AI가 진료 상담도 해주는데 바빌론 헬스와 에이다 헬스는 'AI 의료 비서' 챗봇이 환자의 증상을 듣고 상담해주면서 필요에 따라 전문의의 도움도 받게 도와준다. 워봇과 와이사는 'AI 심리상담사' 역할을 하는데, 사람들이 챗봇과 상담하면서 우울증을 치료하고 불안 증세를 완화할 수 있도록 각종 서비스를 제공하고 있다.

이처럼 인간의 생체 신호를 모니터링해주는 헬스케어 디바이스가 AI와 결합해 개인의 건강을 지키는 수호신 역할을 하는 셈이다. 질병의 예방에서 치료와 건강관리까지 AI가 일으키고 있는 건강 혁명은 이제 시작이다.

3. 언어 및 통번역 혁명 : 언어 장벽을 무너뜨리고 새로운 자유를 선사하다

"저는 원래 한국어를 한마디도 못 하지만 이제는 할 수 있습니다."

글로벌인재포럼 2024 행사장에 온라인으로 등장한 마르코 카살라이나Marco Casalaina 마이크로소프트 애저 AI 부사장은 유창한 한국어로 인사했다. 행사장에 참석한 사람들은 일제히 깜짝 놀랐는데, 알고 보니 AI 영상 번역기로 자신의 목소리와 입 모양에 맞춰 합성한 영상이었다.

AI는 통번역 기술에 혁신을 불러일으키면서 전 세계 100여 개국의 언어장벽을 무너뜨리고 있다. 스마트폰 속의 '통역 비서'가 실시간 통역을 도와주고 있기 때문이다. AI 번역이 적용되기 전 번역기는 구문 기반 기계 번역PhotoBioModulation Therapy, PBMT을 사용했다. 글의 형태와 단어만으로 내용을 번역했기 때문에 앞뒤 문맥이 맞지 않고 품질도 좋지 않았다. 하지만 AI 번역은 웹에서 수집된 방대한 양의 데이터를 기반으로 해서 단어와 문장의 관계를 파악한 뒤 문맥을 분석해서 번역하기 때문에 종전의 기계 번역과는 차원이 다른 결과물을 도출한다.

AI의 통번역 기술은 단순한 문장 통번역을 넘어서 실시간 음성 번역, 이미지 번역, 영상 번역, PDF 파일 내용 번역 등으로 확대되며 갈수록 기능이 고도화되고 있다. 이런 흐름에 힘입어 통번역 학과와 학원 등 통번역 산업에 일대 변혁이 일어날 전망이다.

통번역 AI

인간의 언어를 여러 나라 언어로 번역해주거나 통역해주는 AI. 통번역 AI는 단어나 문장 단위의 번역 수준을 넘어 문맥과 대화의 맥락을 이해하는 수준까지 발전했다.

대표적인 통번역 AI는 구글 번역 사이트, 네이버 파파고, 딥엘, 마이크로소프트 빙 번역기, 아마존 번역기, 챗GPT, 바이두 번역기, 시스트란 등이다. 텍스트뿐만 아니라 음성과 이미지까지 번역해준다. 그래서 서로 다른 국적의 사람들이 자국어로 대화할 수 있게 해주는 것은 물론이고, 외국어 게시판이나 메뉴판 등을 카메라로 찍으면 해당 내용을 원하는 언어로 실시간

번역해준다. 이들 통번역 AI를 사용하려면 웹사이트에 접속하거나 모바일 앱을 다운받으면 된다. 미리 언어 팩을 다운로드해두면 인터넷이 없는 상황에서도 통번역 기능을 사용할 수 있다.

다국어 번역에 가장 많이 사용되는 AI는 단연 구글 번역이다. 안드로이드 핸드폰 사용자는 휴대폰에 대고 "오케이 구글, ○○○○○○○를 한글로 번역해줘."라고 말만 하면 해당 언어로 번역해준다. 구글 번역 앱을 다운받아 사용 중이라면 "오케이 구글, 구글 번역 앱 열어줘."라고 말하면 번역 기능이 자동으로 작동한다. 문서 번역 기능도 있어서 '문서' 탭을 클릭한 후 PDF와 DOCX 문서 파일을 업로드하면 원하는 언어로 자동 번역된다.

파파고는 학습 카메라 기능이 있어서 공부하고 싶은 외국어 문장을 사진으로 찍거나 파일을 불러와 영역을 선택하면 이를 원하는 언어로 번역해주고 노트에 저장도 해준다. 마이크로소프트 빙 번역기는 구성된 팀원들이 다국어로 회의할 때 각자가 말하는 언어를 자동으로 인식해서 해당 내용을 각기 다른 언어로 번역한 후 화면에 띄워줌으로써 원활한 의사소통을 하도록 돕는다. 채팅 번역 기능을 통해 전 세계에 흩어져 있는 사람들과 글로벌 프로젝트를 편리하게 진행할 수 있다. 이런 기술의 발전은 일하는 방식에 대전환을 일으키는 중이다.

영국회사 CEH 테크놀로지스는 세계 최초로 실시간 통역을 지원하는 무선 이어버드Earbud 제품 마이마누 클릭2를 개발해 CES 2025 혁신상을 받았다. 이 제품은 50개 이상의 언어로 온라인 또는 대면 상황에서 원활하게 소통할 수 있도록 해준다.

독일의 AI 커뮤니케이션 기업인 딥엘DeepL은 통역 솔루션인 딥엘 보이스를 출시했다. 언어 번역에 특화된 자체 LLM으로 문서 번역 AI 서비스를 제공한다. 프랑스어, 독일어, 스페인어 등 유럽 언어 번역과 문학 서적이나 전문 문서 번역에 강점을 가진 서비스다. 최근에는 중국어 번체 옵션을 추가해서 대만과 홍콩 시장 진입에 나서면서 기존의 중국어 통번역 강자인 바이두 번역기, 아이플라이텍, 텐센트 번역기 티엠티와의 경쟁을 예고했다.

이제 AI 번역기는 웹페이지도 바로바로 번역해준다. 웹페이지 번역에는 브라우저 확장, 번역 APIApplication Programming Interface, 웹페이지 통합 번역 등 다양한 방식이 사용되고 있다. 특히 마이크로소프트 엣지 브라우저는 번역기가 내장되어 있어서 사용자가 외국어로 된 웹페이지에 접속하면 자동으로 번역을 제안한다.

크롬 웹 스토어

구글에서 운영하는 웹 기반 앱 스토어. 광고 차단, 화면 캡처, 맞춤법 검사, 번역 등 다양한 기능을 크롬에 추가할 수 있다.

URL을 복사해 구글 번역 웹사이트의 입력란에 붙여넣고 '번역' 버튼을 누르면 해당 웹페이지가 선택한 언어로 번역된 새 창이 열린다. 구글 번역 사이트는 크롬 웹 스토어에 접속해 'Google Translate' 브라우저 확장 프로그램을 검색한 뒤 '추가' 버튼을 누르면 웹페이지 전체를 한번에 번역할 수 있다. 웹사이트 소유자가 굳이 다국어 홈페이지를 만들 필요가 없는 것이다. 구글과 마이크로소프트, 딥엘 등의 번역

API 키를 발급받아 웹사이트에 자동 번역 기능을 적용하면 여러 언어로 서비스할 수 있기 때문이다.

이처럼 AI가 일으킨 언어 혁명은 전 세계 어느 기업과도 비즈니스 대화가 가능하도록 해준다. 또한 해당 국가의 뉴스, 홈페이지, 쇼핑몰 이용 등을 가능하게 만들어 '비즈니스 국경'을 무너뜨리는 중이다. 특히 기업에서는 통번역 AI를 활용해 제품 설명서, 매뉴얼, 법률 문서 등을 다국어로 번역하고, 생성형 AI를 활용해 마케팅과 광고 문구, 글로벌 시장 진출 보고서까지 만들 수 있다. AI 번역기는 사업영역을 확장하도록 돕는 기특한 도구다.

학생들은 학술 자료나 논문을 다양한 언어로 번역해서 학습할 수 있고 언제 어디서나 다양한 방식으로 외국어 공부를 손쉽게 할 수 있다. 해외 어디를 가든지 통번역 앱만 있으면 길 찾기, 음식 주문, 쇼핑은 물론 현지인과의 대화가 가능해서 문화, 예술, 역사 등에 대해 이야기하는 것도 문제없다. AI가 우리 삶에 새로운 자유를 선사한 것이다.

4. 이동 혁명 : 주소만 입력하면 어디든지 데려다준다

AI가 바꿀 네 번째 일상 혁명은 사람과 물건의 '이동 혁명'이다. 이제 우리는 교통 체증으로 몇 시간이나 걸려서 가야 하는 거리를 드론이나 플라잉 택시처럼 '하늘을 나는 자동차'를 타고 단 몇 분 만에 순간 이동할 수 있다. 과거 이동수단은 자동차나 버스, 기차, 전철, 비행기 등에 그쳤다. 하지만 이제는 이동수단이 무척 다양하다. 드론, 자율주행차, 공유 차량, 라스트 마일 자율주행 서비스, 도심 항공 모빌리티Urban Air Mobility, UAM 등 혁신적인 이동수단이 등장하면서 이동의 개념이 자동차나 대중교통의 범주를 넘어서고 있다.

이런 변화 때문에 다양한 교통수단과 서비스, 기술, 인프라 등을 모두 포괄하는 '모빌리티'라는 개념이 일상화되었다. 여기에 AI 기술이 자율주행, 스마트 모빌리티, 물류 자동화, 교통 관리 등 다양한 분야에 접목되면서 또 한 번의 이동 혁명을 일으키는 중이다.

알파벳의 자회사 웨이모는 인구 380만 명이 넘는 미국 로스앤젤레스에서 역대 최대 규모로 로보택시 서비스를 확장했다. LA에서 상업적 운영을 시작한 이래 약 30만 명(2024년 11월 기준)이 대기자 명단에 이름을 올리는 등 열렬한 호응에 힘입어 서비스를 확대했다. 이로써 LA 카운티 전역에서 웨이모 원 앱을 통해 24시간 무인 자율주행 택시를 호출할 수 있게 된 것이다. 웨이모는 2018년부터 미국 애리조나주 피닉스 지역에서 완전 자율주행 택시 웨이모 원을 서비스해왔다. 모바일

▶ 웨이모 로보택시

앱을 통해 사용자가 목적지를 입력한 뒤 로보택시를 호출하면 무인 차량이 승객이 있는 위치로 와서 목적지까지 데려다주는 서비스다. 요금은 휴대폰에서 자동 결제된다.

웨이모는 대형 트럭에 자율주행 시스템을 장착해 화물을 운반하는 자율주행 트럭 웨이모 바이아 서비스와 자율주행 미니밴을 활용해 최종 소비자에게 물건을 배송하는 라스트 마일 배송 서비스를 시행 중이다. 이는 물류업계 판도를 바꾸는 물류 혁명이라 할 수 있다. GM 관계사인 크루즈도 2022년부터 미국 샌프란시스코에서 상업용 자율주행 택시를 서비스 중이다.

> **라스트 마일 배송**
> 상품이 최종 소비자의 손에 전달되는 마지막 배송. 택배, 음식이 드론, 로봇, 자율주행차 등에 의한 자율 배송이다.

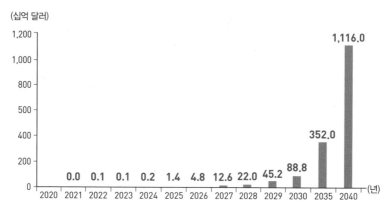

▶ 로보택시 시장 전망(미국시장 기준) : 2040년 1조 1,160억 달러 수준까지 성장

(십억 달러)

출처 : 이베스트투자증권 리서치센터

오토 파일럿

사람의 조작 없이 자동으로 기기나 시스템을 제어하는 자동 조종 장치로 항공기, 선박, 자동차, 우주선에 도입되고 있다.

완전 자율주행

미국자동차공학회는 자율주행 레벨을 0~5까지 총 6단계로 나누고 있으며 레벨 4까지는 제한적 자율주행이지만, 레벨 5는 운전석에 사람이 필요 없는 완전 자율주행이다.

중국 우한에서는 500대 이상의 자율주행 택시가 달리고 있으며 이미 150만 명 이상의 승객이 이용하면서 자율주행 서비스의 성공적인 도입 사례로 평가받고 있다.

이동 혁명의 선두 주자 중 하나인 테슬라는 AI와 머신러닝 기술을 활용한 오토파일럿 기능과 완전 자율주행 기능을 개발해 차선 유지, 차간 거리 조절, 자동 차선 변경, 교차로 통과, 신호등 인식, 자동 주차, 도심 주행 등 복잡한 주행을 사람처럼 할 수 있는 기능을 테스트 중이다. 2024년 9월 테슬라는 로스앤젤레스의 워너 브라더스 영화 스튜디오에서 로보택시 공개 행사를 열었다.

이 자리에서 운전대와 페달이 없는 자율주행차량인 사이버캡과 20인승 로보밴의 프로토타입도 공개했다. 일론 머스크의 계획대로 이 제품들이 2026년에 출시된다면 로보택시 시장은 이동 혁명을 가속화할 것이다. 나아가 첨단 휴머노이드의 시작점이 될 수 있다. 로보택시 자체가 휴머노이드와 비견될 수 있기 때문이다.

AI 운전이 가능한 것은 차량에 설치된 카메라, 레이더, 초음파 센서 등이 사람을 대신해서 실시간으로 도로와 주변 환경을 인식해 차량을 자동으로 제어해주는 '지능' 때문이다. 이제 땅 위에서는 자율주행차가 주소만 입력하면 원하는 곳이 어디든 데려다주는 세상을 만들어준다. 그리고 하늘 위에서는 '자율비행 차량'이 스스로 비행경로를 설정하고 조정해서 사람과 화물을 원하는 곳으로 이동시켜줄 것이다.

자율비행 차량은 도심의 교통 혼잡을 걱정할 필요 없이 긴급 상황 발생 시 구조 활동과 의료 물품 배송을 신속하게 해줄 수 있다. AI와 카메라·레이더·GPS 등 다양한 센서를 통해 주변 환경을 인식 및 분석할 수 있으며, 사람보다 더 정확하게 실시간 비행경로를 설정하고 기상 변화를 읽거나 장애물을 회피하면서 운행할 수 있다.

중국의 드론 제조사 이항EHang은 드론 택시를 개발해 상용화 중이고, 독일의 볼로콥터Volocopter는 수직 이착륙이 가능한 전기 드론 택시 볼로시티를 개발했다. 아마존은 소형 드론을 이용해 고객이 주문한 물건을 빠르고 안전하게 무인 배송하는 프라임 에어 서비스로 하늘을 나

▶ 볼로콥터의 전기 드론 택시 '볼로시티'

출처 : 볼로콥터 홈페이지

자동항법 시스템

인간의 조작 없이 스스로 경로를 탐색하고 이동할 수 있는 시스템. 선박, 자동차, 우주선, 로봇에 적용된다.

는 배송의 꿈을 실현하고 있다. 아마존은 이 신형 드론에 AI 기술을 탑재한 자동항법 시스템을 적용했다. 사람이 감독하지 않아도 드론 스스로 움직이는 사물을 알아서 피하고 배송을 완료하기 전 주변에 장애물이 없는지 확인한다.

알리바바의 물류 자회사인 차이냐오는 자율 이동 로봇Autonomous Mobile Robots, AMR을 개발해 도심의 복잡한 인도를 따라 움직이며 소비자에게 직접 상품을 배송하는 라스트 마일 서비스를 구현하는 중이다.

SOL모터스는 독일 정부의 지원을 받아 최대 시속 55마일(약 88킬로미터)로 주행할 수 있는 전기 오토바이 포켓 로켓을 선보여 CES 2025 혁신상의 영광을 안았다. 이 오토바이는 최대 70마일(약 113킬로미터)을 달릴 수 있고 탈부착과 교체가 가능한 배터리를

드론 스테이션

드론의 작동, 충전, 보관, 유지보수를 수행하기 위해 설계된 운영 시스템.

탑재해 편리성을 극대화했다.

국내 스타트업 니어스랩은 자율 비행 드론을 완전 무인화로 운영할 수 있는 차세대 드론 스테이션인 드론 퍼스트 리스폰더를 출품해 CES 2025 최고 혁신상을 수상했다. 이 스테이션은 경찰 운영 시스템과 통합되어 비행 허가를 자율적으로 획득하며, 단순한 순찰을 넘어 긴급 상황에 즉각 대응할 수 있는 조력자로 활용된다.

모빌리티 산업이 새로운 시장을 형성하면서 핀란드 회사 휨Whim은 다양한 교통수단(대중교통, 택시, 공유 자전거, 스쿠터, 렌터카 등)을 하나의 앱으로 통합해 이용할 수 있도록 하는 마스 Mobility as a Service, MaaS 플랫폼을 선보였다. 이 플랫폼은 출근할 때 다양한 교통수단을 이용하는 사람들을 위한 서비스 모델이다.

> **마스 플랫폼**
> 하나의 앱(플랫폼)을 통해 모든 이동수단(대중교통, 킥보드, 자전거, 렌터카, 드론 등)을 이용할 수 있는 서비스를 제공하는 플랫폼.

예를 들어 버스를 타고 가다가 지하철로 환승한 뒤 마지막으로 공유 자전거를 이용해 사무실에 도착하는 모든 과정을 앱 하나로 서비스하고 있다. 하지만 2024년 4월 재정난으로 네덜란드의 마스 플랫폼 기업 유몹uMob에 인수된 후 또 다른 혁신적인 비즈니스 모델로의 도약을 준비 중이다.

세그웨이Segway는 첨단 하이브리드 시스템을 탑재한 오프로드 차량 슈퍼 빌런을 선보여 첨단 모빌리티 부문 CES 2025 혁신상을 수상했다. 이 차량은 최대 330마력과 최대 토크 570n.m(뉴턴미터)로 다양한 지형을 정복할 수 있는 강력한 주행 능력을 자랑한다.

다가올 이동 혁명을 앞두고 지금보다 더 유망한 비즈니스 모델은 끊임없이 나올 전망이다. 그중에서도 완전자율주행 서비스에 주목해야 한다. 완전자율주행 서비스는 모든 인간에게 자유로운 이동의 기회를 제공하는 것은 물론이고, 이동수단 자체가 하나의 플랫폼이 되면서 산업 전반에 혁신적인 변화를 가져올 것이다.

5. 콘텐츠 혁명 : 훨씬 더 간편하고 빠르게 창의적 콘텐츠를 만든다

2022년 8월 미국 콜로라도 주립 박람회 미술대회에서 디지털 아트 부분 1위는 사람이 아닌 생성형 AI에게 돌아갔다. 생성형 AI 기반 이미지 제작 서비스인 미드저니가 그린 〈스페이스 오페라 극장〉이 차지한 것이다. AI가 그린 그림이 인간의 작품을 제치고 심사위원들까지 매료시킬 정도로 탁월했다는 점에서 사람들은 매우 놀랐다.

생성형 AI
학습한 데이터를 기반으로 텍스트, 이미지, 오디오, 비디오, 코드 등 다양한 형태의 새로운 콘텐츠를 생성할 수 있는 AI.

어느새 AI가 창작자의 영역까지 진입한 것이다. 아울러 창작·예술·미디어·엔터테인먼트 등 창작 산업의 기존 비즈니스 모델을 변화시키고 있다. AI가 텍스트, 이미지, 음악, 동영상 등의 모든 콘텐츠를 사용자가 원하는 대로 생성해주고 요구하는 대로 수정 및 보완해줌으로써 인간의 상상력을 넘어선 창의적인 작업을 대신해주고 있기 때문이다. 아이디어가 부족할 때 도움을 요청하면 사람보다 더 폭넓은 지식과 상상력으로 새로운 아이디어까지 제공해준다.

오픈AI의 챗GPT와 구글의 제미나이는 소설과 시나리오 작성, 뉴스 기사와 블로그 포스트 생성뿐 아니라 고객 문의에 대한 자동 응답 생성·교육 자료·이메일·보고서 등 다양한 글을 작성해주는 '글쓰기 비서' 역할을 하고 있다. 특히 재스퍼 AI는 직장인에게 아주 유용하다. 블로그 글·광고 카피·소셜 미디어 게시물·이메일·제품 설명·웹사이트 콘텐츠·강의 자료 등 전문적인 수준의 콘텐츠를 작성해준다. 게다가 번역 기능도 뛰어나 다국어 마케팅과 글로벌 콘텐츠 제작에 상당한 도움을 받을 수 있다.

달리, 미드저니, 스테이블 디퓨전 등 이미지 생성 AI는 예술작품은 물론 디자인 시안, 광고 배너, 포스터와 같은 이미지 콘텐츠를 만들어준다. 예술작품 생성, 광고 배너와 디자인 시안 제

> **이미지 생성 AI**
>
> 사용자가 원하는 이미지를 설명(텍스트 프롬프트)하면, 그 설명을 해석해 이미지를 생성해주는 AI.

작, 특정 주제에 맞는 다양한 시각 자료 제작에 유용하다. 홈페이지에 접속하거나 앱을 다운받아 원하는 그림의 이미지를 묘사해주면 그대로 생성해준다.

AI는 미술뿐 아니라 음악 영역에서도 창작자와 어깨를 겨루고 있다. 새로운 곡을 작사, 작곡해주고 노래까지 불러준다. 음악 문외한이라도 뮤즈넷, 앰퍼 뮤직, 아이바, 뮤버트, 수노 등 음악 생성 AI를 사용하면

음악 생성 AI

사용자가 원하는 장르, 분위기, 템포 등을 요청하면, 새로운 음악을 작곡해주는 AI.

자신만의 노래를 만들 수 있고 기존 곡을 변형해서 리믹스 음악을 만들 수도 있다. 그뿐만이 아니다. 유튜브 동영상을 만들 때 자신만의 독특한 배경 음악을 만들어 삽입할 수 있음은 물론이고 비디오 콘텐츠에 어울리는 사운드 트랙 제작도 가능하다.

특히 앰퍼 뮤직 AI는 게임 개발자나 유튜버를 위한 고유한 배경 음악 생성에 특화되어 있으며, 아이바는 클래식 음악 작곡에 강점을 보인다. 실제로 AI는 클래식 음악 작곡에도 활용된다. 2024년 8월, 이지수 서울대 음대 교수는 AI를 활용한 작품 〈코드와 코드〉Code and Chord in Co-Creation를 작곡했고, 현대음악 연주단체 TIMF앙상블은 이 곡을 예술의전당에서 선보였다. 이지수 교수는 "AI 시대, 최고의 창의성은 인간에게서 나온다."라고 하면서도 AI의 가능성을 부정하지는 않았다. 창작 분야에서 기존에는 불가능했던 고차원적인 큰 가치를 지닌 작품을 AI가 창작할 수 있으리라 전망한 것이다.

이외에 영상 콘텐츠에서도 AI가 영향력을 확대해나가는 중이다. 이제는 누구나 자신이 만든 영상과 이미지를 활용해 동영상 콘텐츠를 마음대로 생성할 수 있다. 대표적인 영상 생성 AI는 소라, 런웨이 젠3, 신세시아, 루멘5, 메이크 어 비디오, 이마젠 비디오 등이다. 이들 AI는 동영상을 자동으로 편집

영상 생성 AI

원하는 영상에 대한 설명이나 이미지, 기존 영상을 토대로 완전히 새로운 동영상을 만들어주는 AI.

▶ 현대자동차 광고 '영원히 달리는 자동차' 중 한 장면

해주고 애니메이션을 생성해주고 가상 캐릭터까지 만들어준다.

런웨이 젠3는 자동 배경 제거, 애니메이션 생성, 영상 합성 등 다양한 기능을 제공해서 AI로 생성한 가상 캐릭터가 텍스트를 음성으로 읽어주는 동영상을 만들 수도 있다. 한 누리꾼이 런웨이 젠3를 이용해 만든 볼보 광고 영상을 공개해 눈길을 끌었다. 무엇보다 오직 한 가지 프로그램과 텍스트 프롬프트만 가지고 하루도 안 되는 시간 안에 만들었다는 점에서 AI 창작의 가능성을 엿보게 했다.

글로벌 광고대행사 이노션과 제일기획 등도 생성형 AI만을 활용한 광고 영상을 제작해서 온에어했다. 이노션이 제작한 현대자동차 트럭 브랜드를 소개하는 디지털 광고 '영원히 달리는 자동차'는 별도의 촬영 없이 캐릭터, 배경 음악, 작사·작곡까지 100퍼센트 생성형 AI만으로

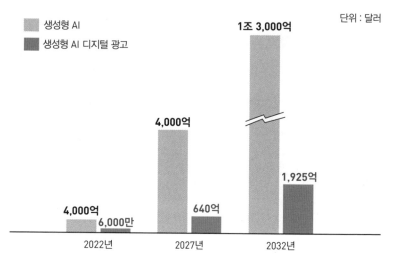

▶ 생성형 AI 시장 규모

생성형 AI
생성형 AI 디지털 광고

단위 : 달러

1조 3,000억

4,000억

1,925억

4,000억
6,000만

640억

2022년　　　　2027년　　　　2032년

출처 : 블룸버그 인텔리전스

제작했다. 향후 몇 년 동안 AI를 활용한 디지털 광고 시장의 규모는 기하급수로 커질 것으로 보인다.

국내 기업 캐럿펀트Carrotphant는 3D 데이터를 정교한 시각적 표현으로 변환해 복잡한 질감과 마모 패턴까지 정밀하게 구현해내는 AI 아치 쓰리디 라이너를 개발해 CES 2025 영상 부문 혁신상을 수상했다. 이 AI는 다양한 문화 유산의 비정형 형상정보를 분석해 시각적으로 이미지를 복원하고 생성해낼 수 있다.

최근 〈블룸버그 인텔리전스〉는 2027년 생성형 AI 시장 규모를 4,000억 달러, 2032년에는 1조 3,000억 달러로 예측했다. 또한 그 기간에 생성형 AI를 활용한 디지털 광고 시장의 규모는 640억 달러에서

1,925억 달러로 확대될 것으로 전망했다.

기업의 마케팅팀이라면, 신세시아를 활용해 가상 캐릭터가 제품을 설명해주는 프레젠테이션 영상을 만들 수 있다. 블로거나 기자라면 텍스트를 작성한 뒤 루멘5 AI에게 영상 변환을 요구하면 된다. 그러면 AI가 글의 내용을 분석해 그 글에 맞는 이미지를 찾아 동영상을 제작해준다.

이제 콘텐츠 제작자, 마케터, 영상 창작자들은 AI의 도움으로 이전보다 훨씬 더 간편하고 빠르게 창의적인 영상 콘텐츠를 만들 수 있게 되었다. 가상현실Virtual Reality, VR 콘텐츠, 원격 교육, 엔터테인먼트 산업, 예술 등 다양한 분야에 생성형 AI가 활용되어 콘텐츠 산업의 생태계를 바꿔놓을 전망이다. 이러한 콘텐츠 산업의 대전환이 더욱 가속화되기 전에 새로운 가능성에 눈을 뜨고 기회를 잡아야 할 것이다.

라이프스타일 AI

나만의 24시간을
디자인한다

"흑백요리사에 나온 중식 셰프의 식당 중 이번 주 주말에 예약 가능한 곳은 어디야?"

기존의 키워드 중심 검색에서는 이 한 줄의 질문에 대한 답을 얻기 위해 여러 단계를 거쳐야 한다. 검색창 내 결과에서도 내가 원하는 답을 찾기 위해서는 스크롤의 압박을 견뎌야만 한다. 하지만 AI 검색 엔진을 활용하면 단번에 답을 얻을 수 있다. AI 검색 엔진으로는 챗GPT를 비롯해 구글 제미나이와 생성형 AI 검색, 퍼플렉시티, 젠스파크, 코모 AI 등이 있다.

AI 검색 엔진

사용자의 요청 사항을 AI가 분석해 맞춤형 정보를 직접 생성해 제공해주는 AI 엔진으로 대화형 검색이 특징이다.

AI 검색은 일반인들이 AI의 편리성을 가장 쉽게 경험할 수 있는 서비스다. 이를 시작으로 AI는 우리 삶에 파고들어 더욱 급격히 변화시킬 것이다. 빠르면 5년 뒤 우리는 AI 없는 일상생활이 불가능한 세상에서 살게 될 수도 있다. AI는 하루 24시간 동안 개인 음성 비서, 건강 코치, 요리사, 금융 관리자, 엔터테인먼트 조력자, 안전 관리자, 업무 도우미 등으로 변신해 나의 삶을 즐겁고 편리하게 만들어줄 것이다.

출근부터 퇴근까지 나의 모든 생활을 관리해준다

이제는 스마트폰의 알람 소리에 잠을 깨지 않아도 된다. 매일 아침 '수면 비서 AI'가 나의 수면 상태를 파악해서 최적의 시간 혹은 예약된 시간에 부드러운 음악과 함께 나를 잠에서 깨워주기 때문이다. 잠만 깨우는 게 아니라 "오늘은 심박수가 불규칙했고, 여러 번 뒤척이며 수면의 질이 좋지 않았습니다. 수분 섭취를 늘리고 낮잠을 잠깐 잘 것을 추천합니다." 이런 식의 건강 조언도 해준다. AI가 골라주는 음악을 들으며 일어난 후에는 AI가 스마트 베개, 스마트 매트리스, 스마트 워치 등 웨어러블기기의 데이터를 바탕으로 브리핑하는 나의 아침 컨디션을 들으면서 하루를 준비하면 된다.

개인 '음성 비서 AI'는 출근 준비를 하는 동안에는 오늘 하루의 중요한 일정을 상기시켜준다. 날씨와 교통 상황을 이야기해주면서 "우산을 준비하고 평소보다 10분 일찍 출발하는 게 좋습니다."라는 식의 조언도 빠뜨리지 않는다. 그뿐만이 아니다. 주방으로 가면 '주방 비서 AI'가 냉장고에 들어 있는 재료를 확인한 뒤 나의 식습관과 건강 상태에 맞는 아침 식사를 추천한다. "오늘은 잠이 부족한 상태이므로 영양이 가득한 닭가슴살과 스무디, 아보카도 토스트를 드시는 게 좋겠습니다." 지금은 사람이 손수 이 레시피에 맞춰 음식을 조리해야겠지만, AI 주방 로봇이 자동으로 재료를 다듬고 조리하며 식사를 준비할 날이 머지 않았다.

비전 AI

컴퓨터 비전 기술에 AI 기술(머신러닝과 딥러닝)을 접목해 AI가 영상(카메라)과 이미지 속의 객체 식별, 행동 인식, 상황 분석 등을 통해 의미 있는 정보를 제공해준다. 의료 영상을 분석하고 CCTV에 찍힌 화재, 도난, 교통사고, 폭력 등을 탐지해 경고하는 용도로도 널리 이용되고 있다.

삼성전자는 냉장고에 비전 AI를 탑재해 식재료가 떨어지면 장보기 목록에 추가해주고 맞춤형 식사를 추천해주는 비스포크 AI 하이브리드 4도어로 CES 2025 최고 혁신상을 수상했다. 또 삼성 푸드는 삼성 헬스와 연동해 사용자가 특정 영양 목표를 달성할 수 있도록 개인화된 레시피를 추천해준다.

식사를 마치고 옷장 앞에 서면 '스마트 의상 AI'가 오늘의 날씨와 미팅 상황에 맞춰 적절한 코디를 조언해준다. "방수 재킷을 입고 편안한 신발을 신으세요."

이어 자율주행차에 올라타면 AI가 가장 빠르고 안전한 경로를 찾아 나를 직장까지 데려다주기 때문에 네비게이션은 볼 필요가 없다. 이동 중에는 '음성 비서 AI'가 오늘의 주요 일정과 이메일, 주요 뉴스, 주식 시장 동향 등 내가 평소 관심을 갖고 있는 분야의 정보를 음성으로 알려준다. 사무실에 도착하면 '업무 비서 AI'가 자동으로 컴퓨터를 켜고 필요한 프로그램과 파일을 실행해준 뒤 회의 시간에 맞춰 자료를 요약 및 정리해준다.

법무, 세무, 금융, 마케팅, HR 등 다양한 분야의 '전문가용 AI'는 나의 업무 특성을 파악해 그것에 맞는 역할을 하면서 업무 효율을 극대화해준다. 계약서 검토, 법률 문서 작성, 판례 검색, 세금 리뷰, 번역, PPT 작성 등은 모두 AI의 몫이 된다.

점심 식사 시간이 다가오자 '주방 비서 AI'가 나의 건강 상태에 맞춰 예약된 식당과 식사 메뉴를 알려준다. 그뿐인가. 교통 상황을 고려해 11시 20분에 출발하라고 조언해준다. 점심 식사 후 회사로 돌아오는 길에는 한 달 뒤 휴가를 대비해 가족과의 3박 4일 해외여행 일정을 짜 달라고 주문한다. 그러면 AI 에이전트로 진화한 '음성 비서 AI'는 우리 가족의 취향을 고려해 방문지와 숙박시설, 가볼 만한 곳 등을 추천하고 예약까지 도맡아서 해준다.

아직 놀라기엔 이르다. 회사로 돌아와 오후 화상회의를 마치고 나면 '회의 요약 AI'가 회의록을 메일로 보내주고 관련해서 내가 챙겨야 할 업무들까지 알려준다. 퇴근 시간이 다가오면 '음성 비서 AI'가 지인과의 저녁 약속을 리마인드시켜준다. 식사 후 귀가하는 차 안에서는 '콘텐츠 추천 AI'가 나의 취향과 감정 상태를 고려해 음악도 골라서 틀어준다.

만약 월급날이라면 '재무 관리사 AI'에게 조언을 구할 수 있다. AI는 나의 소비 기록, 투자 상황, 지출 현황 등을 분석해서 재무상담까지 해줄 것이다. 길고 길었던 일정을 끝내고 소파에 앉아서 TV를 보고 있으면 '수면 비서 AI'가 "오늘 과로했으니, 지금 취침하는 게 좋겠다."라며 취침을 권한다. 이렇게 AI는 우리 일상에 스며들어 하루 24시간을 관리해주고, 시시각각 도움을 주면서 없어서는 안 될 동반자로 자리매김할 것이다.

사람의 역할을 대신하는 AI 에이전트의 진화

"오전 회의에서 사용할 슬라이드를 준비해줘."

컴퓨터 사용자가 이렇게 말하자 앤트로픽의 '컴퓨터 사용'Computer Use 기능이 탑재된 AI가 PC에서 슬라이드 파일을 찾고, 편집 프로그램을 열어 내용을 수정한 뒤 공유 플랫폼에 업로드해준다.

"3일 출국해서 7일 귀국하는 서울—도쿄 왕복 항공권과 호텔을 찾아 예약해줘."

사용자의 이 같은 명령에 '컴퓨터 사용 AI'는 스스로 여행과 호텔 예약 웹사이트에 접속해 사용자의 요구사항(날짜, 가격, 항공사, 호텔 등)을 충족하는 항공과 호텔을 찾아 예약한 뒤 이를 이메일로 전송해준다. 이렇게 마치 사람처럼 주어진 명령을 이해한 뒤 다양한 문제를 해결해주고 복잡한 작업까지 직접 실행해주는 AI 에이전트가 몰려오고 있다.

달리, 스테이블 디퓨전, 런웨이, 캔바, 어도비 파이어플라이 등의 이미지 생성기는 원하는 그림을 요청하면 이미지를 자동으로 생성해준다. 애플은 젠모지, 이미지 플레이그라운드, 비주얼 인텔리전스, 이미지 완드 등의 AI 에이전트를 탑재하고 챗GPT가 통합된 애플 인텔리전스를 내놓았다. 젠모지는 텍스트로 주문만 하면 원하는 이모티콘을 만들어주고 이미지 플레이그라운드는 원하는 이미지를 요청하면 애니메이션, 일러스트레이션, 스케치 등 원하는 형태로 생성해준다. 비주얼 인텔리전스는 수학 문제를 찍어 물어보면 풀이 과정을 알려주고, 이미지 완드는 손으로 대충 스케치만 하면 나머지를 자동으로 완성해준다.

개인 비서형 AI 에이전트도 상당히 진화했다. 구글 어시스턴트는 스마트폰 사용자가 "내일 10시에 치과 예약을 추가하고 한 시간 전에 알려줘."라고 음성 명령을 하면, 캘린더에 일정을 추가하고 알람을 설정해준다. 마이크로소프트의 '코파일럿' 기능을 사용하면 "이 데이터를 기반으로 매출 트렌드를 PPT 슬라이드로 만들어줘."라고 요청만 해도 엑셀을 분석해서 데이터를 요약해 차트를 슬라이드로 만들 수 있다. 그래머리는 영어 문장을 쓰는 즉시 문법, 맞춤법, 문장 구조를 실시간

AI 에이전트

사람 대신 특정 작업을 자율적으로 실행해주는 AI. 항공권 구매, 호텔 예약, 쇼핑, 자율주행 등의 역할을 대신해준다.

애플 인텔리전스

애플이 개발한 생성형 AI 기반 개인 맞춤형 AI 서비스. 글쓰기, 채팅, 영상과 이미지 제작에 특화되어 있다.

으로 교정하고 더 설득력 있는 표현을 추천해준다. 챗봇도 AI 에이전트로 진화하고 있다. 챗봇은 고객의 질문에 정해진 답변만을 제공하지만, AI 에이전트는 사용자의 질문을 이해해서 지능적인 답변을 하고 문제를 해결해준다.

세일즈포스의 아인슈타인 GPT는 고객의 구매 이력을 분석해서 맞춤형으로 답변해주고, 구글의 다이얼로그플로우는 쇼핑몰에서 제품 추천과 함께 주문 상태를 알려준다. 아마존 웹 서비스Amazon Web Service, AWS의 렉스는 쇼핑몰의 배송 상태를 알려주고 반품 요청까지 처리해준다.

네이버는 대화형 AI 서비스인 클로바X 대화창 답변에서 상품 구매, 채용, 여행 정보 등을 확인한 후 바로 해당 앱으로 이동해서 예약까지

▶ 카카오 AI '카나나'

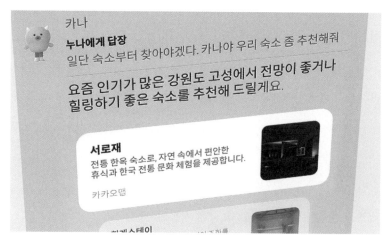

할 수 있는 서비스를 내놓았다. 앞으로 훨씬 더 복잡한 과업도 수행할 수 있도록 시스템을 발전시킬 계획이다. 카카오도 대화의 맥락까지 이해하는 AI 메이트 서비스인 카나나를 공개하며 AI 에이전트 전쟁에 참전했다.

국내 기업 폴라리스오피스Polaris Office는 문서 작업 특화 AI 에이전트 AI 노바로 CES 2025 AI 분야 혁신상을 수상했다. AI 노바는 사용자의 요청을 이해하고 문서 분석, 데이터 시각화, 이미지 생성과 같은 복잡한 작업을 자율적으로 처리해준다.

"이 API를 활용한 파이썬Python 코드 샘플을 작성해줘."

개발자가 이렇게 명령하면 깃허브의 코파일럿, AWS의 코드위스퍼러, 탭나인과 젯브레인스의 AI 어시스턴트는 자동으로 샘플 코드를 생성해준다.

지멘스의 마인드스피어, GE의 프레딕스, IBM의 맥시모 AI, ABB의 로보틱스는 산업 특화형 AI 에이전트다. 데이터를 분석해 공정 효율성을 높이고 장비 관리를 자동화해서 유지보수를 도와준다. 인텔리빅스의 AI 에이전트는 사람을 대신해서 화재, 도난, 쓰러짐, 교통사고, 인파 사고 등을 탐지해서 알려주는 안전 지킴이 역할을 하고 있다.

연구 지원 AI 에이전트인 딥마인드의 알파폴드는 과학자들이 수 주일에 걸쳐 수행하던 단백질 구조 예측을 단 몇 시간 만에 분석해서 알려준다. IBM의 왓슨 헬스, 에이다 헬스는 의료 지원 AI 에이전트로 환자 치료법을 자문해준다. 이처럼 다양한 AI 에이전트가 사람의 역할을

대신하고 있으며, 나아가 우리 삶과 업무 방식을 송두리째 바꿔놓고
있다.

영화 〈아이언맨〉 속 자비스가 우리의 일상 속에서 구현될 날이 점점
더 빠른 속도로 다가오는 중이다. 앞으로 AI 에이전트는 기업들에게는
경쟁력의 핵심이 될 것이며, 개인에게는 삶의 자유를 무한대로 제공해
줄 것이다.

사회복지
사각지대가 사라진다

한국은 2024년 7월 10일을 기점으로 65세 이상 노인인구 1,000만 시대에 진입했다. 지금의 속도라면 2025년에는 국민 다섯 명 가운데 한명이 노인인 초고령 사회(고령인구 비율 20퍼센트)에 진입하고, 2035년에는 노인인구가 전체 인구의 30퍼센트를 넘어서게 된다. 이런 상황이다 보니 노인들의 안전과 건강한 생활은 국가적 차원의 문제로 부상했다. 그리고 AI는 이를 해결할 수 있는 인프라와 다양한 복지 서비스를 제공하기에 적격이다. 이제 AI는 독거노인들의 간병인이자 또 하나의 가족이 될 것이다.

독거노인의 인구가 증가하는 것은 미국도 마찬가지다. 이에 미국은 외로움을 흡연과 비만만큼이나 심각한 공중보건 위기로 강조하며 경고 성명을 발표했다. 하버드 공중보건대학원에서도 외로움이 뇌졸중 위험을 32퍼센트, 치매 발병 가능성을 50퍼센트나 증가시킨다고 밝혔다. 이러한 현실을 고려할 때 AI 기술의 발전은 인간의 외로움과 정신건강 문제를 해결해줄 새로운 대안이 될 수 있다.

24시간 독거노인을 케어하는 동반자 로봇

동반자 로봇

인간 삶의 동반자로서 긍정적인 영향을 주도록 설계된 로봇. 반려 로봇, 소셜 로봇, 컴패니언 로봇 등으로 불리며 사람과 정서적으로 교감하고 일상생활을 도와준다.

2015년 설립된 이스라엘 로봇 기업 인튜이션 로보틱스Intuition Robotics는 노인들을 위한 동반자 로봇 엘리큐를 개발했다. 엘리큐는 사용자의 일상과 관심사를 학습해서 대화를 하는데, 먼저 말을 걸어주기도 한다. 또한 가족이나 친구들과 영상 통화를 할 수 있도록 도와주고, 사용자의 건강 상태와 관심사에 맞춰 다양한 활동도 제안해준다. 영상을 통해 명상이나 호흡법 등 이완 운동을 하도록 해주고, 약 먹을 시간을 알려주거나 응급상황이 발생할 경우 미리 지정된 연락처로 알림 문자를 보내주는 역할도 한다. 독거노인들에게는 간병인과 같은 존재인 셈이다.

국내 기업 신성델타테크는 울산과학기술원, 제이디자인웍스와 시니어 돌봄 로봇 래미를 개발해 CES 2025 혁신상을 받았다. 이 로봇은 노인의 신체적, 인지적, 감정적 변화를 감지해 가족과 돌봄 제공자, 의료인에게 정보를 제공함으로써 고령자의 독립적이고 건강한 생활을 도와준다. 동시에 집 안에 있는 가전제품을 음성으로 작동할 수 있도록 지원해준다.

파로는 일본 산업기술종합연구소Advanced Industrial Science and Technology, AIST에서 개발한 로봇 물범이다. 이 로봇은 노인의 동반자 역할을 하는 AI 기반 치료 로봇으로 노인 환자, 특히 치

> **치료 로봇**
> 환자의 치료, 재활, 간호 등을 돕기 위해 개발된 로봇.

매 환자의 스트레스와 불안을 줄여주고 안정시키는 반려견 역할을 한다. 파로는 터치 센서가 있어 쓰다듬거나 부르는 소리를 인식해 반응하고 사용자와 상호 교감하며, 눈을 깜빡일 뿐 아니라 진짜 새끼 물범 같은 소리를 낸다. 자세나 촉감, 소리, 온도, 빛에 반응해 감정을 드러내며 사용자의 태도에 따라 더 발전적인 친밀감을 드러내는 반려 로봇이다.

애초 개발 목적은 치매 환자 치료였는데 우울증, 인지장애, 발달장애를 가진 사람의 증상을 완화해주는 데도 유익한 것으로 평가받았다. 현재 전 세계 30여 개국의 병원과 요양시설에 보급되어 치료와 관련한 글로벌 데이터를 축적하고 있다.

아마존의 원격 AI 알렉사 투게더는 가족들이 떨어져 사는 고령의 부모님을 놀볼 수 있게 도와주는 AI다. 벽걸이 센서와 목걸이 등을 통해

낙상 사고를 감지하고, 가족 구성원이 에코기기를 통해 모든 집 안 상황을 실시간 확인하는 것도 가능하다.

부모가 에코기기에 어떤 명령을 내렸는지, 어떤 알람을 설정했는지 등의 활동 기록도 볼 수 있어서 자녀가 부모의 건강 상태나 일상생활의 변화를 파악할 수 있다. 긴급 상황이 발생하면 미리 지정된 연락처에 알림을 보내 도움을 요청한다. 그뿐만 아니라 약 복용 시간과 외출 시간을 알려주는 알람 설정 기능도 있다. 특히 전문 에이전트가 24시간 긴급 대응하면서 간병인과 즉석 통화도 연결해준다.

바이야 케어는 4D 이미징 레이더 기술을 활용해 노인이나 거동이 불편한 사람의 안전을 24시간 지켜내는 솔루션이다. 카메라가 아닌 무해한 라디오파를 사용해 실내 공간을 스캔한다. 거리, 방향, 상대속도, 높이까지 4차원 측정으로 수집한 데이터로 웨어러블기기를 착용하지 않더라도 낙상을 정확히 감지해 알려준다. 또한 아마존의 구독 서비스인 알렉사 투게더와의 호환이 가능하다. 예를 들면 이런 식이다. 낙상 사고를 감지한 바이야 케어기기가 알렉사에게 신호를 전송해서 해당 고객이 알렉사 투게더 비상 상담전화에 연결하기를 원하는지 묻도록 한다. 이를 인식한 알렉사는 간병인에게 알림을 전송한다.

에코기기

아마존에서 개발한 음성 인식 비서 알렉사를 통해 작동하는 스마트 스피커. 음성 명령을 내리면 음악 재생, 날씨, 뉴스, 교통 정보 등의 작업을 수행한다.

에이징 인 플레이스

노인들이 요양원으로 이동하는 대신 가능한 한 오랫동안 자신이 살던 집에서 독립적이면서 편안하고 안전하게 살 수 있도록 도와주는 솔루션.

후지쯔는 AI, 5G, IoT 기술을 통합해 원격 건강 모니터링 및 상담을 제공하는 에이징 인 플레이스 솔루션을 개발했다. 이 플랫폼은 오디오 분석을 통해 환자의 건강 상태 변화를 감지해 의사의 방문 없이도 노인 환자를 모니터링할 수 있도록 도와준다.

사회적 약자를 위한 포용적 AI 기술

미국의 한 남성이 시끄러운 자동차 소음을 듣고 집 밖으로 나간 순간 차에 치인 사고가 있었다. 그런데 사고를 낸 차량은 남성을 방치한 채 가버렸고, 다친 남성은 큰 위험에 처했다. 하지만 다행히도 그는 애플워치를 착용하고 있었

> **포용적 AI**
>
> 성별, 인종, 국적, 장애, 사회경제적 지위 등에 관계없이 공정하고 평등한 혜택을 받도록 설계된 AI.

다. 워치가 당시의 충격을 '강한 넘어짐'으로 감지해서 남성에게 알림을 보냈고, 그가 응답하지 않자 자동으로 긴급 연락을 해서 목숨을 구할 수 있었다.

애플워치의 이러한 기능 덕분에 구사일생으로 살아난 사람들의 사연은 수없이 많다. 사용자가 낙상할 경우 AI는 넘어지는 순간 발생하는 충격과 그 이후의 움직임을 정밀하게 분석한다. 이후 낙상 패턴을 학습한 후 낙상을 감지하면 애플 워치가 진동하고 경고음을 울리며 사용자에게 응답을 요구한다. 그런데 사용자가 알림에 응답하지 않으면

자동으로 지정된 비상 연락처에 위치 정보와 함께 긴급 구조 요청을 보낸다. 이러한 AI 서비스는 고령층이나 혼자 사는 사람에게 매우 유용하다.

장애인을 돕는 AI도 유용성으로 세상을 밝게 하고 있다. 마이크로소프트가 시각장애인과 저시력자를 돕기 위해 개발한 시잉 AI는 카메라를 비추면 주변 환경에 관한 정보를 제공해준다. 시잉은 2017년 개발된 AI인데 스마트폰에 탑재된 카메라로 사물, 사람, 주변 환경을 감지하고 상황을 분석해 음성으로 설명해준다.

가령 카메라로 사람을 비추면 스마트폰 속 AI가 그 장면을 "3미터 앞에 세 사람이 떨어져 있습니다."라고 설명해준다. 그리고 제품 바코드를 비추면 "150밀리미터 핸드크림."이라고 말한다. 시잉 AI에는 문자 인식 기능도 탑재되어 있어서 시각장애인들의 서류 검토 및 작성에 도움을 준다. 그 외에도 사람의 얼굴을 인식함으로써 상대방의 감정상태도 파악할 수 있어 대인관계에 어려움을 느끼는 시각장애인들에게 큰 도움이 된다.

구글 라이브 트랜스크라이브는 말하는 동시에 음성을 텍스트로 변환해줘서 청각 장애인들의 구세주 역할을 하고 있다. 마치 개인 비서처럼 회의 내용, 강의 내용, 인터뷰 내용을 글로 바꿔준다. 사용도 간편하다. "오케이 구글, 라이브 트랜스크라이브 시작해줘."라고 말만 하면 된다.

이외에도 AI 기술은 보고, 듣고, 말하고, 움직이는 데 불편을 겪는 사람들의 어려움을 해결해주는 구세주 역할을 하고 있다. 이스라엘의 스타트업 오캠OrCam에서 개발한 안경 부착 AI 카메라 오캠 마이아이도 시각장애인과 저시력자를 위한 기술이다. 이 안경을 쓰면 AI가 책과 신문을 읽어주고 가족이나 친구의 얼굴을 기억해서 이름까지 알려준다. 그 외에 옷이나 물건의 색상, 지폐의 액면가도 알려준다. 구글의 룩아웃은 스마트폰을 통해 한국어를 비롯해 다양한 언어로 시각장애인의 일상생활을 돕는다.

스타트업 사인올SignAll이 개발한 플랫폼 사인올은 청각 장애인이나 비언어 장애인이 수어로 소통할 수 있도록 수어를 문자로 표현해준다. KL큐브KLCube는 청각장애인과 난청인을 위해 혁신적인 AI 기반 수어 번역기 핸드사인톡톡을 개발해 CES 2025 혁신상을 수상했다. 이 수어 번역기는 3D 아바타가 디지털 플랫폼의 텍스트를 정확하고 생동감 있게 수어로 변환해 소통의 장벽을 허물었다는 평가를 받는다.

화웨이의 AI 수화통역기 스토리사인은 아이들이 좋아하는 동화책을 수어로 읽어준다. 해당 앱을 실행하고 책의 페이지를 비추면 AI가 책 내용을 인식해 애니메이션과 함께 수어로 표현해준다.

브라이트사인은 AI가 장갑 착용자의 수어를 분석해 말로 바꿔준다. 전 세계 30여 개국의 수어를 인식해 이를 180여 개 목소리로 말해주는데 남녀노소 혹은 취향에 따라 목소리까지 골라서 사용할 수 있다.

휠AR은 휠체어 사용자에게 최적의 경로와 접근성 정보를 제공하는 보행로 내비게이션이다. LBS테크는 증강현실Augmented Reality, AR 인터페이스를 통해 이동 중 화면을 터치할 필요 없이 목적지까지 안내해주는 이 휠AR을 개발해 휴먼 보안 부문 CES 2025 혁신상을 수상했다.

보이스잇은 언어장애가 있거나 뇌졸중, 뇌성마비, 근육 질환, 파킨슨병, 뇌손상 등으로 발성이 어려운 언어 장애인에게 음성을 되찾아주는 AI다. 딥러닝과 신호 처리, 맞춤형 음성 인식 기술로 세상과 소통하는 길을 열어주고 있다. 인텔리빅스가 개발한 '교통약자 AI'는 교통약자가 철도와 지하철을 이용하고자 할 때 도움을 주는 서비스다. 일본 JR라인, 시청역, 수서역, 이촌역 등에 설치되어 있으며 휠체어를 탄 장애인이 전철을 타려면 엘리베이터를 자동으로 호출해준다. 관제센터에서 교통약자를 인식하면 현장 안내원에게 바로 관련 정보를 제공해서 안내원이 안전 발판을 설치하도록 지원한다. 그뿐만 아니라 현장에서 문제가 발생하면 신속하게 대응할 수 있도록 도와준다.

이처럼 AI는 다양한 분야에서 사회적 약자들의 삶의 질을 개선하는 데 쓰이고 있다. 시각장애인을 위한 이미지 인식 기술, 언어 장벽 해소를 위한 번역 기술, 고령자를 위한 AI 로봇, 아동의 발음 교정 기술, 저소득국가 의료 서비스 등 AI가 인류에 미칠 긍정적 영향은 점점 더 확대될 것이다. 이는 AI가 일으키고 있는 '포용적 AI 혁명'이다.

포용적 AI 기술은 장애인, 저소득층, 고령층, 다문화 가정 등 다양한 계층에게 공평하고 균등한 기회를 제공함으로써 보다 적극적으로 사회적 불평등을 해소하는 데 기여할 것이다. AI가 단순히 이윤 창출의 수단이 아니라 사회 문제를 해결하는 데 도움을 준다면 어떨까? '모두

를 위한 AI가 사회적 선을 위한 AI'가 될 때 세상은 더 나은 미래를 꿈
꿀 수 있다. AI의 윤리성과 사회적 책임감을 중시하는 기업이라면 공
공의 이익을 위한 포용적 AI 개발에 나서야 한다.

창작 AI

창작의 본질과 방식을 재정의한다

2024년 8월 2일 MBC는 아주 특별한 특집방송을 내보냈다. 2004년 교통사고로 세상을 떠난 고故 정은임 아나운서의 생전 목소리를 복원해 20년 만에 〈FM 영화음악 정은임입니다〉를 방송한 것이다. 애청자들은 그녀의 따뜻하고 감미로운 목소리를 들으면서 그녀에 대한 기억까지 소환하는 소름 끼치는 경험을 했다. 어떻게 이런 방송이 가능했을까? AI가 정은임 아나운서의 목소리가 지닌 음색, 발음, 음고, 강세 등 네 가지 요소별 특징을 찾아내 분석한 뒤 고인의 생전 목소리를 똑같이 복원한 것이다.

음성 생성 AI는 '텍스트를 음성으로 변환'Text to Speech, TTS해준다. 텍스트를 AI가 자연스러운 목소리로 더빙해주기 때문에 유튜브 더빙, 오디오북, 광고와 안내 방송, 교육 콘텐츠 제작, 상품 설명 등 다양한 용도로 활용 가능하다. 관련 서비스로는 구글 TTS, 아마존 폴리, 마이크로소프트 애저 TTS, 네이버 클로바 더빙, 카카오 아이 TTS, 엔비디아 리바, IBM 왓슨 TTS 등이 있다.

AI 기자와 인간 기자는 공존할 수 있을까?

애저 TTS를 이용하면 자신의 목소리로 음성 모델을 훈련시켜 동화책이나 책을 읽게 할 수 있다. 디스크립트Descript의 '오버덥' 기능을 사용하면 자신의 목소리와 똑같은 AI 생성 음성 복제본을 만들 수 있다. 복제본을 만드는 원리는 다음과 같다.

사용자가 자신의 음성을 몇 분 동안 녹음해 입력하면 AI가 이것을 학습해 사용자의 목소리와 똑같은 디지털 복제본을 만들어준다. 이 복제 음성을 사용하면 텍스트를 자신의 실제 목소리와 비슷하게 더빙할 수 있다. 아마존의 폴리는 다양한 언어와 성별, 나이대의 목소리를 선택해 텍스트를 음성 파일로 변경하는 것이 가능하다. 그래서 폴리를 통해 게임 캐릭터의 대사를 생성하면 보다 생동감 있는 게임을 만들 수 있다.

MBN은 국내 방송국 최초로 실제 방송인 김주하 씨의 외모와 목소리를 AI 기술로 구현해 김주하 AI 앵커를 개발했다. 텍스트만 써주면 김주하 씨와 똑같은 목소리로 방송을 내보낸다. AI 앵커는 사람과 달리 분장할 필요도 없고 심야 시간 등 언제라도 24시간 생방송이 가능하다.

AI 기자
정보 수집부터 기사 작성, 심지어 멀티미디어 동영상 제작까지 해주는 뉴스 기사 생성 AI. 주로 선거, 스포츠, 날씨, 금융 등 데이터 기반 기사를 작성한다.

사람을 대신하는 AI 기자도 맹활약 중이다. 〈AP통신〉의 워드스미스, 〈뉴욕타임스〉의 에디터, 〈워싱턴포스트〉의 헬리오그래프, 〈로스앤젤레스타임스〉의 퀘이크봇, 〈로이터〉의 뉴스트레이서, BBC의 주서, 〈르몽드〉의 퀘트봇, 블룸버그의 사이보그, 《포브스》의 버티 등이 대표적인 AI 기자다. 선거 결과, 스포츠 경기 결과, 기업 실적, 날씨 같은 구조화된 데이터 기반의 기사 작성은 AI가 사람보다 더 빨리 더 정확하게, 그리고 더 분석적으로 작성해준다. 사람이 흔히 하는 실수인 오타나 계산 오류도 거의 없다.

〈AP통신〉의 워드스미스는 기업 실적 기사를 전문으로 작성하는 금융 전문 AI 기자로, 매 분기 수천 개의 기업 실적을 분석해 수천 건의 기사를 작성한다. AI 기자 헬리오그래프는 스포츠 경기나 선거 결과, 날씨처럼 반복적이고 데이터 중심의 기사를 속보성으로 전해준다. 《포브스》의 AI 기자 버티는 기사 주제뿐 아니라 초안 작성 및 관련 이미지까지 추천한다. 이렇게 AI 기자가 대규모 데이터 기반의 기사를 신속하게 작성하는 동안 인간 기자는 더 복잡한 분석 기사나 심층 보도에 집중할 수 있게 되었다.

AI 저널리즘의 시대, 더 빨리 더 정확하게

AI는 방송국의 영상 콘텐츠 편집도 한다. BBC의 영상 편집을 담당한 AI 에드는 텍스트 쿼리를 기반으로 주요 장면을 찾아 요약 비디오를 자동으로 생성한다. 뉴스, 스포츠, 다큐멘터리 등의 핵심 장면만 추출해 하이라이트 장면을 만들어준다. 그리고 사람, 장소, 이벤트 등을 자동으로 인식해 태그를 달아줌으로써 특정 장면을 빠르게 검색해 편집할 수 있도록 해준다.

위비츠Wibbiz는 AI를 활용해 텍스트 기사를 비디오 뉴스로 자동 변환하는 플랫폼 위비츠를 제공하고 있다. 기자가 뉴스 기사를 작성하면 AI가 내용에 부합되는 비디오 클립을 생성해 신속하게 비디오 뉴스를 제작해주는 역할을 한다.

서울대 언론정보학과 이준환 교수는 AI가 기사 작성뿐 아니라 취재, 기사 배포, 언론사 홈페이지 운영 등의 역할을 할 수 있으며 나아가 특정한 기사 스타일도 만들어낼 수 있을 것이라고 전망했다. 이른바 AI가 사람을 대신해 뉴스 콘텐츠를 생성, 분석, 배포해주는 'AI 저널리즘 시대'가 활짝 열린 것이다.

지금도 뉴스룸에서는 기자들의 작업을 보완하고 뉴스 생산 과정을 효율화해서 생산성을 높이는 새로운 형태의 저널리즘이 진화하는 중이다. 자동 기사 작성, 데이터 분석, 개인화된 콘텐츠 제작, 독자의 뉴스 선호도 분석, 동시 번역, 사람보다 빠른 속보 전송 등 뉴스 생산을 사람이 아닌 AI가 혁신하고 있는 셈이다. 이처럼 창작 AI가 신문과 방송 뉴스 제작의 근간을 바꾸고 있는 상황에서 미디어업계의 변신은 시급한 과제다.

나만의 변호인단,
주치의, 금융자문단을 꾸리다

SF소설가 장강명은 한 일간지에 〈근미래 풍경〉이라는 짧은 픽션을 연재했다. 그중 'AI 집사'를 소재로 한 글을 보면 더 이상 미래에 벌어질 기묘한 일이 아니라는 생각이 든다.

　한국의 대기업 네카팡이 자신들의 홈오토메이션 시스템인 '김집사'를 가정마다 보급해서 집안일과 육아에 남편과 아내가 각각 얼마나 기여하는지 혹은 누가 더 많은 돈을 소비하는지 등을 계산해서 한 달에 한 번 보고서를 만든다는 이야기다. 김집사의 리포트를 읽고 부부는 서로 토론하기도 하고 이혼할 때 재산 분할의 근거 자료로 삼기도 한다.

　김집사는 개인 비서 AI보다는 좀 더 특화된 전문 비서 AI에 가깝다.

머지않아 김집사는 변호사, 회계사, 세무사, 의사, 약사, 투자상담사, 심리상담사 등 전문가들에 준하는 조언도 해줄 수 있을 것이다. 실제로 전문직들의 역할 중 일부분을 서서히 '전문 비서 AI'가 대체해가고 있는 상황이다.

시장성 보인 리걸테크, 관건은 규제 완화

AI 변호사 로스, AI 의사 왓슨 헬스, AI 약사 필픽, AI 애널리스트 켄쇼, AI 재무상담사 웰스프론트, AI 심리상담사 워봇…. 각 분야의 전문 지식을 가진 이들 AI는 이미 오래전부터 활약하고 있다. 로스는 초당 10억 장의 법률 문서를 분석해 관련 판례나 법 조항을 찾아주는 '세계 첫 AI 변호사'다. 기업 파산법에 특화된 AI 변호사로 사람 변호사가 복잡한 파산 사건을 알려주면 파산 관련 판례를 분석해 답변을 제공한다. 파산법 외에도 계약법, 지적재산권 등 다양한 법률 분야로 확대되어 활용되고 있다.

AI 변호사

법률 문서, 판례, 법령 등을 빠르게 검색하고 분석해 법률 자문, 계약서 검토, 서류 초안 작성 등을 도와주는 AI.

두낫페이는 챗봇 대화가 가능한 AI 기반의 로봇 변호사다. 빅데이터에 축적된 수많은 법률 지식을 토대로 의뢰인의 궁금증을 해결해준다. 일반인들이 직접 변호사를 고용하지 않고도 AI의 도움을 받아 혼자 법적 절차를 진행할 수 있도록 해주는데, 현재는 주로 미국과 영국에서 서비스 중이다. AI의 조언에 따라 과속, 주차위반 등 다양한 교통위반 딱지에 대한 이의 제기를 해서 벌금을 감면받거나 취소할 수 있다. 소액의 금전 피해를 입었을 때도 AI가 알려주는 절차대로 상대방에게 소액 청구를 할 수 있다. 집이나 차량 등을 빌려주고 보증금을 돌려받지 못할 때도 보증금 반환 청구 과정을 도와준다.

영국 회사 루미넌스Luminance는 대량의 계약서와 법률 문서에서 핵심 조항, 조건, 리스크 요소 등을 신속하게 검토해서 거래의 리스크를 평가해주는 '문서 분석 AI'를 상용화했다. 인수합병 실사, 기업 내부 규제 준수, 리스크 관리, 계약 갱신과 관리, 부동산 계약서 검토, 금융 문서 분석 등 다양한 위험을 관리해주고 있다. 프랑스 회사 인텔리전스 리걸Intelligence legale은 프랑스 법원이 내린 지난 50년간의 판결문을 기반으로 법률 조언을 해주는 AI 앱을 출시했다.

우리나라의 대표적인 법률 AI 서비스는 로톡이다. 변호사를 쉽게 찾아 법률상담을 받을 수 있도록 변호사와 의뢰인을 연결해주는 서비스다. 그런데 기존 변호사들의 반발로 AI 법률상담과 같은 서비스는 현재 발이 묶인 상태다. AI가 사회 전 분야에서 놀라운 속도로 진화하는 상황에서 규제만 하는 것은 적절한 대응이 아니다. 기술과 법률 시장 사이에서 법률 소비자들의 니즈를 반영해 접점을 찾아나가야 한다. 현재 국내 법률시장이 정체기를 벗어나지 못하고 있다는 점을 고려한다면 AI 기술을 활용한 시장 확대 방안을 더욱 적극적으로 고민해야 할 시점이다.

AI 비서 하나로 일상 속 불안 관리와 세금 절감 혜택까지

AI 의사

방대한 의료 데이터를 분석해 의사에게 최적의 치료법을 알려주고 의료 상담, 원격 진료를 도와주는 AI.

AI 의사는 실시간 나의 건강 상태를 파악해서 적극적으로 지켜주는 '슈퍼 의사' 역할을 하고 있다. IBM의 AI 의사 왓슨 헬스는 임상시험, 의학 저널, 환자 기록 등 방대한 의료 데이터를 분석해 의사들에 개별 환자에 맞는 최적의 치료법을 알려준다. 예를 들어 암 치료 AI 왓슨 포 온콜로지는 암 환자 개인의 유전체 정보와 의료 기록 데이터를 분석하고, 임상 보고서와 의학 논문 등의 최신 연구 결과를 바탕으로 맞춤형 치료 옵션을 제안한다. 정확하고 개인화된 의사결정을 지원해주고, 의사도 몰랐던 최신 치료법을 제안해주기 때문에 의료 서비스의 질을 향상시킬 수 있다.

영국 회사 바빌론 헬스Babylon Health는 동명의 원격 진료 플랫폼을 제공한다. 모바일 앱에 나의 건강 관련 정보를 입력하면 AI가 증상을 분석하고 예비 진단을 해주는 비대면 진료를 해준다. 병원 접근이 어려운 지역에 살거나 바쁜 현대인들에게 매우 유용하다. 현재 전 세계 240만 명이 사용 중이며 북미, 유럽, 아프리카, 아시아 등 15개국에서 글로벌 헬스케어 서비스를 지원하고 있다.

워봇, 와이사, 테스, 레플리카는 우울증 치료를 도와주는 심리상담 AI다. 그중 워봇은 사용자의 정신건강을 모니터링하고 지원하는 AI 기반 챗봇이다. 일상에서 겪는 스트레스, 불안, 우울증 등을 24시간 관리해준다. 와이사는 명상, 스트레스 관리, 정신건강 개선을 위한 다양한 방법을 소개해주는 심리상담 AI다. 이들 AI는 사용자와의 대화를 통해 감정 상태를 파악해서 맞춤형 심리상담을 해주기 때문에 친구와 같은 역할을 한다.

세라젬이 개발한 뉴로 웰니스 인핸서는 6주간 사용으로 우울증을 62.8퍼센트 완화시킨다. 세라젬은 이 장치로 CES 2025 의료 보안 부문 혁신상을 수상했다. 미세 직접 전류 자극을 활용해 뇌 활동을 균형 있게 조정하고 뇌 기능을 향상시킨다.

건강관리 외에도 각종 금융 관련 업무도 AI의 조언을 받을 수 있다. 베터멘트와 웰스프론트는 투자관리와 재무 계획 수립을 도와주는 로보어드바이저다. 내가 원하는 재무 목표, 투자 기간, 리스크 범위 등의 정보를 제공하면 은퇴 설계는 물론 주택 구매와 학자금 마련 등의 재무 설계를 맞춤형으로 해준다. 그 외에 세금 절감 혜택까지 알려준다.

이제 AI는 법률, 세무, 의료 등 전문가들만의 영역에서도 지식 서비스의 패러다임을 바꾸고 있다. 다양한 비즈니스 모델의 등장으로 더 많은 사람이 전문 서비스를 효과적으로 이용할 수 있게 되었다. 즉 누구나 쉽게 전문 정보를 얻어 자신의 권리를 지켜낼 수 있는 세상이 된 것이다. 정부와 국회는 이 같은 AI 시장이 기존 전문가 집단의 비즈니스 구조와 충돌해 좌초되지 않도록 섬세한 주의를 기울여야 한다. 개인 역시 AI의 잘못된 정보 제공 가능성을 염두에 두어야 하며 AI의 조언을 맹신해서는 안 된다.

제4의 생산요소가
새로운 가치를 낳는다

2024년 11월 마이크로소프트는 자사의 AI 솔루션을 도입한 국내 기업들의 성과를 공개했다. 게임 회사 크래프톤krafton에서 KT까지 다양한 산업 분야의 고객사가 AI 솔루션을 활용하는 과정에서 얻은 경험과 성과를 발표했는데, 이는 DX 경영에 이어 AX 경영이 가져올 업무 혁신의 가능성을 보여준 것이라는 평가를 받았다.

실제로 포춘 500대 기업의 약 70퍼센트는 MS 365 코파일럿을 통해 생산성을 높이는 것으로 드러났다. 이와 관련해서 〈IDC 2024 AI보고서 : 5가지 트렌드로 보는 AI의 기회〉를 보면, 전 세계 조직의 75퍼센트가 AI를 도입해 평균적으로 1달러당 3.70달러의 수익을 창출하는 것으로 나타났다. 또한 일부 상위 리더들은 최대 10달러의 수익을 실현한 것으로 밝혀졌다. 이러한 추세가 이어지면 수년 내에 AI는 대부분 기업의 업무 보조이자 핵심 참모 역할을 담당하게 될 것이다.

현재 가장 보편적으로 활용되고 있는 업무 보조 AI 서비스 모델은 마이크로소프트가 출시한 코파일럿이다. 이는 사용자의 작업을 지원하고 생산성을 높이기 위해 설계된 생성형 AI의 한 종류로 GPT-4 언어 모델을 기반으로 텍스트, 이미지, 동영상 등 다양한 종류의 콘텐츠를 만들 수 있다.

능력을 돋보이게 만드는 도구들

AI 코파일럿은 문서 작성 시 주제에 맞는 문장을 제안하거나 초안을 작성해준다. 문장의 어투를 조정하거나 더 간결한 표현으로 바꾸는 등 문서의 가독성을 높이는 작업도 하며, 관련된 내용에 맞도록 이미지도 자동으로 삽입한다. 아이디어를 제공하면 전문적인 프레젠테이션 자

> **코파일럿**
>
> AI 기반의 워드, PPT, 엑셀 문서 작업 협업 도구다. 보고서 요약, PPT 작성, 데이터 분석, 회의 요약, 맞춤형 콘텐츠 생성 등 다양한 기능을 지원해준다.

료를 자동으로 생성해주고, 긴 문서나 보고서 내용은 간단한 슬라이드로 요약해서 파워포인트 발표 자료까지 만들어준다.

마케터라면 회의 내용을 실시간으로 기록하고 요약해주는 코파일럿

으로 중요한 정보를 놓치지 않을 수 있다. 무엇보다 코파일럿은 엑셀로 작성된 매출 데이터를 분석해 핵심 트렌드를 짚어주고 각종 데이터를 차트나 그래프로 정리해주기 때문에 매우 유용하다. 프로그래머가 코드를 작성할 때 코파일럿은 다음에 입력할 코드를 예측해 자동으로 완성해준다.

작문 보조 AI

사람의 글쓰기를 도와주는 AI. 문장 생성, 아이디어 제공, 번역, 요약, 코드 작성, 마케팅 문서 작성 등 다양한 글쓰기를 도와준다.

글쓰기에 자신이 없다면 '작문 보조 AI'의 도움을 받으면 된다. 대표적인 AI 도구는 슈도라이트, 뤼튼 트레이닝, 아숙업, 라이트소닉, NLLB-200, 그래머리, 챗GPT, 헤밍웨이 에디터, 재스퍼 AI, 카피 AI 등이 있다. 슈도라이트는 창의적이고 전문가적인 글쓰기를 하는 소설가, 작가, 블로거 등을 위한 글쓰기 보조 AI다. 반면에 뤼튼 트레이닝은 비즈니스 문서, 보고서, 이메일, 마케팅 콘텐츠 등 다양한 유형의 문서를 작성해준다. 라이트소닉은 마케팅 카피, 제품 설명, 블로그 글, 이메일, 소셜 미디어 게시물 등을 빠르게 생성해주는 데 최적화된 AI다.

그 외 아숙업은 한국어에 특화된 작문 보조 AI로 문서 작성과 편집을 도와준다. 그래머리는 영어 문법 교정기로, 영어 문장을 입력하면 자동으로 문법 오류 등을 찾아내 수정안을 제시해준다. 이메일, 비즈니스 보고서, 블로그, 소셜 미디어 게시물 등 다양한 글쓰기에 적용할 수 있다. NLLB-200은 메타에서 개발한 200개가 넘는 다국어 기계 번역 AI로 여러 언어로 작문할 때 문맥이나 뉘앙스를 섬세하게 보완해준다. 챗GPT는 어떤 종류의 글이든지 내용이나 형식에 구애받지 않고 써주는 작가 수준의 글쓰기 보조 AI다. 깃허브 코파일럿은 코드 작성을 도와준다.

이쯤 되면 AI는 업무를 보조해주는 어시스턴트 이상의 능력자라 할 만하다. 무엇보다 코파일럿을 활용하면 업무 효율성이 높아진다. AI에게 업무 보조를 맡기면 인간은 보다 더 창의적이고 생산적인 일에 시간을 투자할 수 있다.

AI를 조력자로 활용하라

AI는 토지, 노동, 자본에 이어 제4의 노동요소가 되었다. 단순 반복 업무뿐만 아니라 고도의 전문성을 요구하는 업무에서도 인간 노동을 대체하거나 보완해주는 역할을 한다. 데이터와 컴퓨팅 능력을 기반으로 사람이 갖고 있던 역량의 한계를 뛰어넘어 다양한 산업에서 효율성을 극대화해주는 생산요소와 같은 역할을 하고 있는 셈이다.

> **제4의 노동요소**
>
> 경영학에서 생산의 3요소는 토지, 노동, 자본을 일컫는다. 하지만 AI의 등장으로 이들 3요소를 능가하는 네 번째 생산요소로 AI가 주목받고 있다.

공장의 생산라인에서는 로봇이 사람을 대신해 생산성 혁신에 일조하는 중이다. 오피스는 어떤가? AI가 법률, 세무, 회계 등의 문서 작업을 통해 사람의 역할을 보완해주며 일한다. 특히 디지털 경제에서는 데이터가 새로운 자원인데, AI는 이 데이터를 분석하고 활용하는 핵심 도구로 자리 잡았다.

종전의 경제 체제에서는 토지, 노동, 자본이 중요한 기반이었다면 디지털 경제에서는 AI가 새로운 가치를 창출해주는 핵심 요소로 자리한다. 예를 들어 AI 기반의 추천 시스템, 개인화된 마케팅, 지능형 모니터링 시스템 등은 이전에는 불가능했던 새로운 서비스와 제품을 만들어내는 원천이 되고 있다. 무엇보다 AI를 통해 얻은 통찰력은 기업이 새로운 비즈니스 모델을 창출하고 경쟁력을 강화하는 데 중요한 역할을 할 것이다.

이런 흐름을 읽다 보면 AI 시대의 변화를 외면하고 자신만의 능력에 의존하는 사람은 '보통의 개인'으로 남아 결국에는 도태되고 말 것임이 더욱 명확해진다. '슈퍼 개인'이 될 수 있는 기회가 누구에게나 주어진 만큼 AI에 대한 두려움을 버리고 함께 진화할 수 있는 방법을 모색해야 할 때다.

향후 10년,
흥할 테크 비즈니스 모델 35

어떤 기업이 뜨고, 어떤 기업이 쇠퇴했나

2000년 이후 시가총액을 기준으로 상위권에 속하는 주요 기업들의 흥망성쇠는 기술 혁신, 시장 트렌드 대응, 비즈니스 모델 전환 능력에 의해 결정 됐다. 특히 기술 혁신에 따라 산업구조는 세 개의 축으로 진화했다. 닷컴 버블이 끝나면서 2000년대 인터넷 기업의 흥망이 이어졌고, 2010년대 스마트폰 시대가 열리면서 모바일과 클라우드 기업이 급부상했다. 이어 2020년대에는 AI가 확산되면서 글로벌 경제 패권이 AI, 전기차, 반도체 중심으로 재편되고 있다.

2000년대 초반 인터넷과 IT 혁명은 마이크로소프트, 구글(현 알파벳),

> **닷컴 버블**
>
> 1990년대 후반부터 2000 년대 초반까지 일어난 인터 넷 관련 기업들의 비정상 적인 주가 상승. 당시 인터 넷, 통신, 소프트웨어 등 기 술주들이 인터넷 낙관론과 맞물려 주가가 급등했지만, 2000년대 초반 폭락으로 버블이 붕괴되었다.

애플을 지구촌 최강 기업으로 만들었고 이들 기업은 미국을 세계 최강 국가로 선도하는 역할을 했다. 마이크로소프트는 윈도우 OS와 오피스의 성공으로 절대 강자가 되었으며, 구글은 검색 엔진과 유튜브 확장으로 글로벌 총아로 떠올랐다. 뒤이어 애플은 2007년 아이폰 출시로 모바일 시대를 열며 전 세계 시가총액 1위로 올라섰다. 반면 같은 시기에 AOL, 야후, 노키아는 인터넷 붐을 주도했지만 검색과 모바일 트렌드 및 스마트폰 시장 진입 실패로 한순간에 추락하고 말았다.

2010년대는 스마트폰이 등장하며 판을 바꾸었다. 모바일과 SNS가 급부상하면서 애플, 아마존, 페이스북(현 메타)의 위상이 높아졌다. 글로벌 전자상거래 선두주자가 된 아마존은 클라우드 사업인 AWS로 대박을 터트렸다. 메타는 페북을 앞세워 소셜 네트워크 강자로 성장했고, 인스타그램과 왓츠앱을 인수해 영향력을 더욱 확장했다. 반면 같은 시기에 혁신에 실패한 블랙베리는 아이폰과 안드로이드에 밀려 존재감을 잃었고, 휴렛팩커드와 델은 PC 사업의 한계에 봉착했다.

글로벌 빅 트렌드

2000년대 인터넷과 IT, 2010년대 모바일과 SNS, 클라우드, 2020년대 AI, 칩으로 이어지는 기술의 진화.

2020년대는 단연 AI의 시대다. 오픈AI가 2022년 11월 30일 챗GPT를 공식 출시하며 AI 열풍을 몰고 오면서 글로벌 빅 트렌드를 만들어냈고, 이와 관련한 핵심 기업인 엔비디아와 테슬라가 뜨고 인텔과 GE는 정체되고 말았다.

향후 어떤 기업에 투자해야 할까?

전 세계의 리더와 투자자들의 최대 관심사는 '향후 10년, 어떤 AI 기업이 가장 유망한 기업이 될 것인가?'이다. AX 경영으로 이미 산업의 판도가 바뀌었기 때문에 기존의 비즈니스 방식과 비전을 고수하는 기업에게 혁신의 기회는 없다. 그렇다면 앞으로 우리는 어떤 기업에 주목해야 할까?

2025년 이후에 주목받을 기업들은 기술 혁신, 환경 변화, 소비자 트렌드, 글로벌 경제 변화의 흐름을 탈 기업들이다. 이는 CES 2025가 주목한 트렌드이기도 하다. CES 2025에서는 AI 및 데이터 중심 경제(기술 혁신과 산업 자동화), 지속가능성과 친환경(재생에너지 및 지속가능한 기술), 디지털 전환과 연결성(클라우드, IoT, 5G, 메타버스), 바이오 혁신(맞춤형 의료와 헬스케어, 생명공학)을 향후 뜰 기업군으로 내다보고 있다. 구체적인 기업은 다음과 같다.

▶ 2025년 이후 주목할 만한 기업

기업명	이유
엔비디아 NVIDIA	- AI와 딥러닝 기술을 위한 GPU 시장의 지배자 - AI 학습, 데이터 센터, 자율주행 등에 필수적인 하드웨어 공급
테슬라 Tesla	- 전기차 및 자율주행 기술 선두 - 지속가능한 에너지 솔루션과 로보틱스 및 AI 기술로 영역 확장
마이크로소프트 Microsoft	- 클라우드 애저와 오픈AI와의 협력으로 AI 및 디지털 전환에서 선도적 역할 담당

알파벳 Alphabet	– 구글 검색, 유튜브, 웨이모(자율주행) 등 다양한 포트폴리오 보유 – 자체 AI 모델 개발로 오픈AI와 경쟁
아마존 Amazon	– 전자상거래와 클라우드(AWS) 분야의 리더 – 물류 자동화와 드론 배송 기술로 경쟁력 강화
메타 Meta	– 메타버스와 AR/VR 기술 통합을 통한 디지털 콘텐츠 혁신 – 소셜 미디어와 광고 시장 지배력 지속
비야디 BYD	– 전기차와 배터리 기술에 경쟁력 있음 – 글로벌 전기차 시장에서 테슬라의 강력한 경쟁자
오픈AI OpenAI	– 챗GPT와 같은 생성형 AI 기술의 선도자 – 다양한 산업에서 AI 도입이 가속화되고 있음
애플 Apple	– AR/VR(비전 프로)과 웨어러블 기술 보유 – 소프트웨어와 하드웨어 생태계 모두 강함
딥마인드 DeepMind	– AI 기반 생명과학 및 과학 연구 선도 – 문제 해결을 위한 혁신적 AI 모델 개발
스페이스X SpaceX	– 민간 우주 탐사와 위성 인터넷(스타링크) 선도 – 우주 산업의 상업화에 기여
리비안 Rivian	– 전기 픽업 트럭 및 SUV 시장에서 성장 중 – 지속가능한 에너지와 충전 인프라 구축
타이완 반도체 매뉴팩처링 Taiwan Semiconductor Manufacturing, TSMC	– 고성능 반도체 제조의 세계적 리더 – AI, 5G, IoT 확산으로 지속적인 수요 증가
어드밴스드 마이크로 디바이시스 Advanced Micro Devices, AMD	– 고성능 CPU 및 GPU 개발로 엔비디아와 경쟁 – 데이터 센터와 AI 관련 기술 확장
삼성전자 Samsung Electronics	– 메모리 반도체와 모바일 기술의 글로벌 리더 – AI와 IoT 통합으로 포트폴리오 확장
넥스트에라 에너지 NextEra Energy	– 재생 가능 에너지 시장의 선두 기업 – 풍력, 태양광 발전 및 에너지 저장 기술의 강자

오어스테드 Orsted	– 해상 풍력 발전 글로벌 리더 – 지속가능한 에너지 솔루션 제공
퍼스트 솔라 First Solar	– 고효율 태양광 패널 제조로 재생 가능 에너지 산업에서 강한 입지 구축
솔라엣지 테크놀로지스 SolarEdge Technologies	– 태양광 인버터 솔루션 제공 – 에너지 효율성 향상에 기여
화이자 Pfizer	– mRNA(코로나, 암, 희귀 질환, 감염병 예방) 백신 개발 성공 – 헬스케어 및 생명공학에서 선도적 역할 담당
모더나 Moderna	– mRNA 기반 치료제 개발로 맞춤형 의료의 선두 주자로 부상
일루미나 Illumina	– 유전체 분석 기술로 맞춤형 의료와 유전자 치료 지원
넷플릭스 Netflix	– 스트리밍 콘텐츠 시장의 리더 – 오리지널 콘텐츠 제작으로 차별화된 경쟁력 유지
로쿠 Roku	– 스트리밍 플랫폼 제공으로 디지털 콘텐츠 소비 트렌드 주도
디즈니 Disney	– 스트리밍 플랫폼(디즈니 플러스)으로 확장 – 풍부한 콘텐츠와 강력한 브랜드 파워
페덱스 FedEx	– 첨단 물류 자동화 기술과 드론 배송 시스템 도입으로 경쟁력 강화
유나이티드 파셀 서비스 UPS	– 지속가능한 물류 솔루션 개발과 배송 효율성 강화
퀄컴 Qualcomm	– 5G와 IoT 칩셋 개발 선두주자 – AI 및 커넥티드 디바이스로 기술 확장
화웨이 Huawei	– 5G 인프라 구축 글로벌 리더 – 6G로 이어지는 네트워크와 디지털 혁신 주도
보스턴 다이내믹스 Boston Dynamics	– 첨단 로봇 기술 개발 – 물류, 제조, 군사 등 다양한 분야에 쓰일 산업용 로봇 개발
오픈시 OpenSea	– NFT 거래 플랫폼으로 디지털 자산 시장 선도

알리바바 Alibaba	– 전자상거래와 클라우드 서비스 리더 – 중국 시장에서 강력한 입지 유지
우버 Uber	– 차량 공유 플랫폼에서 자율주행 및 물류 서비스로 확장
에어비앤비 Airbnb	– 글로벌 숙박 공유 플랫폼 리더 – 데이터 기반 맞춤형 서비스 제공
유니레버 Unilever	– ESG 경영 강화로 지속가능성 추구 – 친환경 제품과 공급망 혁신 주도

NEXT AI BUSINESS

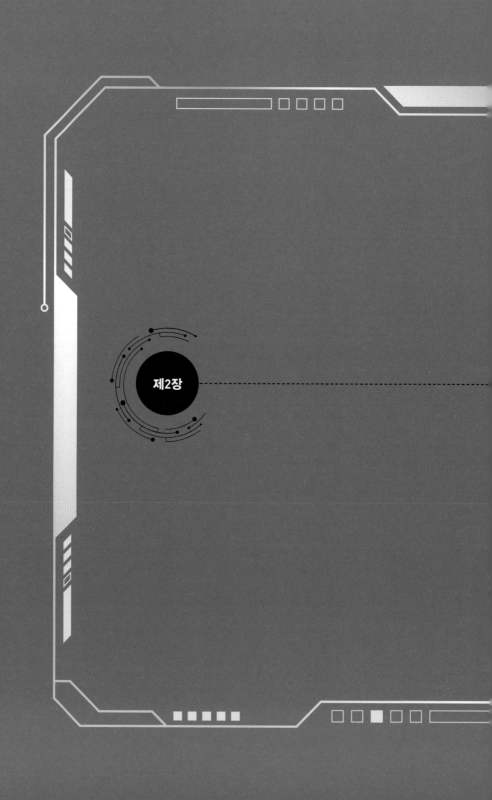

제2장

산업의 패러다임을 바꾸는
AI 비즈니스

모든 융합은
AI로 통한다

과거 디지털 전환이 마차의 발명에 비유될 수 있다면 AX는 엔진을 장착한 자동차의 발명과도 같다. 그만큼 효율성 측면에서 차원이 다른 성과를 낸다는 의미다. 모든 분야가 AI를 통해 퀀텀 점프가 가능한 세상이다.

상황이 이렇다 보니 다양한 산업 분야에서 AI를 접목해 혁신을 일으키고 새로운 비즈니스 모델을 만들어 산업의 판도를 바꾸려는 시도들이 펼쳐지는 중이다. 이런 흐름에 따라 'AI+X 프로젝트'가 산업계 곳곳에서 진행되고 있다.

> **AI+X 프로젝트**
>
> AI와 다른 분야(X)의 융합을 뜻하는 말로 의료, 금융, 제조, 교육 등이 AI와 결합해 새로운 가치와 혁신을 이끌고 있다.

'AI+의료, 금융, 제조, 교통, 교육, 환경, 에너지, 소비' 등 AI와의 협업 형태는 매우 다양하다.

테슬라, 알리바바의 AI+X 프로젝트

'AI+제조' 사례인 지멘스는 AI와 IoT 기술을 활용해 암베르크 공장을 생산 효율성과 유연성이 뛰어난 스마트팩토리로 탈바꿈시켰다. AI는 생산라인의 모든 데이터를 실시간 수집·분석해 생산 공정을 최적화하고 고객 주문에 맞춘 다품종 소량 생산으로 생산라인을 유연하게 가동시켜준다. 그뿐만이 아니다. AI는 공장 내 모든 기계와 장비를 모니터링하며 예지 정비를 수행한다. 기계의 작동 상태를 분석해 고장이나 이상 징후가 발견되면 적절한 유지보수 작업을 진행해 사고를 미연에 방지한다. 또한 AI가 품질 데이터를 실시간으로 수집해 품질관리를 함으로써 불량을 줄여준다. 이는 'AI+공장 혁신'의 사례다.

스마트팩토리

ICT, IoT, AI, 빅데이터 등을 활용해 생산설비와 공정, 그리고 공장 운영 전반을 지능화하고 자동화한 공장.

예지 정비

설비의 상태를 실시간으로 모니터링하고 데이터를 분석해 고장을 예측하고 사전에 예방하는 정비 방식.

테슬라는 AI 자율주행차에 택시와 배송 서비스 등을 접목한 로보택시로 신산업 생태계를 만드는 중이다. 테슬라 차량 소유주들은 자율주행이 가능한 자신들의 차량을 '로보택시 네트워크'에 등록해 원하는 시간 동안 택시 서비스에 활용할 수 있다. 차량 소유주들이 차량을 사용하지 않을 때 로보택시 네트워크를 통해 추가 수익을 창출할 수 있는 새로운 비즈니스 모델을 만들어낸 것이다. 이는 차량의 활용도를 높이고 공유 경제를 활성화하는 새로운 모빌리티 생태계라 할 수 있다. 이 서비스가 상용화되면 기존 택시 산업에 혁명적인 변화가 예상된다. 테슬라는 로보택시를 차량 구입비나 인건비 없이 운영하므로 경쟁력 있는 가격에 서비스할 수 있기 때문이다.

'AI+교통 혁신'의 대표적 사례로 알리바바의 시티 브레인 프로젝트를 들 수 있다. 도시의 교통 데이터를 AI로 분석해 신호등의 타이밍을 최적화하고 혼잡 지역을 파악해 교통 흐름을 개선하는 데 큰 역할을 한다. AI로 교통량을 파악해 신호등을 지능형으로 작동시킴으로써 정체를 해소해 차량 흐름을 최적화하는 것도 이와 비슷한 사례.

영국의 비영리단체 OCF_Open Climate Fix가 AI와 머신러닝을 활용해 태양광 패널의 발전량을 48시간까지 예측해 재생에너지의 활용을 최적화한 것은 'AI+에너지 혁신'이다. 태양광 패널의 위치, 패널 특성 그리고 기상 데이터를 활용해 정확한 에너지 생산량을 예측해낸다. 동시에 태양광 패널의 출력 변동과 이상 징후를 감지해 유지보수 여부를 사전에 알려준다.

AI의 무한 진화가 삶을 바꾼다

AI는 개인의 소비 트렌드를 분석해 맞춤형 상품과 서비스를 제공하는 데도 탁월한 능력을 갖고 있다. 몇 차례의 온라인 검색만으로도 나의 관심사를 정확히 알고 관련된 광고, 기사, 영상 등을 보여준다. 아마존은 고객의 구매 이력, 검색 기록, 장바구니에 담긴 상품을 분석해 개인별 맞춤형 상품을 추천해주는 AI 추천 시스템 도입 이후 매출이 크게 늘었다. 넷플릭스도 마찬가지다. 시청자의 시청 기록, 검색 패턴, 평가 등을 토대로 AI가 시청자의 선호 콘텐츠를 찾아내 제시해줌으로써 시청 시간을 늘리는 것은 물론이고 고객 만족도를 향상시켜준다.

'AI+맞춤형 소비 혁신' 사례는 거의 모든 기업이 갖고 있다. 미국 기업 스티치 픽스Stitch Fix는 AI가 분석한 고객의 선호도, 스타일, 피드백 등의 데이터를 분석해서 맞춤형 의류와 액세서리를 추천하는 방식으로 충성 고객을 확보한다. 뷰티 기업 로레알도 AI가 고객의 피부 상태와 선호도를 파악해 뷰티 컨설팅 서비스를 제공한다. 숙박업체인 에어비앤비는 AI가 고객의 여행 목적, 이전 예약 내역, 선호하는 숙박 유형 등을 분석해 맞춤형 숙소를 제안해준다.

금융업계에서도 'AI+금융 혁신' 사례가 이어지고 있다. 카카오뱅크, 신한은행, 국민은행, 토스, 뱅크샐러드 등 금융 회사는 마이데이터와

마이데이터

데이터의 주인은 개인이므로, 개인이 자신의 데이터를 열람, 수정, 삭제, 이동 등 활용할 권리를 갖도록 한 제도. 예를 들어 금융 회사의 앱에서 마이데이터를 클릭하면 개인의 모든 금융정보가 한 금융사로 이동한다.

AI를 결합해 자산관리 전략을 제시해주고 최적화된 금융상품을 추천해준다. 여러 금융 회사에 분산된 계좌, 카드, 보험, 대출 현황 등을 한곳에서 통합 관리할 수 있도록 해주면서 고객의 소비 패턴, 자산 현황, 투자 성향 등을 종합적으로 분석해 가장 적합한 금융상품을 추천해주는 방식이다.

산업계 전 분야가 'AI+X 프로젝트'에 매달리면서 지금까지는 볼 수 없었던 비즈니스가 속속 등장하고 있다. CES 2025 혁신상 수상 기업과 AI를 활용한 주요 혁신 기업 사례를 보면 이런 변화를 쉽게 알 수 있다. 지금까지 모바일 금융사기는 해결하기 힘든 숙제였지만 이제는 AI가 해결사 역할을 해준다. SK텔레콤은 AI를 활용해 스미싱과 피싱 같은 모바일 금융사기를 탐지해내고 차단할 수 있는 스캠뱅가드를 개발해 사이버 보안 분야에서 최고 혁신상을 수상했다. 신한은행은 ATM에 장착된 카메라를 통해 보이스피싱 사기범의 수상한 행동을 포착해 범죄 발생을 사전에 차단한다.

미국의 웰스프론트Wealthfront는 AI 알고리즘을 활용해 개인 맞춤형 투자 포트폴리오를 자동으로 구성해 관리해주는 로보어드바이저 서비스를 내놓았다. 개인 투자자들이 사람이 아닌 AI에게 전통적인 금융 자문 서비스와 전문적인 투자 전략을 제공받는 것이다. 미국의 리커전Recursion은 사람 연구원이 아닌 AI 연구원이 신약 후보 물질을 발굴하고, 개발 기간을 단축할 수

> **로보어드바이저**
>
> 로봇Robot과 어드바이저 Advisor의 합성어로 주식, 보험 등 투자 조언을 해주는 로봇 투자상담사.

▶ SK텔레콤이 개발한 '스캠뱅가드' 작동 화면

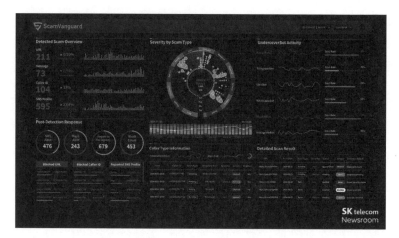

출처 : SK텔레콤 뉴스룸

있는 '자동화 실험 플랫폼'을 운영하고 있다. 이 분야 전문 기업인 영국의 엑스사이언티아를 2024년 약 6억 8,800만 달러에 인수해 AI 기반 신약 개발의 리더를 꿈꾸고 있다.

독일의 지멘스는 무인 자율 제조공장을 만드는 중이다. AI와 IoT를 결합한 스마트팩토리를 구축해 실시간 데이터를 분석해서 불량률을 줄이고 생산 효율성을 높이고자 한다. 미국의 아마존은 사람이 하던 고객의 구매 패턴 분석과 재고 관리를 AI에게 맡겼다. AI가 고객의 구매 패턴을 분석해 정확한 수요를 예측함으로써 재고 비용을 줄였다. 또한 고객이 원하는 제품이 바로 배달될 수 있도록 함으로써 고객 만족도 역시 향상시켰다.

무인 자율 제조공장

AI, 로봇, IoT 등 첨단기술을 융합해 생산의 전 과정을 자동화한 공장.

중국의 스퀴렐 AI는 학생 개개인의 학습 수준과 스타일에 맞춘 맞춤형 교육 콘텐츠를 제공하는 AI 교사 플랫폼을 운영한다. AI가 개인 맞춤형 교육을 해줌으로써 교사의 부담을 줄여주는 조교 역할을 하는 것이다.

이처럼 AI 기술이 다양한 산업 분야에 접목되면서 새로운 비즈니스 모델과 기업의 등장이 촉진되는 효과가 나타났다. 나아가 전통적인 비즈니스 모델을 혁신하고, 새로운 가치를 창출하는 기폭제가 되었다. 기존 산업에 AI를 접목하는 것은 선택이 아닌 필수다. AI 도입이 늦을수록 기업은 경쟁력을 잃게 된다. AX 열차에 서둘러 올라타자.

AX 신경영

AI 제국을 꿈꾸는
글로벌 기업들의 전략

AX 신경영

AI 기술을 기업 경영 전반에 적극적으로 도입해 경영 혁신을 이루는 것을 의미함. AI를 핵심 동력으로 삼아 기업의 경쟁력을 근본적으로 변화시키는 것.

전 세계 빅테크 기업들의 AX 신경영 경쟁이 날로 뜨거워지면서 새로운 흐름을 이끌고 있다. 자신들이 개발한 AI를 앞세워 새로운 생태계를 구축하고 AI 제국을 만들어 글로벌 경제 패권을 장악하기 위함이다. 그중 구글은 자연어처리와 대화형 AI에 초점을 맞춰 버트와 람다 개발에 주력해왔다. 최근에는 생성형 AI인 제미나이를 개발해 오픈AI의 GPT 그리고 오원과도 경쟁 중이다.

또한 딥러닝과 머신러닝에 특화된 하드웨어 가속기 TPU_{Tensor Processing}

Unit를 개발해 AI 모델의 처리 속도를 높이고 있으며, 고객에게 클라우드 서비스까지 제공한다. 주목할 만한 점은 AI 인재를 영입하기 위해 에크하이어 전략을 사용한다는 것이다. 구글은 기업 인수를 통해 필요한 기술을 보유한 기업의

> **에크하이어 전략**
>
> 인수Acquisition와 고용Hire 의 합성어로, 뛰어난 인재들을 영입하기 위해 그들이 속한 기업을 통째로 인수하는 M&A 전략.

인재를 확보함으로써 자체 개발에 드는 시간과 비용을 절감하고 빠르게 조직의 역량을 강화해나가고 있다.

오픈AI는 GPT-5 등의 LLM과 달리 같은 멀티모달 AI를 개발해 콘텐츠 창작의 새 지평을 열었다. 또한 챗GPT 검색 기능을 내놓으면서 구글이 지배하고 있는 검색 시장의 구도에 도전장을 내밀었다. 메타와 아마존도 각각 라마3와 타이탄과 같은 LLM을 내놓았다. 메타가 2025년에 출시할 차세대 언어 모델 라마4는 새로운 양식과 기능, 더 강력한 추론 능력을 갖추고 있어

> **인공일반지능**
>
> 인간과 유사한 수준의 지능을 가진 AI로 범용 AI. 강인공지능Strong AI이라고도 한다.

인공일반지능Artificial General Intelligence, AGI으로의 진화가 빨라지고 있다.

그야말로 치열한 AX 신경영 경쟁이 펼쳐진 것이다. 마이크로소프트는 오픈AI에 약 130억 달러를 투자해 챗GPT 모델에 대한 독점적 접근 권한을 확보했다. 아울러 애저 AI, 깃허브 코파일럿, 마이크로소프트 365 등에 AI를 탑재해 혁신적인 상품을 선보이고 있다.

리스크를 최소화하는 디지털 트윈 시스템

글로벌 기업들은 자체 AI 개발 이외에 다각도로 입지를 넓히며 혁신 경영을 선도한다. 아마존은 AI를 활용해 '고객 경험과 물류혁신' 신경영에 앞장서고 있다. 온라인 쇼핑몰에서 주문된 상품을 고객에게 배송하는 전 과정을 AI 기반 풀필먼트 센터Fulfillment Center로 변신시켰다. AI를 활용해 주문 처리, 창고관리, 포장 및 배송 등을 자동화하고 최적화해서 물류 산업의 새로운 기준을 제시하고 있다.

풀필먼트 센터

상품의 보관, 포장, 배송, 반품 등 모든 물류 과정을 일괄적으로 처리하는 물류 시설. 이 시설 덕분에 고객은 상품을 빠르고 정확하게 배송받는다.

고객이 물건을 주문하면 로봇 키바가 상품이 보관된 선반을 이동시켜 작업자가 상품을 쉽게 꺼낼 수 있도록 해준다. 작업자들이 상품을 찾기 위해 창고를 돌아다닐 필요가 없기 때문에 작업 시간이 줄어들고 그만큼 상품의 배송 시간이 빨라진다. 그 외에도 AI 로봇이 포장을 해주고 재고관리와 수요까지 예측해주는 동시에 배송 시 교통 상황, 날씨, 물류센터의 위치 등을 고려해 최적의 배송경로를 찾아내 배송 시간을 줄여준다.

이처럼 아마존은 AI를 활용해 비즈니스의 자동화, 예측, 최적화를 이뤄냈고 이를 통해 프리미엄 비즈니스 모델인 아마존 프라임을 탄생시켰다. 연회비를 낸 소비자들에게는 무료배송 서비스, 영화와 드라마를 무제한 시청할 수 있는 프라임 비디오, 광고 없이 음악 청취가 가능한 프라임 뮤직, 무료 전자책 읽기 프라임 리딩, 신선식품 신속 배송인 프라임 프레시 등의 혁신 서비스를 제공한다.

중국의 바이트댄스는 AI를 활용한 '콘텐츠 맞춤형 추천' 신경영으로 틱톡을 세계적인 소셜 미디어로 성장시켰다. AI가 사용자의 시청 습관과 댓글 등의 행동 데이터를 실시간으로 분석해 개인 맞춤형 콘텐츠를 추천해준다. 이는 사용자가 틱톡에 머무는 시간을 증가시키는 데 긍정적인 영향을 주어 수익성 향상에 기여한다.

> **소셜 미디어**
>
> 페이스북, 인스타그램, 트위터, 유튜브, 틱톡, 링크드인 등 온라인에서 서로 사회적 관계를 맺으며 소통하고 콘텐츠를 공유하는 플랫폼.

AX 신경영의 대표 사례는 '디지털 트윈 경영'이다. 디지털 트윈은 현실 세계에 존재하는 사물, 시스템, 환경 등을 컴퓨터 속 가상 공간에 마치 쌍둥이처럼 똑같이 복제한 가상 모델이다.

> **디지털 트윈**
>
> 현실 세계의 물리적인 사물, 프로세스, 시스템 등을 가상 세계에 똑같이 구현하는 기술.

이 VR 모델은 실제 환경의 센서 데이터를 실시간으로 수집해 현실 세계와 동기화시키는 원리로 작동된다. 이를 통해 수집된 데이터를 기반으로 미래를 예측하고 다양한 시나리오를 만들어 시뮬레이션해볼 수 있다.

다시 말해 디지털 트윈 시스템이 문제를 사전에 파악하고 최적의 해결책을 찾아주는 역할을 하는 것이다. 예를 들어 제조공장에서는 디지털 트윈을 통해 생산 과정을 시뮬레이션해봄으로써 문제점을 사전에 파악해 불량률을 줄일 수 있다. 국가에서 디지털 트윈을 사용한다면 교통 문제 해결에 도움이 될 수도 있다. 교통 흐름을 분석한 뒤 도시계획을 수립하고 교통 정체를 해소하는 것이다.

버추얼 트윈 기술을 개발하는 프랑스 기업 다쏘시스템Dassault Systemes은 디지털 트윈 플랫폼인 3D 익스피리언스에 AI를 결합해 장비 상태를 실시간 모니터링한다. 이를 통해 고장 가능성과 품질을 예측해 불량률을 줄이고 있다. 나아가 시장 변화를 예측해 생산 계획을 최적화해서 재고관리를 효율화한다. 이는 모두 AI가 IoT와 다양한 데이터 소스로부터 실시간 데이터를 수집해 설계, 생산, 운영을 최적화함으로써 더 나은 의사결정을 하도록 도와주기 때문에 가능한 일이다. 가스터빈 제조 선도 기업인 지멘스는 실제 가스터빈을 가상 공간에 똑같이 만들어 제품의 설계, 제조, 운영 혁신을 도모하는 중이다. 센서 데이터를 기반으로 AI가 가스터빈의 성능, 수명, 고장, 유지보수 시기를 예측해 성능을 최적화하고 수명을 연장시켜준다.

AI 비즈니스 경쟁력의 원천

엔터프라이즈 AI
기업 환경에서 데이터를 분석하고 예측해 더 나은 의사결정을 지원하는 AI기술.

AX 신경영을 추구하는 기업들은 다양한 산업 분야의 복잡한 문제를 '엔터프라이즈 AI'를 활용해 풀기 시작했다. 엔터프라이즈 AI는 기업에서 비즈니스 프로세스를 개선하는 데 특화된 AI 기술을 의미한다. 엔터프라이즈급의 AI는 시스템과 기술이 복잡한 환경에서도 효과적으로 작동한다. 그래서 기업들은 각종 업무와 프로세스를 개선하고 자사의 경쟁력을 향상시키는 데 이러한 AI 기술을 적극적으로 적용한다.

AI 소프트웨어 제공업체인 씨쓰리에이아이C3.ai는 에너지, 제조, 금융, 의료 등 다양한 산업 분야에 AI 솔루션을 제공해 비즈니스 혁신을 돕고 있다. 예를 들어 에너지와 제조 산업에서는 장비 상태를 예측해서 유지보수 및 품질관리를 하는 데 AI를 사용하며, 금융에서는 사기탐지에 AI를 활용한다.

한편 글로벌 기업들은 AI 기술을 활용해 비즈니스 모델을 혁신하고 새로운 생태계를 구축해 시장을 선도하기 위해 'AX 신경영'에 앞장서고 있다. 대표적으로는 아마존의 '물류 AI 신경영', 구글의 'AI 퍼스트 신경영', 마이크로소프트의 '클라우드 AI 신경영', 테슬라의 'AI 모빌리티 신경영', 바이트댄스의 'AI 콘텐츠 신경영', 알리바바의 'AI 물류·스마트시티 신경영' 등을 들 수 있다.

현재 우리나라 기업은 산업 전반으로 확산되고 있는 AX 신경영에 다소 소극적인 편이다. 하지만 AX로의 전환 없이는 순식간에 도태되고 만다는 경각심을 갖고 기업 경영에 AI를 적극적으로 도입해서 작은 성과부터 내야 한다. 우선은 자동화가 가능한 영역을 선별해 적용하는 식으로라도 도입을 서둘러야 한다. 또한 기업의 AX 신경영을 돕는 AI 소프트웨어 기업을 발굴하고 육성하는 노력도 함께 진행되어야 한다.

기업마다 맞춤형 AI가 대중화되면 AI 도입에 따른 비용 문제와 보안 리스크도 어느 정도 해결할 수 있다. 산업 생태계 전반을 바꾸는 거대한 변화인 만큼 국가적 역량을 집중해서 AI 정책 전반을 다루면서 적극적으로 지원할 시점이다.

일자리를 위협하는 적인가?
동료인가?

2024년 11월 보스턴다이내믹스 Boston Dynamics
가 공개한 휴머노이드 아틀라스의 영상은 큰 화
제를 모았고 '핼러윈데이에 가장 무서운 영상'으
로 꼽혔다. 영상 속에서 아틀라스는 보관함의
수납 위치만 지정하면 사람의 도움 없이 알아서
작동하며 옮겨야 할 물체를 정확히 인식하고 있

> **휴머노이드**
>
> 인간Human과 '~의 형태
> 를 가진(~oid)'이라는 접미
> 사가 결합된 단어로, 인간
> 의 형태를 닮은 로봇. 머리,
> 몸통, 팔, 다리 등 인간의 신
> 체 구조와 유사한 형태를
> 갖는다.

었다. 아틀라스는 100퍼센트 자율주행이 가능한 상태로, 테슬라의 옵
티머스보다 빠른 진보라 할 수 있다. 공장에서 사람들과 함께 일할 준
비를 마친 셈이다.

▶ 보스턴다이내믹스의 '아틀라스'

　이 영상을 본 사람들은 '이러다 사람이 설 자리가 사라지는 것 아닌
가'라는 걱정을 했다. 그럴지도 모른다. 단순한 반복 업무는 24시간 지
치지 않고 일하는 로봇으로 속속 대체되는 중이며 자동화, 유지보수,
품질 검사, 협업 등의 형태로 사람의 일자리를 빼앗아가고 있다. 이는
거스를 수 없는 흐름이다. 그렇다면 이제는 로봇을 경계만 할 것이 아
니다. 나의 든든한 직장 동료라고 생각하면서 그들과 어떻게 협업해야
나의 생산성이 향상될지 고민해야 할 때다.

선진국 산업 로봇 시장의 현주소

　스위스에 본사를 둔 다국적 기업 ABB, 일본의 산업용 로봇 제조사

화낙Fanuc, 독일의 쿠카KUKA, 덴마크의 유니버
설 로봇Universal Robots은 AI 기반 로봇 시스템으
로 산업 자동화를 선도하는 기업들이다. AI 로
봇은 자동차, 전자, 식품 등 주요 제조 현장에서
조립·용접·검사 업무를 척척 해내고 있으며,

산업 자동화

제조 공정에서 사람의 개입
을 최소화하고 기계와 장비,
시스템 등을 활용해 작업을
자동으로 수행하는 기술.

물류창고에서는 상품을 분류하고 포장하는 일을 도맡아 한다. 의료 현
장에서도 AI 로봇이 수술을 보조하고 재활을 돕는다.

 ABB가 출시한 소형 부품 조립 로봇 유미, 전자제품 조립 로봇 IRB,
자동차 차체 용접 로봇 IRB 6700은 이미 사람의 역할을 대신하고 있
다. 화낙의 자율 학습 로봇은 AI가 데이터를 수집해 복잡한 제조 환경
에 스스로 적응해가면서 작업을 개선하는 능력을 갖고 있다. 특히 AI
기반 예지 유지보수 시스템은 전 세계에서 작동되는 수만 대의 로봇을
실시간 모니터링해서 작동 효율성을 높여준다. 또한 쿠카의 협동 로봇
은 전자 부품뿐 아니라 차체와 의료기기의 조립 및 부품 장착 작업을
도와준다. 나아가 작업자의 위치를 실시간 감지하면서 위험 상황 발생
시 즉각 대응할 수 있도록 해준다.

 유니버설 로봇은 엔비디아의 AI 기술을 활용
해 다품종 소량 생산에 협동 로봇을 도입해 쉽
게 사용할 수 있도록 혁신을 일으켰다. 동시에
엔비디아의 가속 컴퓨팅 기술을 결합해 기존 애
플리케이션보다 50~80배 빨리 작동하도록 해

협동 로봇

코봇Cobot이라고도 불리
며 인간과 같은 공간에서
함께 작업하며 물리적으로
상호 작용할 수 있도록 설
계된 로봇.

서 로봇의 작업 속도를 향상시켰다.

테슬라의 휴머노이드 로봇 옵티머스는 테슬라 공장에서 부품 조립과 포장 등의 일을 하면서 방사능 지역에서의 작업, 고층 건물 외벽 청소 등 사람이 하기에 위험한 작업을 대신해준다. 키 173센티미터에 몸무게 57킬로그램으로 사람과 유사한 체구를 지닌 옵티머스는 향후 가사 업무와 노인 간병 등의 역할도 하게 될 것으로 예상된다.

일론 머스크는 2025년에 1,000대 이상의 옵티머스를 테슬라 공장에 투입할 계획이라고 밝혔다. 이는 실제 산업 현장에서 로봇의 성능을 테스트한 후 문제점을 개선해나가겠다는 전략으로, 2026년부터 대량생산 및 판매 체제에 들어가겠다는 머스크의 포부를 뒷받침해주는 계획이다.

독일에서는 자동화와 스마트 공정이 확대되면서 산업 로봇의 수요가 급증하는 추세다. BMW의 경우 생산라인에 설치한 AI 카메라와 센서가 차량의 부품 상태를 분석하고, 결함을 자동으로 식별해 불량률을 낮춰주며 오류를 줄여주고 있다. 또한 로봇 스타트업과의 파트너십을 통해 휴머노이드 피규어 원을 사람 대신 직원으로 투입했다.

차체 조립과 판금, 물건 운반, 정밀 작업 등의 일을 하는데 1센티미터 미만의 오차 범위 내에서 판금을 정확하게 배치한다. 또한 20킬로그램의 물건을 들어올리고 한 번 충전으로 다섯 시간 동안 일할 수 있다.

중국의 산업용 로봇 시장 규모도 급격히 커지는 중이다. 2024년 9월 코트라가 발간한 보고서에 따르면, 2022년 기준으로 중국에 설치된

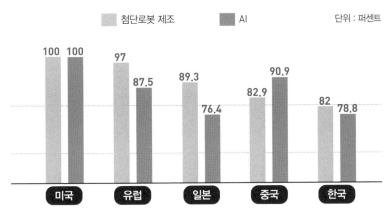

▶ 2022년 기준 미국 대비 국가별 인간형 로봇 기술 수준

첨단로봇 제조　　AI　　　　　　　단위 : 퍼센트

미국: 100 / 100
유럽: 97 / 87.5
일본: 89.3 / 76.4
중국: 82.9 / 90.9
한국: 82 / 78.8

출처 : 한국과학기술기획평가원

산업용 로봇은 전 세계에 설치된 산업용 로봇의 52.4퍼센트 수준에 이른다. 반면 한국의 로봇 산업 순위는 세계 5위 정도다. 일본, 독일, 미국, 중국 등 로봇 산업 강국의 기술 수준을 따라잡기는 쉽지 않은 상황이다.

휴머노이드 로봇의 진화는 이제 시작일 뿐

다만 국내 기업들의 산업 로봇 활용도는 날로 높아지고 있다. 반도체의 미세한 결함과 오염 검출도 AI의 몫이다. KLA 코퍼레이션은 AI 기반 반도체 결함 검출기 퓨마 9980을 활용해 고해상도 이미지를 분석해 반도체 기판의 미세한 스크래치 및 오염, 균열을 실시간 찾아낸다. 삼성전자, 한화테크윈, SK하이닉스, 딥큐브 역시 AI를 활용해 기판 표면의 결함을 검출해내고 있다. 삼성전자는 반도체 장비의 예지 유지보수를 AI에게 맡겨 장비 고장이나 기판 결함을 사전에 예방한다.

그 외에도 다양한 산업 현장에서 로봇이 활약하고 있다. 쿠팡의 소팅봇은 물류센터로 들어오는 수천 개의 다양한 상품을 자동으로 인식하고 분류해 주문이 들어오면 상품을 정확하게 찾아내고 패키징까지 도와준다. 쿠팡의 빠른 배송 서비스인 로켓배송을 가능하게 하는 핵심 비서 역할을 하는 것이다. 이 과정에서 AI는 사람의 분류 실수를 없애주고 자동화로 인건비를 줄여준다. 그뿐만이 아니다. 빠르고 정확한 배송을 구현해주는 쿠팡의 핵심 무기로 자리하고 있다.

병원과 제조공장, 물류 현장에서는 유진로봇이 개발한 자율주행 물류 로봇 고카트가 널리 사용되는 중이다. AI가 탑재된 이 로봇은 주변 환경을 실시간으로 인식할 수 있어서 장애물을 피해 최적의 경로로 물건을 이동시켜준다. 병원에서는 고카트가 멸균 도구나 의약품을 안전하게 배달해주고, 제조업체에서는 조립라인에서 부품 및 원자재를 자동으로 운반해준다.

자율주행 기술

운전자 또는 탑승자의 조작 없이 자동차 스스로 주변 환경을 인식하고 판단해 목적지까지 주행하는 기술.

현대모비스는 자율주행 기술을 적용한 협동 로봇과 함께 일한다. 이 로봇은 작업 환경을 실시간으로 분석하고, 인간 작업자와 협업해 조립 및 물류 작업을 진행한다. LG전자는 이음 5G

네트워크를 활용한 자율주행 수직 다관절 로봇을 개발해 제품 조립 등 다양한 작업에 활용하고 있다. 이 기술은 초고속, 저지연 통신을 통해 로봇의 실시간 제어와 협업을 가능케 했다. LG전자는 또한 AI 기반 자율주행 배송 로봇인 LG 클로이 서브봇을 개발해 대형 오피스, 호텔, 아파트, 병원, 음식점 등에서 배송 서비스를 제공한다. 레스토랑과 호텔에서는 이 서브봇을 배달사원으로 활용 중이다.

네이버는 직원들의 업무 효율성을 극대화하기 위해 사내 곳곳에 로봇을 배치했다. 이 로봇들은 회의 중 메모를 하거나 커피를 서빙하는 등 다양한 업무를 수행하며 직원들이 더 창의적인 작업에 집중할 수 있도록 도와준다. 네이버의 제2사옥인 1784에는 100대의 서비스 로봇 루키가 돌아다닌다. 이 로봇들은 클라우드가 로봇의 두뇌 역할을 함으로써 물리적 제약을 받지 않고 다양한 데이터를 처리해 실시간으로 의사결정을 할 수 있는 장점이 있다. 일을 할수록 데이터가 쌓여 똑똑해지고 뇌가 없기 때문에 소형화가 가능하며 상대적으로 로봇의 가격도 저렴하게 책정할 수 있다는 점이 매력적이다.

현대자동차는 자율주행 배송 로봇인 달이 딜리버리를 개발해 사무실과 쇼핑몰 등 복잡한 공간에서 물품을 가져다주는 배달 사원으로 활용하고 있다. 2021년 6월 인수한 미국의 로봇 전문 기업 보스턴다이내믹스의 4족 보행 로봇 스팟을 활용할 방법도 다각적으로 모색 중이다. 기아는 광명 공장 내 위험 요인을 모니터링하는 공장 안전 서비스 로봇을 시범 운영 중이며, CJ대한통운은 라스트 마일 배송 서비스의 실

▶ 사무실에 커피를 배달해주는 현대자동차 '달이 딜리버리'

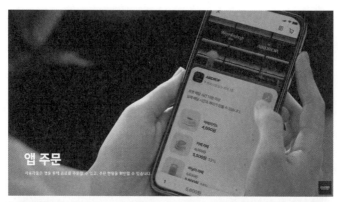

출처 : 유튜브 '현대자동차'

사업을 진행하고 있다.

오늘날의 산업 현장에서는 로봇이 없으면 공장 가동이 멈출 정도다. 이제 로봇은 구인난을 해소하고 생산성을 높여주며 비용까지 줄여주는 산업의 역군으로 인정받게 되었다. 점점 더 똑똑해지는 산업용 로봇은 사람의 지시 없이도 스스로 해야 할 일을 찾고, 고난도의 작업까지 해내는 인간형 로봇인 휴머노이드로 진화하는 중이다. 기업뿐 아니라 개인들도 이런 변화를 빨리 받아들여 적극 합류할 필요가 있다. AI 로봇과의 협업으로 보다 더 생산성을 높이고 사고를 줄이는 등 상호 시너지를 극대화하는 방안을 마련해야 한다. 또한 정부는 로봇과의 협업으로 자동화 기술을 구현하기 위해서는 비용이 많이 든다는 점을 감안해서 중소기업에 대한 지원 정책도 마련해야 할 것이다.

> **산업용 로봇**
>
> 산업 현장에서 사람을 대신해 컴퓨터의 지시에 따라 다양한 작업을 하는 로봇. AI와 결합해 지능화되어 생산성을 높이고 있다.

상상을 초월하는
자율 제조의 시대가 열린다

도로 위의 자동차가 자율주행으로 바뀌듯이 산업 현장의 공장은 'AI 자율 제조'로 바뀐다. AI 자율 제조란 제조 전 과정에 인간의 개입을 최소화하고 AI 기반의 로봇과 제조설비를 활용하는 미래 지향적인 생산 환경을 의미한다. 생산 환경과 업무 내용이 바뀌더라도 스스로 규칙을 보완해서 실행하므로, 기계가 반복적인 작업만 수행하는 '자동화'와는 사뭇 다르다.

AI 자율 제조

제조 공정 전 과정을 AI 기반의 로봇과 제조설비를 활용해 완전 자동화한 무인 AI 공장.

이는 노동력 부족과 공급망 위기를 해소하는 데 도움을 줄 뿐 아니라 생산 효율을 획기적으로 개선하고 새로운 부가가치를 창출하는 데

도 핵심적인 역할을 한다. 이처럼 AI가 산업 현
장을 지능을 갖춘 스마트팩토리로 변화시키는
속도가 빨라지면서 AI로 무장한 지능형 공장만
이 살아남는 초경쟁Hypercompetition의 시대가 펼
쳐질 전망이다.

　이런 변화에 발맞춰 정부와 국내 기업들도 '자율 제조 시대'를 서두
르고 있다. 정부는 AI 자율 제조 기술 개발에 5년간 1조 원 이상을 투
자한다고 발표했다. 아울러 기업들이 AI 자율 제조 시스템 구축 과정
에서 활용할 수 있는 로봇과 소프트웨어 등의 AI 자율 제조 테스트베
드도 구축한다고 밝혔다. 저출산에 따른 인력 부족과 생산성 정체에
대한 고민이 깊은 우리나라로서는 산업의 지능화가 그 어떤 과업보다
다급한 사안이기 때문이다.

자율 제조의 이점

　BMW는 인더스트리 4.0과 AI 기술을 결합해 독일의 제조공장에서
전 세계 120개 이상의 제조 사이트를 통합 관리하는 자율 제조공장을
구현했다. 디지털 트윈 기술을 통해 실제 제조 공정과 똑같이 가상 환
경을 구축해 생산 과정을 시뮬레이션하고 있다. 이를 통해 생산 속도
와 품질을 향상하고 공정 중 발생할 수 있는 문제를 사전에 파악해 원

인을 제거한다. AI 로봇이 조립, 용접, 페인팅과 같은 반복 작업을 자율적으로 처리한다. 그리고 생산 중 발생하는 데이터를 실시간으로 분석해 최적의 경로와 방법을 알려준다.

지멘스의 독일 암베르크 공장은 AI와 디지털 트윈을 결합해 만든 자율 제조 공정으로 생산 오류를 0.001퍼센트까지 낮추는 데 성공했다. 그리고 AI가 실시간으로 생산을 관리하고 최적화하는데, 현재 75퍼센트 이상의 공정이 자율적으로 작동되고 있다.

테슬라는 차량 조립, 용접, 페인팅을 자동화하는 자율 제조를 구현해 기가팩토리와 프레몬트 공장에서 일하는 작업자의 개입을 최소화했다. 특히 AI가 페인트 결함이나 차체 정렬 같은 세밀한 품질관리도 하고, 제품이 언제 필요할지 예측해 최적의 공급 일정을 자동으로 조정해 오더까지 내린다. 그뿐만이 아니다. 자율주행 기술을 개발할 때는 버추얼 트윈 시스템을 활용했다. 다쏘시스템의 파스칼 달로즈 CEO는 버추얼 트윈이 신기술 인큐베이터 역할을 한 사례로 테슬라를 꼽았을 정도다. 자율주행 개발 초기에는 일반 도로 주행이 어려워 학습 데이터를 얻기 힘들었다. 그런데 버추얼 트윈으로 만든 가상 도시 주행을 통해 이런 문제를 해결했기 때문이다.

세계 최대의 전자기기 위탁 생산업체인 대만 기업 폭스콘Foxconn은 엔비디아 옴니버스를 활용한 디지털 트윈 기술을 활용해 가상의 공장을 만들었으며 생산 공정의 모든 단계를 시뮬레이션한다. 이를 통해 공정 시간을 줄이고 에너지 소비를 약 30퍼센트 절감하는 자율 제조를 구현했다.

독일의 석유화학 기업인 바스프BASF는 AI를 통해 공정 데이터를 분석해 에너지 사용량을 줄이고 원료 투입 정확성을 높이는 식으로 공장을 지능화했다. 사우디아라비아의 석유화학 회사 사빅SABIC은 수십 년간 축적된 방대한 양의 소재 데이터를 AI로 분석해서 신소재 개발의 새로운 지평을 열었다. 기존에 사빅은 경험과 직관에 의존해 소재를 개발했다. 그러나 이런 방식 대신 지능을 가진 AI가 새로운 소재의 물리적, 화학적 특성을 미리 예측해 신소재를 빠르게 개발해냄으로써 석유화학 산업의 패러다임을 바꿨다는 평가를 받고 있다.

미국 기업 코그넥스Cognex는 2019년 AI 기반의 무인 검사 솔루션을 공급하는 국내 스타트업 수아랩을 인수해 반도체 웨이퍼와 디스플레이 패널의 불량 검사 및 자동차 부품 표면의 결함 검사 시장을 공략하는 중이다. AI 무인 검사에는 머신 비전과 3D 비전 기술이 활용되었다. 머신 비전은 기계에 시각을 부여해 사람이 보는 것처럼 이미지를 분석하고 이해하는 기술을 가리킨다. 3D 비전 기술은 2차원 이미지가 아닌 물체의 깊이, 형상, 크기, 위치 등 3차원 입체 이미지를 얻어내는 분석 기술이다.

현대엔지니어링은 AI를 활용해 철골 구조물

머신 비전

기계가 '보는' 능력을 갖도록 하는 기술. 기계에 인간의 시각과 같은 기능을 부여해 이미지를 획득, 처리, 분석하고 이를 통해 의사 결정을 내릴 수 있도록 하는 기술.

3D 비전 기술

기계가 인간의 눈처럼 사물을 3차원으로 인식할 수 있도록 하는 기술. 물체의 입체적인 형상, 크기, 위치 등을 정확하게 파악할 수 있다.

설계를 자동화하는 획기적인 시스템을 개발해서 수작업으로 3~4일이나 걸리던 설계 시간을 10분 이내로 단축했다. 또한 설계 오류를 줄여 약 20퍼센트에 달하는 비용 절감 효과를 가져왔다. LS일렉트릭 역시 산업용 IoT와 AI를 활용해 제품 설계 단계부터 성능을 예측하고 최적의 설계를 통해 제품 개발 기간을 단축했다.

이로써 시장 변화에 발 빠르게 대응할 수 있는 토대를 마련했다는 평가를 받고 있다. LG에너지솔루션은 배터리 제조 공정 중 커팅 공정에 AI 기술을 적용해 공정 설비 수명을 진단하는 혁신을 일으켰다. AI가 커터의 마모 상태, 진동 패턴, 소음, 온도 등 다양한 데이터를 분석해 수명을 예측함으로써 생산 중단을 방지해준다.

결코 밀리지 않는 국내 기업들의 스마트 제조혁신

대한민국은 세계 5위 제조 강국이다. 그중 반도체, 전자제품, 자동차, 조선, 석유화학, 디스플레이 등의 경쟁력은 세계 최고 수준이다. 이 같은 경쟁력의 원천에는 AI, 스마트팩토리, 산업 IoT, 빅데이터 등 첨단기술의 도입이 자리하고 있다.

대한민국의 대표 기업 삼성전자는 AI를 제조 공정에 접목해 예측 유지보수, 품질 검사 자동화, 공정 변수 최적화, 신소재 개발 가속화 등을 통해 제조업의 패러다임 변화를 선도하고 있다. 특히 삼성전자의

AI를 활용한 스마트 제조혁신은 매우 혁신적이다.

삼성전자는 제조 장비의 센서 데이터를 AI로 분석해 고장 발생 전에 이상 징후를 감지한다. 그리고 이를 통해 장비의 예측 유지보수를 수행함으로써 장비 가동률을 높이고 있으며 생산 중단도 최소화하고 있다. 품질도 AI가 자동으로 검사한다. AI 기반 이미지 분석 기술을 활용해 제품의 외관 및 내부 결함을 자동으로 검사해 불량률을 줄이고 있다. 제조 공정에서 발생하는 다양한 데이터 분석도 AI의 역할이다. AI로 공정 데이터를 분석해 최적의 공정 조건을 찾아냄으로써 생산 효율성을 높이고 에너지 소비를 줄인다.

> **AI 기반 이미지 분석 기술**
>
> AI, 특히 딥러닝 기술을 활용해 이미지에서 유용한 정보를 추출하고 해석하는 기술. 심층 신경망Deep Neural Network, DNN, 특히 합성곱 신경망Convolutional Neural Network, CNN이 핵심 기술.

삼성전자는 나아가 AI를 활용해 신소재의 특성을 예측하고 최적의 조합을 찾아내는 연구도 진행 중이다. 특히 이 같은 제조혁신 경험을 인구 소멸 지역에 소재한 중소기업에 전파하는 역할까지 하고 있다. 이는 바로 대기업에 비해 AI 도입이 쉽지 않은 중소기업의 제조 경쟁력을 강화하기 위해 AI를 접목한 제조실행 시스템Manufacturing Execution System, MES을 구축하는 스마트공장 3.0 프로젝트다. 2015년부터 10년간 3,274개 사에 달하는 중소기업과 스타트업에 스마트공장 구축을 지원했다. 이를 통해 중소기업들은 생산 데이터를 실시간으로 수집·분석해 현장의 문제점을

> **제조실행 시스템**
>
> 공장에서 제품이 만들어지는 전 과정을 모니터링, 추적, 관리 및 문서화하여 제조 프로세스를 최적화하는 소프트웨어 시스템.

스마트공장 3.0 프로젝트

삼성전자가 주도하는 중소기업 스마트공장 구축 및 고도화 지원 사업으로 AI와 데이터를 활용해 지능형 공장으로 혁신하는 것이 목표다.

선제적으로 대응해 개선해나가는 중이다.

이차전지 배터리팩 전문 기업인 씨티엔에스도 삼성전자의 지원을 받아 제조실행 시스템을 도입했다. 이로써 고객의 요구에 맞춰 50종의 배터리를 자동 생산할 수 있게 되어 생산성을 약 50퍼센트나 향상시켰다. 넥슨전자도 삼성전자의 스마트공장 지원에 힘입어 수주부터 납기까지 일정과 불량률을 철저히 관리하면서 제품의 불량률을 줄였다.

LG전자는 AI를 이용해 공정을 자동화하고 생산 속도를 향상시켰다. AI가 품질 검사까지 해서 불량률을 낮추는 한편, 물류 공급망을 최적화해서 비용까지 절감했다. LG전자를 대표하는 스마트팩토리인 창원 스마트파크에서는 로봇이 제품을 조립하고 AMR이 부품과 자재를 운반한다. 또한 AI가 생산 데이터를 실시간 분석해 공정을 최적화한다.

통합 물류안전 시스템

물류센터의 외곽 방범은 물론 작업장 안전사고, 차량 배차 관리 등 물류 전체 과정에서 발생하는 안전 사항을 사람 대신 AI가 모니터링해서 대응하는 시스템. 여러 지역의 공장과 물류창고를 통합 모니터링하고 차량 배차까지 효율적으로 관리해준다.

동시에 LX판토스 등과 AI를 활용해 통합 물류안전 시스템을 구현한다. 한편 공장과 작업자 안전을 AI가 실시간 모니터링해서 알려주는 AMS AI Monitoring System를 LG CNS와 구축해 '안전 사고 없는 공장'을 구현해내고 있다.

삼성SDS는 AI, IoT, 빅데이터 기술을 기반으로 제조 공정의 모든 단계를 통합 관리하는 스마트팩토리 플랫폼인 넥스플랜트로 공장을 지능화했다. 이 플랫폼은 반도체, 디스플레이, 자동차, 화학 등 다양한 산업에 접목되어 생산 현장의 이상 징후, 설비의 고장 예측, 품질 검사, 생산 효율화 등의 임무를 맡고 있다.

SK텔레콤은 자동차 부품의 용접 품질을 정밀하게 검사하고 불량을 사전에 감지하는 '용접 품질관리 AI'를 개발해 제조 공정을 자동화했다. 자동차 섀시와 전기차 배터리 케이스의 용접 품질을 점검해서 용접 불량을 최소화한 것이다.

한국을 대표하는 조선 3사인 HD현대중공업, 삼성중공업, 한화오션은 AI 기반 제조 공정의 최적화를 통해 생산성을 극대화하고 있다. 현대중공업은 포스Future of Shipyard, FOS 프로젝트로 스마트 조선소를 구축했다. AI가 실시간으로 생산 공정을 모니터링하고 데이터를 분석해 공정 간 대기시간을 줄일 뿐 아니라 중복 업무를 제거해준다. 삼성중공업 역시 AI 통합 모니터링 시스템인 에스야드를 개발해 선박 건조 과정에서 발생하는 모든 데이터를 실시간 수집하고 분석한다. 한화오션은 용접, 가공 등 여러 공정에 AI 로봇을 도입해 자동화율을 70퍼센트까지 올리는 것을 목표로 공정 자동화에 힘쓰는 중이다.

철강 산업에서도 AI 솔루션은 큰 역할을 하고 있다. 철강 제품의 부식을 막아 철의 가치를 높이려면 아연도금이 필수적이다. 포스코는 아연도금 AI 솔루션을 개발해 아연을 철 표면에 코팅함으로써 철을 보호하고 제품의 수명을 연장시켜 내구성을 향상시켰다. 또한 광양제철소에 AI 기반 코팅 중량 제어 시스템을 도입해 자동차용 강판의 코팅 두께를 정밀하게 제어해 제품마다 코팅 두께가 같도록 생산 공정을 혁신했다. 그리고 포스프레임이라는 AI 기반 플랫폼을 만들어 제철소 데이터를 실시간 모니터링해서 에너지 소비 감소, 설비 가동 중단 방지, 생산성 향상 등의 효과를 이끌어냈다.

특히 근로자들의 사고가 없는 '글로벌 안전 일터'를 만들기 위해 노력하고 있다. 광양제철소와 포항제철소의 모든 생산 공정, 그리고 제철소 외각과 캠퍼스 내 안전을 지능형 CCTV를 활용해 실시간 모니터링하는 AMS 도입을 포스코DX와 추진하는 중이다.

현대제철은 넓은 강철 스트립을 더 좁은 스트립으로 절단하는 공정인 봉강(철근) 슬리팅Steel bar slitting 작업 중 발생하는 품질 오류와 불량을 AI가 탐지해내는 빅스 디텍터VIX Detector를 도입해 품질을 표준화하고 불량률을 제로로 낮추는 혁신을 일으켰다.

> **빅스 디텍터**
>
> 철근 생산 과정에서 초고속 카메라를 활용해 봉강(철근)의 길이를 AI가 측정해 균일한 길이의 봉강으로 절단될 수 있도록 해주는 좌표 및 거리 탐색기.

현대자동차는 싱가포르에 AI 자율 제조 시스템이 적용된 최첨단 공장이자 글로벌 혁신센터HMGICS를 만들어 모빌리티의 혁신주자로 자리매김했다. 글로벌 혁신센터에는 셀 생산 공정을 한눈에 내려다볼 수 있는 디지털 커맨드 센터Digital Command Center, DCC가 있다. 이곳에서는 디지털 트윈으로 완성된 가상의 공장을 가장 현실적으로 볼 수 있어서 전체 공정에 대한 상세한 모니터링이 가능하다. 현대차는 세계 최대 단일 자동차 공장 중 하나인 울산공장도 AI 기반의 자율 제조 시스템을 통해 공정을 자동화하고 있다. 최초의 스마트팩토리 운영 노하우를 바탕으로 다른 공장에도 디지털 트윈 기술을 확장할 예정이다.

이처럼 산업 전반에서 AI는 혁신의 중추 역할을 톡톡히 해내고 있다. 생산 공정의 전 과정을 최적화해서 생산성을 높이고, 비용을 최소화하는 한편 품질과 효율성을 높이는 만능 해결사가 된 것이다. AI 도입으로 산업 지능화와 공정의 최적화를 꾀하고자 하는 기업이라면 오랜 기간 관행적으로 해오던 생산 공정 중 어느 지점을 개선할 때 혁신이 일어날 수 있는지부터 확인해야 한다. 문제의 핵심적 부분을 찾아 개선해야 효율성을 극대화할 수 있다.

논밭을 가는 AI 트랙터, 온실을 관리하는 챗GPT

기후변화 때문에 가장 큰 타격을 받는 산업은 농업이다. 기온이 급등하고 국지성 폭우와 태풍 등의 빈도와 강도가 증가하는 것도, 산불이 자주 발생하는 것도 그 원인은 기후변화에 있다. 이 과정에서 농경지 면적이 감소하고 농산물 생산이 어려워지면서 농작물의 가격 변동성 또한 커지는 중이다. 그뿐만 아니라 농업 인구의 고령화와 식량 공급망 이슈 등도 농업이 처한 현실이다. 하지만 최첨단기술과 ICT의 융합으로 탄생한 '스마트 농업'Smart Agriculture은 AI 시대를 맞아 미래 농업

스마트 농업

ICT와 AI를 농업에 접목해 농작물 생육의 최적 환경을 만들어주는 스마트팜, 비료와 농약 등 필요한 만큼 사용하도록 해주는 정밀농업, 농작업 자동화 등 농업 생산성을 높이는 농업 방식.

을 위한 보다 더 혁신적인 솔루션을 제시하고 있다. AI가 전통적인 농업 방식을 송두리째 바꿔놓고 있는 셈이다.

땅 위에서만 농사를 짓는 게 아니라 빌딩이나 집 안에서도 농사를 지을 수 있는 세상이 열렸다. 이게 다가 아니다. 기후나 환경의 악조건을 뛰어넘어 과학농장을 구현했으며, 식물의 성장에 필요한 최적의 조건을 맞추는 정밀농업Precision Agriculture 시대를 열었다.

> **정밀농업**
>
> AI와 ICT 기술을 활용해 농작물의 생육 환경과 작물 상태를 정밀하게 관측하고 분석해 필요한 만큼 비료, 물, 농약 등을 적시에 투입해 가장 효율적인 방법으로 농사를 짓는 데이터 기반 농업 방식.

현재 스마트 농업 시장은 글로벌 기업이 강력한 R&DResearch and Development를 기반으로 농기계 제조, 작물과 농화학 분야, 측량 장비와 측정기기, 로보틱스 등의 분야에서 비즈니스 생태계를 구축하고 투자를 확대하고 있다. 코트라에 따르면, 스마트 농업의 세계 시장 규모는 2021년 128억 6,100만 달러에서 연평균 약 9.1퍼센트 성장해 2026년에는 207억 9,400만 달러로 늘어날 전망이다.

농업계의 테슬라, 존 디어의 혁신

스마트 농업은 세계적인 농기계 회사인 존 디어John Deere를 빼놓고는 설명할 수 없다. 존 디어는 AI, 컴퓨터 비전, 머신러닝, GPS와 같은 첨단기술을 활용해 농업에 일대 대변혁을 일으키고 있다. 1837년 창립해서 190년 가까운 역사를 자랑하는 이 회사는 세계 1등 농기계 제조회사로서 산업화의 흐름에 따라 시대별로 변신을 거듭해왔다. 따라서 이 기업이 어떤 방식으로 경쟁력을 키워왔는지에 대해 주목할 필요가 있다.

존 디어의 첫 번째 혁신은 19세기 강철 쟁기의 개발이다. 이 강철 쟁기는 중서부 미국의 딱딱한 토양을 고려한 농기구로 가볍고 내구성이 뛰어나 농업 생산성을 획기적으로 높여주었다. 특히 표준화된 부품을 사용하고 대량생산 시스템을 구축해서 농기계 가격을 낮춤으로써 농민들의 부담을 줄여주었다. 이 같은 혁신의 결과 당시 주류였던 나무 쟁기와 무쇠 쟁기를 몰아내고 강철 쟁기가 시장의 대세가 되었다. 나아가 존 디어를 농기계 산업의 선두주자로 발돋움하게 만들어주었다.

19세기 후반 존 디어는 내연기관 자동차의 대중화가 시작되자 기계화라는 산업화 흐름에 따라 기존의 증기기관 대신 내연기관을 적용한 트랙터를 개발해 대중화하는 변신을 시도한다. 또한 20세기 후반에는 기계식 시스템보다 훨씬 정확하게 엔진과 변속기, 브레이크 등을 제어할 수 있는 전자제어 시스템을 도입하는 혁신을 이루었다. 이로써 존 디어는 작업의 정밀도를 높이고 운전자의 편의성을 향상시켜 트랙터를 베스트셀러 제품으로 탈바꿈시킨다. 이어 콤바인 수확기와 건초 포장기 베일러 등 다양한 농기계를 개발해 농업의 전 과정을 자동화하고 생산성을 향상시키면서 다시 한번 세상의 주목을 받았다.

▶ 존 디어 자율주행 트랙터 8R 모델

존 디어의 혁신은 여기서 멈추지 않았다. 21세기가 되자 디지털 전환Digital Transformation, DX과 AX에 매진해 데이터 기반 디지털 혁신을 이루어냈다. 농기계에 AI를 탑재하고 GPS와 센서 등을 활용해 정밀농업 시대를 열었으며, 자율주행 트랙터를 개발해 농업을 자동화했다. 자율주행 농기계는 경작지 내에서 사람의 개입을 최소화하며 농지의 효율적인 관리와 생산 업무를 맡는다.

자율주행 트랙터

AI, GPS, 센서 등의 첨단기술을 활용해 운전자 없이 스스로 농작업을 수행하는 트랙터.

또한 존 디어는 클라우드 기반의 농업 데이터 플랫폼인 존 디어 오퍼레이션 센터를 통해 농업 데이터를 분석하고 최적의 의사결정을 할 수 있는 AI 솔루션을 제공한다. 단순 농기계 제조 기업이 아닌 AI 농업 솔루션 기업으로 진화한 것이다. 이 같은 존 디어의 혁신은 시대별로 농업의 요구사항과 산업화 단계에 따른 기술 발전을 비즈니스에 접목해 이뤄낸 끊임없는 변신의 상징이 되고 있다. 철제 쟁기에서 자율주행 트랙터, AI 솔루션까지 존 디어의 혁신에는 세상의 변화를 제대로 읽어내며 변신을 시도한 날카로움이 자리한다.

국내 농기구 기업인 대동은 2026년 무인 농작업 트랙터를 출시하겠다는 포부를 밝히면서 존 디어에 도전장을 냈다. 비전 센서와 AI를 접목한 기술을 개발해서 자율 농작업을 실현해내겠다는 것이다. 또한 대동은 농기계로 수집한 데이터를 기반으로 농경지별 최적의 작업 방법과 시기 등을 적용해 비용 절감 및 최대 생산을 끌어내겠다고 밝혔다. 향후에는 농기계나 농업 로봇이 사람을 대신해서 일을 하는 환경을 만들겠다는 목표를 갖고 있다. 대동은 AI 가정용 재배기를 CES 2025에 출품해 처음으로 혁신상을 수상했다. 이 제품은 재배기 안의 카메라가 씨앗 캡슐을 자동 인식해 온도, 습도, 조도를 조절하고 영양액 등의 환경을 자동 제어해 손쉽게 식물을 키울 수 있도록 해주는 홈 팜Home Farm 식물 재배기다.

애그테크, 미래 농업의 해법을 제시하다

존 디어뿐만 아니라 많은 기업이 AI 기술로 정밀농업이 가능해지면서 농업혁명을 일으키고 있다. 정밀농업이란 농작물의 가변성에 대한 관찰, 측정, 반응을 데이터화한 뒤 이를 기반으로 가장 효율적인 방법으로 농사를 짓는 농업 방식을 말한다. 미국의 농업 기술 회사 아르테미스Artemis는 농업 데이터를 실시간 분석하고 성장 환경을 모니터링해서 여러 번 수확이 가능한 조건을 만들어준다. 온실과 수직 농장에서 온도, 습도, 조명, 이산화탄소 농도 등을 실시간으로 제어해 최적의 재배 환경을 조성한 것이다.

플렌티Plenty는 첨단 수직 농업 기술을 통해 토양이나 기후에 구애받지 않고 연간 13회 이상 수확을 가능하게 하는 농업 혁신을 만들어냈다. 수직 농장이란 땅이 아닌 건물의 벽면이나 다층 구조물을 활용해 작은 면적에서 많은 양의 작물을 재배할 수 있도록 설계된 새로운 형태의 농업 시스템이다. 그래서 도심 농장도 가능하다. 또한 플렌티는 AI로 식물의 성장 속도를 실시간 추적하고, 건강 상태와 병충해 등을 파악해 생산성을 높임으로써 빠른 수확 주기를 유지할 수 있도록 해준다.

아이언 옥스Iron Ox는 AI 로봇으로 농부 없이 신선한 채소를 생산하는 수직 농업과 수경 재배 시장을 열었다. AI가 물의 PH, 온도, 영양분 농도를 실시간으로 조절하면서 물과 영양 용액으로 작물을 재배한다. 아이언 옥스가 개발한 AI 로봇은 스마트 온실을 자율적으로 돌아다니는 모바일 로봇 그로버와 각 모듈의 수분, 영양소, 혼합 상태 및 수소이온

> **수경 재배**
>
> 흙을 사용하지 않고 물과 영양액만으로 식물을 재배하는 방법. AI가 센서를 통해 온도, 습도, 빛 등 환경 데이터를 실시간 수집하고 생육, 병해충 등을 관리한다.

농도 수치를 전달하고 모니터링하는 로봇 맥스다.

독일 회사 인팜Infarm과 핀란드 회사 아이팜iFarm도 도심에서 수직 농업을 통해 신선한 농작물을 재배하는 AI 실내농업 솔루션을 제공한다. 슈퍼마켓, 식당, 물류센터 등 다양한 장소에 설치할 수 있는 모듈형 농장을 공급해 소비자가 직접 신선한 채소를 연중 재배할 수 있도록 해준다. 무엇보다 반가운 소식은 전통적인 농업 대비 물 사용량을 95퍼센트까지 줄이고 농약이나 화학 비료를 사용하지 않는 친환경 재배 방식이라는 점이다.

일본 회사 애그리스트AGRIST는 농장을 이동하며 수확할 피망을 선별해 그리퍼로 따서 보관용 박스에 담아주는 피망 수확 로봇 엘을 상용화했다. 비전 AI가 피망과 고추의 크기와 색깔, 위치 등을 실시간 인식해 적기에 자동 수확할 수 있도록 해준다.

특히 로봇이 피망과 작물의 줄기를 손상 없이 잘라내 품질 훼손을 막아준다. 인력 부족을 해결할 수 있고 적기에 최상의 상품만 수확할 수 있는 장점이 있다. 케임브리지대학의 연구팀은 상추 수확 로봇 베지봇을 개발했다. 잘 익은 상추를 구분해 정확한 위치에서 손상 없이 베어낸다. 그 외 AI 알고리즘을 딸기와 토마토 등 다양한 농작물 수확에 적용 중이다.

국내에서도 상추와 딸기 수확 로봇을 비롯해 방제 로봇, 토마토용 접목 로봇 개발이 추진되고 있다. 그 외 국내 여러 애그테크 전문 기업들이 농업 AI 개발에 앞장선 상황이다. 고트팜은 농식품부에서 신지식인으로 인증한 각 분야별 농부들의 노하우를 기반으로 AI 스마트팜 모듈을 개발했다. 우수 농가의 영농 데이터를 수집해서 만든 고트팜의 AI 시스템은 원격으로 최적의 생장 환경을 만들어 줄 수 있다. 그뿐만 아니라 저전력을 사용해 장

비를 작동할 수 있도록 설계했기 때문에 에너지 사용량도 줄일 수 있어서 저탄소 농업을 실현하는 데도 도움을 준다.

스타트업 어밸브는 작물 재배 AI 솔루션 아이그리를 개발해 AI 농업의 산파 역할을 하고 있다. 이 AI는 작물 위에 설치된 광각 카메라가 개별적인 이미지 데이터를 수집해서 작물의 생육 이상 유무를 판단해 주는 역할을 한다. AI가 병해충 발생을 탐지해주기 때문에 작물 피해를 최소화할 수 있으며, 수확 예상 시기와 예상 수확량까지 사전에 파악할 수 있다.

새팜은 국내외 220여 개 위성을 활용해 한반도 전역의 농작지 데이터를 학습해 작물별 재배 현황, 농가 수, 농가 면적 등을 96퍼센트 이상 정확하게 분석해낸다. 이를 통해 질병·영양 부족·해충 발생 등의 문제를 빠르게 발견하고, 농작물 관리를 더욱 효율적으로 할 수 있도록 지원한다. 스마트팜 전문 기업인 사라팜은 데이터 분석, IoT와 AI 등을 적용한 첨단 농법으로 작물의 생장 환경을 최적화하는 서비스를 제공한다. 특히 고부가가치 식물인 와사비의 수직농장 상용화에 성공해 주목을 빈고 있다.

모돈 케어 AI

지능형 CCTV를 활용해 AI가 모돈과 새끼 돼지(자돈)의 건강 상태와 분만 시간을 예측해 알려주는 시스템.

메타파머스는 정밀한 농작물을 수확해주는 AI 농업 로봇 메타파머를 개발했다. 사람의 손가락 역할을 하는 특수 그리퍼를 갖춘 이 로봇은 한국의 좁은 농업 환경에 맞춰 농작물 수확과 같은 농작업을 수행한다. 엠트리센은 모돈 케어 AI 딥아이즈를 개발해 양돈 농가의 생산성 증대에 기여하고 있다. 이 AI는 모돈의 건강 상태를 실시간 모니터링하고 분만 징후를 예측해서 관리자에게 알려줌으로써 신속하게 조치할 수 있도록 한다. 이런 기술 덕분에 새끼 돼지가 분만 과정에서 압사되거나 질식사하는 것을 예방할 수 있다.

아직 우리나라의 스마트 농업은 정부가 주도하고 있으며, 민간 기업의 활발한 진출이 필요한 상황이다. 정부는 국내 기업들이 자사의 기술 경쟁력을 바탕으로 사업 다각화를 통해 스마트 농업에 참여할 수 있도록 제도 마련에 나서야 한다. 또한 각 지역의 지리·환경적 특성과 기술 경쟁력을 고려한 정밀한 정책을 수립하는 한편, 민·관의 유기적인 협력 체계를 강화할 필요도 있다.

AI와 로봇,
드론이 주도하는 미래전

2022년 2월 발발한 러시아–우크라이나 전쟁은 AI가 작전을 지휘하고 드론(무인기)이 공격하는 첨단 전쟁을 실감케 했다. 우크라이나군은 해상 공격용 드론으로 크림반도 부근에 있던 러시아군의 대형 상륙함인 체사르 쿠니코프함을 격침시켰다며 텔레그램에 동영상을 올렸다. 여러 대의 드론이 대형 선박에 접근하는 모습과 폭발 후 침몰하는 영상은 전쟁이 과거와 완전하게 달라졌음을 전 세계인에게 알려줬다.

전쟁의 패러다임이 바뀐다

AI와 드론, 그리고 민간 위성이 결합한 기술은 전통적인 전쟁의 개념을 넘어 새로운 양상의 전쟁을 만들어내고 있다. 우선 AI와 드론의 결합은 전장에서의 정밀성과 신속성을 극대화한다. 드론은 민간 위성의 실시간 영상과 AI가 분석한 데이터를 기반으로 목표를 식별하고 공격 계획을 수립하며, 이를 신속하게 실행하는 역할을 한다. 우크라이나 드론 사령부는 이러한 기술을 활용해 적군의 병력 이동과 장비 배치를 손바닥 들여다보듯 실시간 파악했으며 효과적으로 대응하는 전투력을 보여줬다. 특히 AI는 표적 주변의 정보를 분석해 부대에 최적의 공격 명령을 전달함으로써 전장의 복잡성을 줄이는 데 크게 기여했다.

오픈소스 인텔리전스
공개적으로 누구나 접근할 수 있는 출처에서 수집된 정보.

최첨단 전쟁에서 또 다른 중요한 요소는 최첨단 통신기술과 오픈소스 인텔리전스Open-Source Intelligence, OSINT, 일명 오신트의 활용이다. 위성 단말기 스타링크가 우크라이나의 파괴된 통신 시스템을 대체해줬다. 우크라이나군은 스타링크를 활용해 러시아군의 탱크와 진지 위치를 확인한 후 드론을 띄워 타격을 입혔고 스마트폰과 태블릿을 사용해 신속하게 작전을 지휘했다.

민간 위성에서 촬영된 전장 이미지와 정보를 소셜 미디어를 통해 공개함으로써 이를 분석해내는 사람들에게 오신트 정보는 전쟁의 투명성을 높여주는 역할을 했다. 우크라이나는 이러한 오신트를 활용해 글로벌 커뮤니티와 정보를 공유하며 국제적 지지를 얻는 데 성공했다. 하지만 장점만 있는 것은 아니다. 동시에 잘못된 정보의 확산과 혼란을 초래할 위험성도 존재한다.

드론과 AI는 민간 기술의 군사적 활용을 극대화한 대표적인 사례로 평가받는다. 저렴한 비용으로 대량생산이 가능한 드론은 전장에서 기존의 무기 시스템을 대체하거나 보완하는 역할을 했다. 특히 우크라이나군은 AI를 활용한 전술 프로그램 GIS 아르타Geographic Information System, Art for Artillery를 이용해 시베르스키도네츠강을 건너려는 러시아군 공세를 차단했다. 그리고 1,500명 규모의 적군과 70여 대의 탱크와 장갑차를 격멸하는 데 성공했다. GIS 아르타는 드론이 표적을 식별하면 표적 주변에서 가장 가깝거나 효율적인 무기를 보유한 부대에 화력 지원이나 직접 공격을 명령하는 지휘관 역할을 했다. 육안으로 20여 분 걸리는 정찰 및 분석 시간을 AI가 30초에서 2분 이내로 단축할 수 있도록 해줬다.

이에 더해 AI 기업들이 우크라이나 지원에 앞장섰다. 팔란티어 테크놀로지스Palantir Technologies는 AI 데이터 분석 플랫폼 고담을 제공해 러시아군 위치를 정확히 찾아낼 수 있도록 도왔다. 이렇게 AI는 수문장 역할을 자처하며 우크라이나군이 적은 병력과 무기로 러시아군을 정밀타격하는 데 도움을 주었다.

AI와 드론이 이끄는 최첨단 전쟁은 전장의 패러다임을 바꾸고 있다. 그러나 효용성이 커지면 그만큼 위험성도 커진다. 기술의 잠재력을 극대화하면서도 윤리적 책임을 다하는 균형 잡힌 접근이 필요하다.

AI로 미래전 대비하는 주요 국가들

세계 각국은 미래 전쟁에 대비하기 위해 AI를 기반으로 한 군사 기술 개발에 박차를 가하고 있다. 국방 전략과 AI 기술을 결합한 첨단 무기 체계의 과학화가 큰 물줄기라고 할 수 있다. 미국, 중국, 영국, 이스라엘을 비롯해 우리나라도 국방혁신4.0 프로젝트를 가동시켜 AI 활용 군사 경쟁이 뜨겁다.

미국은 2018년 국방부 산하에 합동 AI센터Joint Artificial Intelligence Center, JAIC를 설립한 데 이어 2022년 이를 국방부 최고 디지털 AI국인 CDAOChief Digital and AI Office로 통합해 디지털 전환과 AI 기술의 통합적 활용을 가속화하고 있다. AI가 의사결정에 도움을 주는 합동전영역지휘통제Joint All-Domain Command and Control, JADC2 계획까지 수립해 이를 구체화하는 중이다. 미 해군은 무인 자율주행 전함, 드론과 무인 수상함, 무인 잠수정이 임무를 수행하는 유무인 복합 체계를 만들고 있다. 그리고 미 육군은 전투에 가장 적합한 경로를 직접 선택해 임무를 수행하는 로봇 무인 전투차량뿐 아니라 소부대용 AI 전투 참모까지 개발하는 단계에 들어섰다.

특히 2017년부터 드론 영상 분석을 통해 표적 식별을 수행하는 프로젝트를 추진하고 있으며, 전장에서 실시간 의사결정에 AI를 활용하는 등 그 용도를 확대할 계획이다. 미국은 이를 통해 AI가 전장 환경에서 강력한 도구로 작용할 수 있는 기반을 마련하는 데 매진하고 있다.

중국은 군민융합 전략을 통해 AI 분야에 대규모 투자를 확대하고 있으며, 2030년까지 AI 초강국으로 자리 잡겠다는 야심 찬 목표를 설정했다. 중국인민해방군은 AI 기술을 군 전력 개발에 적극 활용해 AI 기반의 자동화와 무인화 시스템을 주요 전략으로 추진하는 중이다. 특히 표적 생산과 추적, 조기 경보 및 위성 정보 통합 등 다양한 분야에서 AI 기술의 접목을 진행하고 있다.

영국은 2022년 국방 AI 센터를 설립하고 '국방 AI 전략'을 발표하며 AI를 국방의 핵심 축으로 삼겠다는 의지를 표명했다. 영국은 감시와 자율 작동에 중점을 둔 프로젝트를 추진하는 중이며, 이를 통해 전통적인 군사 작전 방식에서 벗어나 AI 기반의 미래형 전장 환경 구축을 목표로 한다. 영국은 특히 해상 및 공중 감시 체계에 AI 기술을 적용하며 적의 위협을 실시간으로 탐지하고 대응하는 시스템 개발에 주력할 전망이다.

이스라엘은 2019년 디지털 혁신을 위한 '모멘텀 계획'을 발표한 이후 2022년에는 AI를 활용한 군사 작전을 더욱 구체화하는 '민군 AI 전략'을 공개했다. 이스라엘은 표적 탐지 및 추적, 조기 경보 시스템에 AI를 광범위하게 활용해 소규모, 고효율의 군사 시스템을 개발해서 주목을 받았다. 특히 이스라엘은 AI를 통해 전통적인 병력 중심의 전쟁 방식을 최소화하고, 자동화와 정밀 타격 역량을 강화하는 데 초점을 맞춘다.

우리나라는 국방 AI 3단계 발전 모델을 수립해 추진하는 중이다. 1단계는 원격 통제로 AI 기술을 감시 정찰 체계에 적용해 GOP_{Grand Old Party} 일반경계선)와 해양 감시 체계를 강화한다. 2단계로 AI 기술을 유무인 복합 전투 체계에 적용해 반 자율형 작전 체계를 수립한다. 마지막 3단계는 지능형 지휘결심시원체계와 초연결 전투 체계를 구현해 완전 자율형 전투 체계로 발전시킬 방침이다.

국내 기업 중에는 생성형 비전 AI 선도 기업인 인텔리빅스가 전천후 AI 카메라 센서인 빅스올캠을 세계 최초로 개발해 GOP와 해안 초소를 지키는 'AI 경계병'으로 활용하고 있다. 현존하는 카메라는 눈과 비, 안개 등이 야간에는 찍히지 않는다. 반면 빅스올캠은 이 같은 악천후 속에서도 200미터 전방의 객체를 탐지해서 경고해주는 역할을 한다. 이 카메라 센서를 연결해서 완성한 국방 AMS_{AI Monitoring System}는 24시간 적의 침투를 감시해 알려주고, 침투 사항을 보고서로 써주는 생성형 AI 기반 관제 플랫폼이다.

미래 전쟁의 양상이 빠르게 변화하고 있으며 AI 기술은 이러한 변화의 중심에 자리를 잡고 있다. 북한과 대치하고 있는 우리나라는 요란한 대응보다는 첨단 민간 기술을 활용해 군을 재무장하는 지혜를 발휘해야 한다.

시장에 유연한 적자생존형
비즈니스 모델 19

역사적으로 지속적인 성공 신화를 만들어온 기업들은 현실에 안주하지 않고 카멜레온처럼 끊임없이 변신해왔다. 찰스 다윈은 그의 저서 《종의 기원》에서 '적자생존의 법칙'을 제시했다. 그에 따르면 강한 자가 살아남는 게 아니라, 환경에 가장 적합하게 적응한 개체나 종이 생존하고 번식해 진화 과정에서 살아남는다.

> **적자생존의 법칙**
>
> 주어진 환경에 가장 잘 적응한 개체나 종이 생존하고 번성한다는 의미. AI 시대에는 AI 환경에 가장 잘 적응하는 기업이 생존할 것이다.

AI 시대도 적자생존의 법칙을 따른다

개인을 비롯한 기업과 국가도 급변하는 경제와 사회 환경에 적응하지 못하면 도태될 수밖에 없다. 노키아는 14년간이나 전 세계 휴대폰 시

스트리밍 기업

인터넷을 통해 음성, 영상, 데이터 등의 디지털 콘텐츠를 실시간으로 전송하고 재생하는 기술. 넷플릭스, 디즈니 플러스, 스포티파이, 멜론 등이 스트리밍 성공 기업이다.

플랫폼 기업

기차역 플랫폼처럼 재화와 서비스, 정보의 생산자와 소비자를 연결해주고 돈을 버는 기업. 쿠팡, 아마존, 페이스북, 유튜브, 우버, 에어비앤비 등이 대표적인 플랫폼 기업이다.

장에서 1위를 했지만, 새롭게 등장한 스마트폰 시장에 대응하지 못하면서 추락했다. 반면 넷플릭스는 노키아와 정반대의 길을 간다. 우편으로 DVD를 대여해주던 넷플릭스는 인터넷 스트리밍 기술이 발전하는 환경에 민첩하게 대응해 2007년 스트리밍 회사로 변신했고, 오늘날 세계 최고의 스트리밍 엔터테인먼트 기업이 되었다.

아마존은 온라인 서점에서 종합 전자상거래 플랫폼 기업으로 변신했다. 최근에는 시장 상황에 맞춰 클라우드 컴퓨팅 기업이자 음성 AI 기업, 엔터테인먼트와 헬스케어 기업으로까지 변신을 거듭하고 있다. 마이크로소프트도 소프트웨어 판매에서 클라우드 서비스로 비즈니스 모델을 바꾸면서 새로운 성장 엔진을 장착했다. 광산 회사였던 3M은 혁신적인 다각화와 기술 개발로 다양한 산업 분야와 일상생활의 필수품에 해당하는 6만 개 이상의 제품을 공급하는 방식으로 시대를 초월한 혁신의 아이콘이 되었다.

이처럼 변신에 성공한 기업들은 고객 중심의 경영과 중단 없는 혁신 및 R&D라는 공통점을 갖고 있다. 또한 장기적인 비전과 목표 아래 유연하고 창의적인 조직문화, 글로벌 마인드셋, 사업 다각화, 윤리 경영 등을 추구한다.

투자자가 관심을 가져야 할 기업

투자자라면 어떤 기업에 관심을 가져야 할까? 우선 AI를 기존 사업에 접목해 비즈니스 모델을 고도화하거나, 업종 전환을 위해 인수합병에 나서서 새로운 도약의 발판을 만드는 기업에 주목해야 한다. 그 외에는 AI를 활용해 새로운 비즈니스 모델을 만들어내는 기업들에 관심을 둘 필요가 있다.

AI는 그 자체로 비즈니스 모델이 될 수 없다. 따라서 AI가 적용된 비즈니스가 새로운 수요를 만들어낼 수 있는지 혹은 기존 산업의 효율성과 생산성을 높이는 데 얼마나 기여할 수 있는지 파악해야 한다. 또한 기업은 기술의 혁신성, 시장 적합성, 조직의 변화 대응 능력, 재무 건전성 등 다각적인 요소로 평가할 필요가 있다. 특히 AI 기술이 장기적인 수익 창출 모델과 어떻게 연결되어 있는지에 주목해서 투자를 결정해야 한다.

AI 활용과 변신 측면에서 보면 아마존, 마이크로소프트, 오픈AI, 엔비디아, 테슬라, 존 디어, 지멘스, 바이트댄스, 삼성전자, 알리바바, 리커전 등이 적자생존형 기업에 해당한다. 이 가운데 리커전은 AI를 활용해서 신약 개발 기간을 단축하고 비용을 절감하는 등 의료 바이오 분야의 혁신에 앞장선 기업이다. 그 외 CES 2025에서 최고 혁신상을 받은 기업들에도 주목할 필요가 있다.

▶ CES 2025 최고 혁신상 수상 기업과 제품

기업명	수상 제품	제품 기능과 수상 이유
바이오닉M BionicM Inc.	바이오 레그 Bio Leg	– 고령자, 장애인을 위한 인공 다리 – 혁신적인 디자인과 엔지니어링으로 수상
웅진씽크빅 Woongjin Thinkbig	북스토리 booxtory	– 최상의 서라운드와 무선 연결로 편의성 증진 – 뛰어난 성능과 혁신성으로 수상
소니 Sony	소니 브라이바 시어터 쿼드 Sony BRAVIA Theater Quad	– 크리에이터를 위한 정밀 입력장치 – 혁신적인 디자인과 기능으로 수상
휴렛팩커드 Hewlett Packard	HP Z 캡티스 HP Z Captis	– 크리에이터를 위한 정밀 입력장치 – 혁신적인 디자인과 기능으로 수상
SK텔레콤 SK telecom	스캠뱅가드 ScamVanguard	– 실시간 피싱 및 스캠 탐지 AI – 우수한 사이버 보안 솔루션으로 수상
한양대 플레이랩 Play Lab	TD 스퀘어 TD Square, Tinnitus Digital Treatment Device	– 청각 장애 치료를 위한 디지털기기 – 혁신적인 맞춤형 청각 재활 솔루션으로 수상
니어스랩 earthlab	초동대응 드론 스테이션 Station for drone first responder	– 신속한 드론 배치로 위급 상황 실시간 대응 – 혁신적인 응급 대응 솔루션으로 수상
슈프리마AI Suprema AI	Q–비전프로 Q-Vision Pro	– 온디바이스로 범죄를 실시간 탐지하고 알림 – 범죄 예방을 위한 혁신적 AI로 수상
마이언트 Myant Corp	능동형 전기삼투 멤브레인 재킷 Active lectroosmotic Membrane Jackets	– 온도 조절 기능이 탑재된 스마트 재킷 – 혁신적인 의류 기술로 수상
고스트패스 GHOSTPASS, Inc.	온디바이스 생체 결제 솔루션 On-Device biometric payment solution	– 생체 데이터를 활용한 안전하고 간편한 결제 – 혁신적인 생체 인식 결제 솔루션으로 수상

삼성전자 Samsung Electronics	갤럭시 버즈3 프로 Galaxy Buds3 Pro	– 노이즈 제거와 긴 배터리 수명 제공 – 우수한 헤드폰 성능과 디자인으로 수상
구보다 트랙터 Kubota Tractor Corp	KATR	– 스마트 농업을 위한 자율 트랙터 – 혁신적인 농업 기술로 수상
코닝 Corning, Inc.	온디맨드 자동차 인포테인먼트 센터 On-Demand Automotive Infotainment Center	– 차량용 터치 스크린 엔터테인먼트 시스템 – 혁신적인 인포테인먼트 솔루션으로 수상
하플리로보틱스 Haply Robotics	민버스 minVerse	– 실제와 같은 햅틱##촉각## 피드백 제공 – 혁신적인 VR 솔루션으로 수상
가민 Garmin	인리치 메신저 플러스 inReach® Messenger Plus	– 위성 기반 통신과 긴 배터리 수명 제공 – 혁신적인 메시징 솔루션으로 수상
하이퍼셀 Hypershell	하이퍼셀 카본X Hypershell Carbon X	– 높은 동력 효율, 내구성 갖춘 웨어러블 로봇 – 혁신적인 로봇 기술로 수상
바터 VVater	패러데이 리액터 Faraday Reactor	– 신재생에너지를 활용한 전력 생산 장치 – 혁신적인 에너지 솔루션으로 수상
자이스 ZEISS Microoptics	홀로그램 투명 카메라 Holographic Transparent Camera	– 고해상도 투명 카메라로 차량 안전성 강화 – 자율주행 차량의 혁신적인 카메라 기술로 수상
소니 Sony	소니 XR 헤드셋 'SRH−S1' Sony XR Head- Mounted Display SRH-S1	– 초고해상도 디스플레이로 VR 경험 최적화 – 혁신적인 헤드셋으로 수상

제3장

바이오·헬스케어의 폭발적 성장을 불러올 AI 비즈니스

질병 진단은 기본,
암 조기 예방도 책임진다

"AI가 의사 대신 환자를 진단할 날이 머지않았다."

일론 머스크가 자신의 X 계정에 쓴 글이다. 의료계에서는 AI에 의료 정보를 제공해 진단을 맡길 경우 잘못된 진단으로 환자가 피해를 입을 수 있다고 우려한다. 하지만 현재 의료 AI의 기술 발전 속도를 감안한다면 AI가 의사를 대신하는 건 먼 미래의 일이 아니다. 독일은 국가 폐암 검진을 시행하면서 AI 영상 분석을 이미 의무화했다. 국가 검진에 의료 AI 활용을 명문화

AI 영상 분석

AI 기술, 특히 컴퓨터 비전 기술을 활용해 CCTV와 카메라, X레이 등 영상 데이터에서 유의미한 정보를 추출하고 분석하는 기술. AI가 영상 속 객체, 행동, 상황, X레이 이미지 등을 자동으로 인식하고 이해함으로써 안전사고 예방과 질병 진단에 널리 이용되고 있다.

한 것은 독일이 처음이다. 만일 이 제도가 성공적으로 안착된다면 다른 선진국에서도 시행할 가능성이 높다.

이처럼 '영상 판독 의료 AI'는 엑스레이, CT, MRI 등 다양한 의료 영상을 분석해 질병이나 이상 징후를 신속하고 정확하게 판독해내면서 의사의 '특급 비서'로 자리매김하고 있다. 특히 방대한 의료 데이터를 기반으로 진단의 정확도와 효율성, 의료 접근성을 높여 인간 의사보다 더 빠르고 정확하게 그리고 더 자세하게 진단하는 데 도움을 주고 있다. 나아가 개인별 맞춤 처방법까지 알려주는 단계로 발전하면서 '예방 의학'의 새로운 물꼬를 튼 상황이다.

AI가 이끄는 의료 진단 혁명

AI 의료 기술이 선택이 아닌 필수인 시대에 관련 AI 기업들의 행보도 주목을 받고 있다. 이스라엘의 의료 영상 분석 회사인 아이독Aidoc과 제브라 메디컬 비전Zebra Medical Vision, 미국의 GE 헬스케어, 독일의 지멘스 헬시니어스, 구글 딥마인드DeepMind, IBM 왓슨, 한국의 오톰·루닛·뷰노 등 의료 영상 판독 AI 기업들은 새로운 시장을 개척 중이다.

아이독은 세계 500개 이상의 의료기관에서 사용하고 있다. 주로 응급실에서 CT 스캔을 분석해 뇌출혈, 뇌졸중, 폐색전증, 두개골 골절, 척추 골절 등 중대한 병변을 빠르게 감지해 환자를 신속하게 치료할 수 있도록 도와준다. FDA_{Food and Drug Administration} 승인을 받은 제브라는 AI 알고리즘으로 의료 영상을 분석해 암과 심혈관 질환, 골다공증 등을 탐지해낸다. GE 헬스케어의 크리티컬 케어 스위트는 FDA 승인을 얻은 AI 알고리즘이다. 흉부 엑스레이를 찍으면 기흉과 튜브 위치, 폐부종 등과 같은 문제를 자동으로 탐지해 응급실에서 빠른 조치가 이루어질 수 있게 해준다.

지멘스 헬시니어스의 AI 패스웨이 컴패니언은 폐암과 유방암 병변을 분석하고 치료 계획을 수립하는 데 도움을 준다. 또한 AI 기반 진단 도구인 AI-래드 컴패니언은 폐, 심장, 간, 뇌 등 다양한 장기 상태를 분석해 주요 병변을 자동으로 탐지해낸다. 예를 들어 폐 CT를 분석해 폐 결절을 찾아내고, 심장 MRI에서 심장의 크기와 기능 이상을 분석해 심혈관 질환을 진단한다. 이처럼 여러 질환을 초기에 발견해서 대응할 수 있도록 도와준다.

구글의 딥마인드와 IBM 왓슨은 AI 기술로 폐암 진단을 한다. 딥마인드는 딥러닝 기술로 CT 스캔을 분석해 결절을 탐지하고 종양의 크기 및 성장 가능성을 평가하는 기능까지 구현해낸다. 특정 사례에서는 기존 방사선과 의사보다 5퍼센트 더 높은 정확도로 폐암을 진단하는 데 성공했다. 또한 이 기술을 망막 질환과 유방암 진단 등에 적용하며 사용 범위를 확장하는 추세다. 이를 통해 AI로 결절의 크기, 모양, 위치 등을 기반으로 암을 조기에 감지해 환자의 생존율을 높이는 데 기여하고 있다.

IBM의 왓슨 포 온콜로지는 여러 가지 암을 진단하고, 환자의 의료 기록을 분석한 후 유전적 특징을 고려해 맞춤형 치료법까지 제시해준

적응면역 체계

선천적인 면역 체계와 함께 척추 동물의 후천적인 획득 면역을 담당. AI가 이 면역 체계를 찾아내 질병 치료를 돕는다.

다. 미국의 어댑티브 바이오테크놀로지Adaptive Biotechnologies는 '적응면역 체계'를 활용해서 질병의 진단과 치료 방식을 혁신해 면역의학 분야를 선도하는 생명공학 회사다. 이 회사는 AI와 머신러닝 그리고 면역 시퀀싱 기술을 사용해 인간의 T세포 수용체를 분석하고 각종 질병에 대한 면역 반응을 해독해낸다. 이를 통해 암, 자가면역 질환, 감염병, 신경퇴행성 질환 같은 다양한 질병을 맞춤형으로 진단하고 치료 도구까지 설계해준다.

차세대 의료 솔루션 시장에 도전하는 국내 기업들

한국도 질병 진단 AI 시장에 도전 하고 있다. 과학기술정보통신부와 정보통신 산업진흥원, 서울아산병원 등 26개 의료기관과 22개 ICT 기업이 참여해 8년 동안 한국의 토종 AI 의사인 닥터앤서 1.0 사업을 진행했다. 이를 통해 암(유방암, 대장암, 전립선암), 심뇌혈관 질환, 심장 질환, 치매, 뇌전증, 소아희귀유전 질환 등 국민 건강수명과 밀접한 관계가 있는 8대 질환의 진단과 치료를 지원하는 AI 소프트웨어(총 21개)를 개발했다.

닥터앤서 1.0이 관상동맥 CT 판독을 2분 만에 해내고 대장용종 진단도 92퍼센트 정확하게 해내면서 진료실 풍경을 바꿔놓았다. 5년간 여러 병원을 전전해야 찾아낼 수 있었던 소아희귀병 환자의 병명을 15분만에 진단했다. 검사 후 4~6시간 걸려 판독 결과가 나왔던 치매 진단은 1분도 안 걸린다. 이러한 성과를 바탕으로 분당

서울대병원 주관하에 48개 기관이 참여해 닥터앤서 2.0 개발에 착수했다. 1차 병원의 주요 질환인 폐렴, 간 질환, 피부 질환을 포함해 우울증, 전립선증식증, 당뇨, 고혈압, 뇌경색, 폐암 등 12개 질환을 진단하는 소프트웨어의 개발이 목표다.

첫 프로젝트로 위암 발생 가능성을 예측하는 '암 진단 닥터앤서 2.0'이 개발되었다. 이 AI는 혈액 검사, 헬리코박터 검사, 건강검진 결과, EMR 데이터, 생활 습관 조사 결과를 분석해 위암 발병 위험률을 도출해 위험을 경고해준다. 가천대 길병원에서 개발해 식약처 의료기기 인증까지 받은 상태다.

루닛Lunit은 의사들의 암 판독을 도와주는 의료 영상 분석 AI 솔루션을 개발해 라이징 스타 기업으로 주목받았다. 폐암, 유방암, 위암 등의 영상 판독을 지원하는 솔루션과 병리 검사 솔루션을 제공하고 있다. 특히 유방암 영상 검출 및 진단 보조 솔루션은 양측 유방 치밀도를 자동으로 분석해 정량화된 값으로 유방암 판독 능력을 높였다. 이런 장

▶ 100억 원대 매출을 기록한 루닛의 의료 AI 솔루션

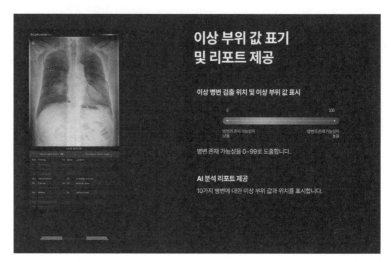

이상 부위 값 표기
및 리포트 제공

이상 병변 검출 위치 및 이상 부위 값 표시

0   100

병변의 존재 가능성이   병변의 존재 가능성이
낮음   높음

병변 존재 가능성을 0~99로 도출합니다.

AI 분석 리포트 제공
10가지 병변에 대한 이상 부위 값과 위치를 표시합니다.

출처 : 루닛 홈페이지

점을 앞세워 미국과 유럽 등 글로벌 시장을 개척 중이다. 2024년 북미 영상의학회Radiological Society of North America, RSNA에서는 세계 최초로 AI 진료 임상 데이터를 공개했다. 그 결과 AI가 의사보다 암을 더 많이 발견하고 판독 시간을 획기적으로 줄인 것으로 나타났다. 이로써 루닛 AI 솔루션의 글로벌 시장 개척에 청신호가 켜졌다.

뷰노VUNO는 방사선학·병리학·생리학 분야의 의료 영상, 음성, 생체 신호 등 다양한 의료 데이터를 분석해 질병을 진단하는 AI 솔루션을 개발하고 있다. 이 솔루션으로 수골 엑스레이, 흉부 엑스레이 같은 여러 의료 영상을 분석해 골 연령과 질병을 진단하고 판독한다. 루닛과 뷰노 등 국내 의료 AI 기업의 해외 매출은 매년 늘고 있으며, 이들

중 매출이 가장 큰 곳은 루닛이다. 루닛의 2024년 상반기 해외 매출은 145억 6,700만 원으로 역대 처음으로 100억 원대 매출을 기록했다.

랩지노믹스LabGenomics는 분자진단 및 유전체 분석 전문 기업이다. 암 유전체를 비롯해 희귀 질환 유전체, 신생아 유전체, 미생물 유전체를 분석해 질환 조기 진단과 맞춤형 치료 및 예방을 선도하는 기업이다. 음성 인식 AI 전문 기업인 셀바스Selvas는 음성 AI를 다양한 목적에 활용하고 있다. 의료 현장에서 셀비 메디보이스는 의료 검사 판독 결과를 속기 대비 세 배 이상 빠르고 쉽게 음성으로 입력할 수 있도록 도와준다. 그리고 셀비 체크업은 건강검진 기록으로 주요 질환의 발병 확률을 예측해준다.

홈즈에이아이는 고령층에서 자주 발생하는 심장 질환을 조기에 감지하고 위험을 예측해 예방할 수 있도록 돕는 디지털 진단 플랫폼 CL 홈즈를 개발해 CES 2025 혁신상을 받았다. AI가 주요 생체 신호를 실시간 모니터링해서 21가지 심장 부정맥을 진단하며 최대 6개월 전에 위험을 예측할 수 있다. 또한 GPT-4를 기반으로 한 CL홈즈 챗봇은 국제 치료 지침에 맞춘 상담, 생활 습관 추천, 긴급 알림과 같은 개인 맞춤형 서비스를 제공한다.

의료 AI 허브를 꿈꾸는 대학들

대학들도 혁신적인 의료 AI 연구에 앞장서고 있다. 루이빌대학교는 AI 기반 MRI 분석 시스템을 사용해 자폐 스펙트럼 장애Autism Spectrum Disorder, ASD를 조기 진단하는 연구를 진행 중이다. 이 시스템은 뇌의 신경 구조와 연결성을 MRI 영상을 통해 분석하고 AI를 활용해 자폐 아동과 비자폐 아동의 뇌 구조 차이를 식별해내는 방식으로 자폐를 조기 진단한다. ASD는 보통 2~3세 이후에 증상이 나타나지만, AI를 활용하면 생후 6개월에서 1세 사이에 조기 진단할 수 있어서 효과적인 치료가 가능하다.

스탠퍼드대학교는 수천 장의 피부 병변 사진을 AI가 학습해 피부암을 진단하는 AI 모델을 개발했다. AI가 피부 촬영 사진을 보고 악성 종양과 양성 종양을 정확하게 진단함으로써 피부과 의사 수준으로 피부암을 진단할 수 있는 길을 열었다. MIT는 기침 소리만으로 코로나19를 진단할 수 있는 AI 모델을 개발했다. AI가 코로나19 환자와 건강한 사람들의 기침 소리를 구분해서 감염 가능성을 확인해주는 놀라운 역할을 하는 것이다.

옥스퍼드대학교는 AI로 MRI 영상을 분석해 심장의 움직임을 정밀하게 측정하고, 기존에 발견되지 않았던 미세한 이상을 탐지해 심부전증과 기타 심장 질환의 발생 위험을 예측한다. 하버드대학교 메디컬 스쿨은 유방 촬영술 영상을 분석해 유방암을 진단하는 AI를 개발했다.

유방 촬영 영상만 있으면 유방암을 조기에 발견할 수 있으므로 환자의 생존율을 높이는 데도 기여하고 있다.

앞으로 의사 가운을 입은 AI는 의료 현장에서 점점 더 중요한 역할을 할 것이다. 나아가 의료 영상을 사람보다 더 정밀하게 판독해서 질병을 정확히 진단하고 개인의 질병 특성까지 고려해 맞춤형 치료법을 제시할 전망이다. 그뿐만 아니라 개인의 건강기록과 유전체까지 분석해 질병을 조기에 진단하고 예측까지 해주는 단계에 이르렀다. 이제 의료 경쟁력은 병원과 의사가 AI를 활용해 어떤 서비스를 제공하느냐에 달렸다고 해도 과언이 아니다.

의료 시장의 흐름을 바꾸는
차세대 온라인 주치의

"목이 따갑고 침을 삼킬 때마다 통증이 느껴집니다. 약간의 미열도 있어요."

"세균성 인후염 증상인 것 같습니다. 따뜻한 차나 꿀을 탄 물로 목을 진정시키고 목의 통증을 완화하기 위해 진통제나 해열제를 추천합니다. 의사 상담을 받으세요."

AI는 시간과 장소를 불문하고 언제 어디서나 나의 건강 주치의 역할을 해줄 수 있다. 때로는 건강 고민을 들어주고 치료 정보를 제공하는 든든한 건강상담사가 되어주기도 한다. 이는 병원 밖 의료 혁명이라 할 만하다. 만약 환자가 원할 경우 병원에서 보유한 개인 진료 기록과 처방 내역까지 공유할 수 있게 된다면 환자 스스로 자신의 건강을 지키고 예방할 수 있는 '열린 의료 시대'도 기대해볼 만하다.

24시간 내 곁에 있는 건강상담사

의사의 업무를 도와주는 AI와 달리 환자의 궁금증을 직접 해결해주는 AI에도 주목해야 한다. 대표적인 건강상담 AI로는 에이다 헬스, 케이 헬스, 부이 헬스, 바빌론 헬스를 들 수 있다.

독일 기업 에이다 헬스는 환자들이 겪고 있는 의료 증상을 분석해 적절한 해법을 제시해주는 AI 건강관리 플랫폼을 운영하고 있다. 특히

> **건강상담 AI**
>
> 환자의 상담 내용과 건강 데이터를 분석해 건강 상태를 파악하고, 건강 관련 질문에 답하며, 필요한 경우 의료 전문가의 도움을 받을 수 있도록 연결해주는 AI.

무료 증상 검사기 에이다 앱은 통증, 두통, 불안, 알레르기, 음식 불내증에 이르기까지 자신의 증상을 입력하면 발병 원인과 질병을 24시간 내에 알려준다. 나아가 의료 전문가와 온라인 상담까지 받을 수 있는 서비스도 제공한다.

이스라엘의 의료업체가 개발한 원격 의료 플랫폼 케이 헬스는 사용자가 자신의 증상을 입력하면 예상되는 질병을 알려준다. 의료 기록, 증상, 나이, 성별 등 다양한 정보를 토대로 의학적 조언을 제공하며 의료 전문가와 온라인 상담을 받을 수 있게 도와주는 역할도 한다. 또한

일부 주에서는 케이 헬스를 활용해서 처방전까지 발급받을 수 있다.

부이 헬스는 환자가 자신의 증상을 질의응답 형식에 맞춰서 답변하면 의료 챗봇이 진단과 함께 조언을 해준다. 바빌론 헬스 역시 환자가 자신의 증상이나 건강 상태에 대한 질문을 앱에 입력하면 AI가 이를 분석해서 증상에 맞는 치료 계획을 안내한다. 이들 건강상담 AI는 24시간 내내 환자의 건강 고민을 들어주고 치료 정보를 제공하는 건강상담사 역할을 하고 있다.

마이크로소프트, 아마존, 구글 등 글로벌 빅테크 기업들은 자사의 클라우드 플랫폼을 기반으로 정밀의료 병원정보 시스템Post, Precision, Personalized-Hospital Information System, P-HIS을 제공한다. 이 시스템은 환자의 의료 기록, 진료 정보, 원무 행정 등 다양한 병원 관련 데이터를 클라우드 서버에서 관리할 수 있도록 해준다. 환자는 P-HIS를 통해 자신의 진료 기록과 검사 결과, 처방 내역 등을 실시간 확인할 수 있기 때문에 병원에 직접 방문하지 않아도 자신의 의료 정보를 손쉽게 열람하고 궁금한 사항에 대해 답을 구할 수 있다. 특히 이 시스템은 원격 진료 기능까지 지원하고 있어서 의사와 비대면 상담을 통해 자신의 건강 상태나 진료 내용을 확인할 수 있으며, 추가적인 궁금증에 대해서도 답을 구할 수 있다.

국내에서는 고려대학교 의료원을 중심으로 의료기관과 정보통신

정밀의료 병원정보 시스템

기존의 병원정보 시스템 HIS을 한 단계 발전시켜, 유전체 정보, 임상 정보, 진료 기록, 처방 내역 등 다양한 데이터를 통합 분석해 환자 맞춤형 의료 서비스를 제공하는 차세대 병원정보 시스템.

기업이 정부 지원을 받아 P-HIS를 개발했다. 외래 및 입원진료, 원무, 전자 의료 기록시스템 electronic medical record(EMR) system 등 다양한 병원 업무를 지원한다. 또한 클라우드를 기반으로 하고 있어 병원 간 자료 공유가 가능해 중복 검사를 방지하고 환자별 맞춤 투약이 가능해 치료 효용성과 환자의 안전성 향상뿐 아니라 의료비 절감에도 기여할 것으로 보인다.

> **전자 의료 기록 시스템**
>
> 의료 정보를 디지털 형태로 관리하는 시스템. EMR은 환자의 병력, 진단, 처방, 검사결과 등 진료 정보가 들어 있는 전자 의무 기록 시스템이고 EHR은 환자의 전 생애 건강 기록이 담긴 전자 건강 기록 시스템이다.

　이러한 서비스를 위해서는 병원들이 환자 입장에서 의료 정보를 공유하는 열린 자세와 다른 병원의 진료 정보를 신뢰하는 인식 변화가 필요하다. 또한 병원 간 의료 데이터가 서로 다른 전자 의료 기록 시스템(EHR, EMR)을 사용하고 있어서 호환되지 않는 문제점도 개선해야 한다. 병원이 경제적 이익을 위해 환자 데이터를 공유하지 않으려는 인식에도 변화가 필요하다.

　따라서 국가적 차원에서 의료 데이터를 표준화하고, 상호 운용성을 높이는 기술을 적극 도입해 환자 데이터를 보다 쉽게 공유할 수 있도록 해야 한다. 그래야만 중복 검사, 진료 지연, 환자의 안전 문제까지 각종 부작용을 줄일 수 있다.

환자별 맞춤 재활 치료를 돕는 디지털 치료기

AI 기반 디지털 치료기는 의사를 대신해서 환자의 건강관리를 직접 도와주는 24시간 '건강 비서' 역할을 한다. 주로 혈압, 혈당, 운동량, 칼로리 등의 데이터를 활용해 만성 질환 관리와 재활 및 신경퇴행성 질환 분야에서 환자 맞춤형 관리를 지원해준다.

오마다 헬스Omada Health와 텔라닥 헬스Teladoc Health는 고혈압 및 당뇨병 환자들의 만성 질환을 관리해주는 프로그램을 제공한다. AI가 실시간 혈압과 혈당 데이터를 모니터링해서 맞춤형 피드백을 하기 때문에 환자 스스로 생활 습관을 개선하면서 제때 약을 먹을 수 있도록 관리해준다.

미국의 1위 원격 의료업체인 텔라닥 헬스는 2020년 당뇨병과 고혈압 등 만성 질환 관리 AI 기반 전문 기업인 리봉고를 185억 달러에 인수해 합병했다. 디지털 의료 역사상 최대 규모의 인수합병이었다. 이후 두 회사의 기술과 노하우를 결합해 시너지 효과를 내면서 디지털 헬스케어 시장의 새로운 지평을 열고 있다.

예를 들어 혈당이나 혈압 변화가 있을 때 AI가 자동으로 의료진과 상담을 원격으로 연결해줌으로써 적기에 맞춤형 치료를 받을 수 있도록 서비스를 혁신했다. 또한 정신건강, 일반 진료 등 다양한 분야까지

▶ 자동으로 원격 진료를 연결해주는 텔라닥의 AI 서비스

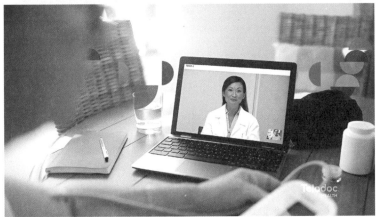

출처 : 텔라닥 홈페이지

포괄적인 건강관리를 제공할 수 있는 토대를 만들고 있다. 이를 바탕
으로 디지털 헬스케어의 새로운 미래를 만들어갈 전망이다.

운동량과 칼로리를 추적해서 재활을 도와주는 AI 디지털 치료기도

있다. 카이아 헬스Kaia Health는 만성적인 요통 및 근골격계 질환을 치료하기 위한 AI 기반 재활 프로그램을 제공한다. 사용자의 운동량과 칼로리 소모를 추적해 맞춤형 운동 치료 계획을 세워주면서 동시에 사용자의 운동 자세를 비전 AI로 분석해 실시간 피드백도 해준다. 힌지 헬스Hinge Health는 근골격계 통증 치료를 위한 디지털 AI 솔루션으로 환자의 통증 데이터를 분석해 맞춤형으로 통증 관리 계획을 세워준다. AI가 스마트 센서를 활용해 환자의 동작을 분석하고, 통증의 강도, 위치, 발생 시기를 추적해 정확한 재활 운동을 제안한다.

AI 디지털 치료기는 신경퇴행성 질환의 재활을 도와준다. 마인드메이즈는 신경퇴행성 질환 환자들의 재활을 돕기 위해 AI와 뇌파 데이터를 활용한다. 특히 뇌졸중 환자들의 신경 재활에 특화된 맞춤형 운동 프로그램을 제공해 재활 효과를 극대화한 것이 특징이다. 뉴로트랙은 알츠하이머 및 치매를 조기에 발견할 수 있는 디지털 건강관리 솔루션을 제공한다. 사용자의 눈 움직임과 운동 데이터를 분석해 인지 능력 감퇴를 예측하고 조기 치료를 하는 맞춤형 프로그램이다.

이처럼 AI 기반 디지털 치료기는 사용자의 데이터를 실시간으로 수집 분석해 맞춤형 피드백을 실시간 제공함으로써 환자의 치료를 도와주는 '개인 의사' 역할을 톡톡히 하고 있다. AI 기술이 더 진화한다면 사람보다 더 정교하고 정확하게 의료 서비스를 제공해 환자를 지키는 것은 물론이고 더 효과적으로 재활을 도울 것으로 보인다.

구글은 글로벌 빅파마가
될 수 있을 것인가?

2024년 노벨 화학상의 영예는 구글의 AI 알파 폴드에게 돌아갔다. 노벨 화학상 공동 수상자들 이 알파폴드를 개발했기 때문이다. 데이비드 베 이커David Baker 미국 워싱턴대학교 교수, 데미스 허사비스Demis Hassabis 구글 딥마인드 CEO, 존 점퍼John Jumper 수석연구원은 50년 이상 난제

> ### 알파폴드
> 딥마인드에서 개발한 단백 질의 3차원 구조 예측 AI. 딥마인드의 데미스 허사비 스 CEO와 존 점퍼 연구원 이 노벨 화학상을 공동 수 상했다.

로 여겨진 단백질의 복잡한 구조 예측을 해결하는 AI를 개발해낸 것이 다. 《이기적 유전자》의 저자인 리처드 도킨스는 이미 2020년에 자신의 X(구 트위터)에 '컴퓨터 프로그램에 노벨상 수상 자격이 주어진다면'이

▶ 2024년 노벨 화학상을 수상한 구글 딥마인드. 왼쪽부터 데이비드 베이커, 데미스 허사비스, 존 점퍼

라는 글을 통해 알파폴드의 성과를 인용했으며, 오늘날의 결과를 예상했다.

구글은 알파고에서 AI의 가능성을 발견한 후 단백질 구조 예측 분야에 관한 연구를 시작했다. 이후 오픈AI와 마이크로소프트, 엔비디아 등 굴지의 빅테크 기업들도 일제히 단백질 화합물의 구조 예측 분야에 뛰어들어 바이오 시장에서 혁신을 이끌고 있다. 이렇게 빅테크 기업들이 너나없이 바이오 시장에 뛰어드는 이유는 AI가 가진 특성이 신약 개발 과정에서 필수적인 신약 후보 물질 탐색에 최적화되어 있기 때문이다.

AI 기술은 제약·바이오와 의료기기 산업에서 혁신의 촉매제가 되

고 있다. 현재 활용되고 있는 신약 개발과 의료기기 설계 및 제조 과정
은 시간과 비용이 많이 드는 등 비효율적인 측면이 강하다. 하지만 AI
는 데이터 분석, 예측 모델링, 설계 자동화를 통해 이러한 문제점을 대
폭 개선하는 혁신을 진행 중이다. 이는 제약·의료기기 산업의 패러다
임을 근본적으로 바꾸려는 노력의 일환이다.

신약 개발 혁신도 AI가 주도한다

구글 딥마인드에서 개발한 단백질 생성 AI 프로그램 알파폴드는 단
백질의 3차원 구조를 예측한다. 이러한 기술의 발전으로 질병 치료와
신약 개발에 대한 기대감도 함께 상승하는 중이다. 단백질 구조를 알
면 생명체의 복잡한 시스템을 이해할 수 있기 때문이다. 단백질은 생명
체의 모든 기능을 수행하는 데 필수적인 분자라서 단백질의 구조가 그
기능을 결정한다. 따라서 질병을 유발하는 단백질의 구조를 밝혀내고
새로운 기능을 가진 단백질을 디자인한다면 질병 치료와 발병에 대응
할 수 있다.

2024년 11월 구글 딥마인드는 알파폴드3의
소스코드를 오픈소스 플랫폼 깃허브에 공개한
다고 발표했다. 이로써 비상업적 목적이라면 누
구나 소스코드를 다운로드해서 사용할 수 있으

깃허브

소프트웨어 개발에서 버전
관리, 협업, 코드 공유를 위
한 웹 기반 호스팅 서비스.

며, 연구자들은 연구 목적에 맞춰 알파폴드3를 활용할 수 있게 되었다. 이런 변화들이 생명과학에 어떤 혁신을 가져올지 관심이 집중되는 상황이다.

미국 생명공학 회사 인시트로Insitro는 AI를 활용한 유전자 분석 기술로 질병 치료의 패러다임을 바꾸고 있다. 유전자 분석과 머신러닝 기술을 결합해 유전자 변형 데이터로 질병의 메커니즘과 생물학의 복잡성을 해독해 혁신적인 신약을 개발 중이다. 유전자 변형과 질병 사이의 연관성을 분석해 신약 후보 물질을 식별하고, 유전자 편집 기술인 크리스퍼CRISPR를 사용해 세포를 변형시킨 후 그 결과를 분석해 특정 질병에 대한 치료제를 탐색하고 질병의 근본 원인을 규명하는 방식이다.

> **크리스퍼**
> DNA의 특정 부위를 정교하게 자르는 유전자 가위 기술. 마치 문서 편집처럼 DNA 염기서열을 잘라내고 다른 염기서열로 교체할 수 있다.

인시트로는 현재 미국 제약 회사 길리어드 사이언시스Gilead Sciences와 함께 간 질환과 관련된 새로운 치료법을 개발하고 있다. 바이오테크 회사 리커전 파머수티컬Recursion Pharmaceuticals은 세포 이미징, 고속 실험 데이터 분석, 머신러닝을 결합해 전통적인 신약 개발법보다 훨씬 빠르고 저렴하게 신약을 개발하는 혁신적인 방법을 제시했다.

한국 기업 보로노이는 표적 치료제 신약 개발 전문 기업이다. 정상 세포에는 영향을 미치지 않고 암세포만 선택적으로 공격해 부작용을 줄이고 치료 효과를 높이는 맞춤형 치료제를 개

> **키나제**
> 세포의 성장, 분열, 분화, 이동, 사멸 등 다양한 세포 활동을 조절하는 효소.

발 중인데, 주력 제품은 키나제 억제제다. 키나제Kinase란 우리 몸의 세포 속에서 다양한 신호를 전달하는 단백질 인산화효소로, 비정상적인 키나제가 활성화되면 특정 질병에 걸린다. 따라서 키나제 억제제를 사용하면 암이나 류마티스 관절염, 크론병 같은 만성염증 질환과 알츠하이머, 파킨슨 등 신경 질환을 억제하고 증상을 완화시킬 수 있다.

미국 회사 아톰와이즈Atomwise는 AI를 활용해 분자의 상호작용을 가상으로 분석함으로써 기존에 수년이 걸리던 신약 개발 기간과 비용을 획기적으로 단축했다. 2014년 에볼라 바이러스가 유행했을 때 하루만에 7,000종 이상의 약물 후보를 분석해 에볼라 바이러스가 건강한 세포에 침투하는 것을 차단하는 물질을 발견했다.

아톰와이즈의 AI 플랫폼인 아톰넷은 방대한 분자 데이터를 분석하고, 잠재적인 신약 후보 물질의 특성을 예측하는 데 핵심적인 역할을 한다. 이 같은 AI 기반 신약 개발 방식은 미래 전염병과 희귀 질환 등 다양한 질병 치료제 개발에 혁신적인 역할을 할 것으로 기대된다.

삼성도 뛰어든 AI 기반 의료기기

국내 소셜 벤처 투아트Tuat와 SK텔레콤은 시각장애인의 눈 역할을 대신하는 설리번A를 개발했다. 시각장애인이 스마트폰 카메라로 사물, 인물, 풍경 등을 촬영하면 AI가 화면 속 이미지를 인식하고 음성으로 이를 설명해준다. 예를 들어 "33세 남성이 웃고 있습니다.", "흰색 강아지가 앉아 있습니다."라는 식으로 구체적인 상황을 묘사해주기도 하고 사물이나 문서에 표기된 텍스트를 읽어준다. 긴 내용의 문서는 요약해주거나 키워드 검색을 할 수 있고 명함도 바로 인식해 통화를 하거나 이메일을 보낼 수 있도록 도와준다. 시각장애인들에게는 삶의 든든한 동반자와 같다.

코그노아Cognoa는 AI를 활용해 디지털 치료제와 진단 도구를 개발하고 있다. 이 회사가 개발한 캔버스 DX는 1.5세에서 6세 사이 아동의 자폐증을 진단하는 도구다. 캔버스 DX는 자폐 진단 시간을 단축하고 치료를 더 빠르게 받을 수 있도록 도와준다. FDA 승인까지 받았다. 또한 부모가 가정에서 자녀의 행동을 모니터링하고 AI를 통해 분석된 데이터를 바탕으로 맞춤형 치료계획을 세울 수 있도록 디지털 치료법도 제공해준다.

세라젬이 개발한 테라퓨틱 스파 베드는 척추 의료기기의 마사지 모듈과 저주파 패드가 탑재된 침대형 헬스케어기기로 CES 2025 피트니스 부문 혁신상을 수상했다. 온열 기능과 마사지 기능이 있으며, 하이브리드 저주파 패드는 신체의 통증 부위에 자유롭게 부착할 수 있어 근육과 신경을 이완시켜준다. 또한 사운드, 아로마, 빛 치료를 통해 최적의 심신 이완 효과를 낼 수 있다.

CES 2025 디지털 헬스 부문 혁신상을 받은 AI 메디 워터는 가정용 직수형 정수기다. 이 제품은 의료기기로 인증받아 위장 증상 개선과

정수 기능을 동시에 제공한다. 특히 지문 인식 기능을 통해 사용자 개인별 pH 수준, 첨가 비타민·미네랄을 조정해 개인 맞춤형 수분 섭취가 가능하도록 해준다.

삼성전자와 LG전자도 의료기기 투자에 박차를 가하고 있다. 삼성전자는 의료기기 사업팀을 사업부로 격상시켰고, 의료기기업체 메디슨과 뉴로로지카를 잇따라 인수하며 본격적으로 사업을 확장하는 중이다. 이는 고故 이건희 삼성 선대회장이 의료기기를 5대 신수종 사업으로 낙점한 데서 비롯되었는

데 대규모 투자에도 불구하고 성과가 좋지 못했다.

하지만 삼성메디슨이 프랑스의 초음파 AI 의료기기 스타트업인 소니오를 인수하고 투자 재개를 시작하면서 의료기기에 AI를 접목하는 전략도 가속화하고 있다. 후발주자인 LG전자는 2016년 디스플레이 기술을 앞세운 의료용 모니터를 중심으로 의료기기 사업 공략에 나섰다. 현재 북미와 유럽 등을 중심으로 매년 두 배 가까운 성장세를 이어가는 중이다.

이처럼 AI는 신약 후보 물질 발굴에서부터 임상시험 최적화 그리고 맞춤형 의료기기 설계에 이르기까지 다양한 역할을 한다. 특히 신약 개발 기간을 단축해 비용을 절감시켜주고 성공 가능성을 높여주는 데 큰 기여를 하고 있다. 또한 빅데이터는 방대한 유전체 정보, 임상 데이터, 병원 기록 등을 분석해 신약 개발의 효율성을 높이고 보다 정밀한

맞춤 치료가 가능한 길을 제시해주고 있다. 머지않아 제약·바이오 산업의 혁신도 글로벌 빅파마Big Pharma(거대 제약회사)뿐 아니라 구글과 엔비디아 같은 AI 기업들이 주도해나갈 것이다.

퀀텀 점프가 기대되는
바이오·헬스케어 비즈니스 모델 9

AI는 다른 어떤 산업보다 바이오 헬스케어 산업 전반에 파괴적인 혁신을 불러올 전망이다. 무병장수라는 인류의 오랜 염원을 이루어내는 데 AI가 결정적인 역할을 할 수 있기 때문이다. 이미 환자 맞춤형 치료, 신약 개발 속도 향상, 예방의학 실현 등 다양한 혁신을 주도해나가는 중이다.

바이오·헬스케어 시장을 개척할 기업은?

오늘날 제약·의료 기업들은 환자 개개인의 특성을 고려한 맞춤형 의료에 초점을 맞추고 있다. AI로 유전자 정보, 의료 기록, 생활 습관 등의 데이터를 분석해 개별 환자에게 최적화된 치료법을 제공하는 'AI 기반 정밀의료 플랫폼'은 주요 병원과 클리닉의 필수 시스템으로 자리 잡을 전망이다. 이 시장을 선점하는 AI 기업은 퀀텀 점프가 가능할 것이다.

신약 개발의 혁신에 도전하는 기업도 투자 유망처다. 특히 신약 개발에 들어가는 시간과 비용을 50퍼센트 이상 절감하는 AI 기술을 상용화하는 기업에 주목해야 한다. AI가 단백질 구조 예측, 유전자 변형 분석 등을 통해 치료제 발굴과 임상시험 성공률을 크게 높여줄 수 있기 때문이다.

웨어러블 디바이스와 같은 의료기기 생산 AI업체도 유망하다. AI는 기기 사용자의 건강 데이터를 실시간으로 수집 및 분석해서 실시간 환자의 상태를 모니터링하고, 이상 징후를 조기에 발견해 조치할 수 있도록 상시 간호사 역할을 해준다.

디지털 치료제와 원격 의료의 확산에 대비하는 기업에도 관심을 가져야 한다. AI 기반 디지털 치료제가 만성 질환 관리와 재활치료 등에서 기존 약물 치료를 대체하고 있어 각광받을 전망이다. 또한 원격 의료가 활성화할 경우에는 AI 진단 및 상담 시스템에 대한 수요가 급증하게 되므로 이 분야의 시장 개척자도 눈여겨봄직하다.

바이오·헬스케어 분야 투자자를 위한 투자 지표 세 가지

바이오, 제약, 헬스케어 AI 기업에 투자할 때는 AI의 독창성과 활용 범위를 따져봐야 한다. 또한 FDA 승인과 CEConformit é Europ éene 인증 등 국제 인증 획득 여부를 확인할 필요가 있으며, 의료 생태계 협력 가능성도 점검해볼 필요가 있다. 가령 리커전과 보로노이처럼 글로벌 제약사와의 협력을 통해 기술과 시장 접근성을 강화하는 역량을 갖추고 있는지도 살펴보고, 기술 이전 계약 등도 투자 지표로 활용해야 한다. 다시 말해

바이오 기업에 투자할 때의 주요 판단 기준은 AI 기술력, 글로벌 시장 접근성, 제약사와의 협력이다.

성장 가능성이 높은 초기 기업과 지속가능한 사업 모델을 가진 기업에 주목할 필요가 있다. 이런 관점에서 보면 아톰와이즈는 아직 시장 점유율은 낮지만, 핵심 기술과 데이터를 보유하고 있어 성장 가능성이 높다. 이처럼 성장 가능성이 높은 초기 기업은 장기 투자에 적합하다.

▶ 성장이 기대되는 바이오·헬스케어 AI 기업

기업 이름	성장 기대 이유
딥마인드 DeepMind	– 단백질 3차원 구조 예측 기술로 신약 개발의 효율성 혁신
인시트로 Insitro	– 유전자 분석과 머신러닝으로 질병의 메커니즘 해독 및 신약 개발
리커전 Recursion	– AI 기반 세포 이미징과 데이터 분석으로 신약 개발 효율성 증대
보로노이 Voronoi	– 표적 치료제 개발로 암과 만성 질환에 맞춤형 치료제 제공
아톰와이즈 Atomwise	– AI 플랫폼으로 신약 후보 물질의 발굴 시간을 획기적으로 단축시킴
코그노아 Cognoa	– AI 기반 자폐증 진단 도구와 디지털 치료제로 FDA 승인받음
어댑티브 바이오 Adaptive Bio	– 면역 시퀀싱과 AI로 암과 자가면역 질환의 진단 및 치료에 혁신적 성과를 냄
루닛 Lunit	– AI 기반 의료 영상 분석 기술로 진단 정확도를 향상시킴
세라젬 Ceragem	– 척추 의료기기 및 안마의자, 디지털 헬스기기 등 건강관리 제품 주력 기업

제4장

학교부터 기업까지, 교육 시장의 틀을 깨는 AI 비즈니스

초중등 공교육 AI

자기 주도 학습을 응원하고
지원하는 교실이 온다

AI는 교육 시장을 송두리째 바꾸는 중이다. 우선 학생 수준별 맞춤 교육을 실현해내고 있다. 오늘날의 교육은 학생 개개인의 능력과 적성을 살리기에는 역부족이다. 하지만 AI는 초중등 교육과정에서 학생들의 학습 스타일, 능력, 관심사를 정확하게 찾아내 맞춤형 학습이 가능한 세상을 만들어나가고 있다. 이를 통해 학습 격차를 줄이고 학생의 필요에 맞춰진 개별적인 피드백을 제공함으로써 수준별 교육이 가능해졌다.

영국의 글로벌 리서치 회사인 테크나비오는 교육 분야의 글로벌 AI 시장의 연평균 성장률이 향후 5년간 무려 52퍼센트가 넘을 것으로 전망했다. 이를 통해 2028년에는 시장 규모가 23억 2,000만 달러(약 3조 2,000억 원)에 이를 것으로 예측했다.

주요 성장 동력은 맞춤형 학습 분야다. 이와 관련해 AI는 학생별 학습 상태와 패턴을 파악한 후 학생의 질문에 답하거나 학생의 답을 평가하면서 맞춤형 학습 내용과 진도를 제공한다. 이런 흐름에 따라 앞으로 교육용 AI 챗봇의 수요가 상당히 늘어날 전망이며, 이는 LLM 개발사들에게는 또 다른 사업의 기회가 될 것이다.

학습 속도와 수준을 조절하는 수업

미국의 에듀테크 기업 드림박스 러닝Dreambox Learning은 학생들의 실시간 학습 데이터를 분석해 각 학생의 이해 수준에 맞는 수학 문제를 AI가 자동으로 제공하고, 학습 속도와 난이도를 조정해준다. 그리고 학생들은 자신의 능력에 맞는 문제 풀이와 성취도를 통해 점차 학업에 대한 흥미를 갖게 된다.

에듀테크

교육Education과 기술Technology의 합성어로, ICT, AI, 빅데이터, VR, AR 등 첨단 기술을 교육 분야에 접목한 비즈니스.

특히 게임처럼 재미있는 학습 환경을 제공해 학습 동기를 높여주고 학생들의 답변을 실시간으로 분석해 오답에 대해 정확한 피드백을 제공 등의 강점이 있다.

나아가 AI는 학생의 학습 데이터를 분석해서 교사에게 해당 자료를 제공함으로써 교사는 학생별 맞춤형 지도를 할 수 있다. 뉴튼 역시 AI를 활용해 학생들의 학습 패턴을 분석한 후 강점과 약점에 맞춘 맞춤형 학습 진도를 제시해준다. 이를 통해 학생들은 자신의 수준에 맞는 문제를 풀면서 효율적으로 학습할 수 있다.

카네기 러닝Carnegie Learning은 AI으로 학생들의 학습 데이터를 분석해 다양한 맞춤형 교육 솔루션을 제공한다. 이 회사의 대표적인 지능형 학습 지원 시스템 매시아는 카네기멜런대학의 AI 연구자들이 20여 년에 걸쳐 문항반응이론Item Response Theory, IRT과 인지 모델링을 바탕으로 개발한 중·고등학생용

> **문항반응이론**
>
> 시험, 설문지를 설계, 분석, 채점하고 인간의 능력, 태도 등을 측정하는 데 사용되는 현대적인 검사 이론.

수학 지능형 교육 시스템이다. 학생들이 문제를 푸는 과정에서 겪는 실수를 진단하고 그 인지 과정을 추적해 여기에 맞는 피드백을 제공한다. 이 과정에서 학생 스스로 자신의 실수를 발견하고 자가 교정을 할 수 있도록 도와준다.

런큐.ai는 생성형 AI를 기반으로 미국 대학 입시 표준시험인 SAT Scholastic Assessment Test 준비를 돕는 디지털 SAT 플랫폼을 제공한다. AI 튜터가 난이도별로 분류된 문제와 학생의 성취도를 찾아내 SAT 점수를 높일 수 있도록 문제 풀이 과정을 실시간 추적해 학습 과정을 지도한다. 우선 수학, 독해, 쓰기 모듈에 대한 진단 테스트를 한 후, 그 결과에 따른 자신의 강점과 개선할 분야를 찾아내 학습계획을 세운다. 이후에는 게임화된 문제 구성을 활용해 재미있게 학습할 수 있고 AI

튜터의 도움을 받을 수 있다. 또한 SAT 튜터와 학원용 프리미엄 AI 솔루션을 통해 교사의 효율성도 두 배 이상 높여준다.

제니 AI는 다양한 글쓰기 작업을 도와주는 AI 글쓰기 도우미다. 주제나 제시어를 입력하면 다양한 문장을 완성해준다. 문법과 맞춤법, 문장 구조 등의 오류를 찾아서 교정해주고 글에 사용된 자료의 출처까지 정확하게 표기해줘서 표절을 막고 신뢰성 있는 글을 작성하는 데 도움을 준다.

교육이 기술의 발전 속도보다 더 빨라야 하는 이유

교사를 도와주는 AI 도구도 다양하다. 콘커는 교사나 강사가 퀴즈를 빠르고 쉽게 만들 수 있도록 도와주는 AI 기반 퀴즈 자동생성 플랫폼이다. 퀘스천웰은 교사들이 텍스트나 주제를 입력하면 자동으로 객관식, 주관식, 빈칸 채우기 등의 문제를 출제한다. 디핏은 교사들이 학생의 능력에 맞춘 읽기 자료, 퀴즈, 단어 목록 등을 빠르게 생성할 수 있도록 도와주는 교육 자료 생성 플랫폼이다. 멀린은 교사들이 교과서 내용을 바탕으로 수업자료, 퀴즈, 시험 문제 등을 생성할 수 있도록 도와준다. 나아가 사용자가 주제를 입력하면 기사, 블로그 게시물, 보고서 등의 고품질 콘텐츠도 신속하게 생성해준다.

그 외에도 다양한 AI 기반 교육 플랫폼들이 학생의 수준별로 맞춤형

▶ AI가 교사를 대신하는 미래 교실

교육, 평가 및 지도를 할 수 있도록 도와준다. 교사들은 매직스쿨 AI와 에듀에이드 AI를 활용해서 수업계획, 차별화된 학습자료, 평가 문항, 개별화 교육계획 등을 작성할 때 도움을 받을 수 있다. 이처럼 학생은 물론 교사를 겨냥한 에듀테크 산업은 교육 방법을 바꾸는 혁신의 선구자 역할을 한다. 혁신적인 기술의 등장이 학교, 교사, 학생 모두에게 변화를 요구하는 것이다. 이제 교실에서는 교사의 강의가 사라지고, 교사의 역할은 AI가 상당 부분 대신할 것으로 보인다. AI에서 비롯된 교실 혁명은 지금부터 시작이라고 할 수 있다.

2023년 노벨경제학상을 수상한 하버드대학 경제학과 클로디아 골딘Claudia Goldin 교수는 자신의 저서 《교육과 기술의 경주》The Race between Education and Technology에서 "교육이 기술 발전의 속도를 따라잡거나 더 빠르면 경제가 성장하고 소득도 더 형평성 있게 분배되지만, 교육이 기술 발전에 비해 뒤처지면 성장이 둔화하고 소득 불균형은 높아진다."라고 밝혔다. 교육의 변화야말로 기술 변화에 대응하는 가장 중요한 수단이라는 의미다.

오늘날 전 세계의 화두 중 하나도 교육 혁신이다. 이는 우리나라가 특히 고민해야 할 부분이다. 입시형 교육에 매몰된 채 정체되어 있는 한국의 교육은 AI 기술 발전에 힘입어 새롭게 진화해야 할 시점을 맞았다. 또한 교육 산업도 연구개발을 통해 수출 경쟁력을 확보할 수 있도록 기업과 정부의 협업이 그 어느 때보다 절실하다.

학생은 물론 학교의 니즈도
파악하는 개인 교사의 등장

에듀테크 기업들이 교육 시장의 판도를 바꾸는 중이다. 우선 온라인 학습관리 시스템이 교육 분야를 혁신하고 있다. 이는 학교나 기업에서 온라인 학습 환경을 구축해 강의를 운영하고 손쉽게 관리할 수 있도록 해주는 소프트웨어 플랫폼이다. 강의 노트와 동영상, 퀴즈 등 다양한 학습자료를 제공해주고 학습자가 어떤 과정을 얼마나 학습했는지 진도관리도 해준다. 또한 과제 제출과 평가 및 시험 성적을 관리할 수 있도록 도와주며, 교수자와 학습자가 소통할 수 있도록 게시판, 채팅, 화상회의 등도 제공한다.

에듀테크 시장을 움직이는 주요 기업들

주요 플랫폼으로는 무들, 캔버스, 블랙보드, 구글 클래스룸, 에드모도 등을 들 수 있다. 무들은 무료로 사용할 수 있는 오픈소스 기반이 장점이며, 커뮤니티 기반으로 개발되어 다양한 기능을 추가하고 유연하게 커스터마이징할 수 있다. 무엇보다 다양한 플러그인과 테마를 활용해 사용자와 개발자가 시스템을 자유롭게 구성해 수정 및 배포할 수 있다는 점이 특징이다. 대형 교육 기관이나 IT 전문성이 있는 기업은 얼마든지 자체 맞춤형 교육 플랫폼을 구축하는 것이 가능하다.

오픈소스

소프트웨어의 소스 코드(프로그램의 설계도와 같은 것)를 누구나 열람하고 수정하고 배포할 수 있도록 공개된 소프트웨어.

캔버스는 별도의 서버 설치 없이 바로 사용이 가능한 클라우드 기반의 학습관리 시스템이다. 사용이 편리하고 간편해 복잡한 설정 절차 없이 빠르게 사용할 수 있다. 구글 드라이브나 줌과 같은 외부 도구와의 통합 기능도 뛰어나다. 블랙보드는 오랫동안 고등 교육 기관에서 사용하고 있는 학습관리 시스템으로 강력한 분석 및 보고 기능을 제공한다. 학생들의 성과를 세부적으로 분석할 수 있고 대학 등 기존 교육 시스템과 연동하기가 쉽다. 학습 데이터를 기반으로 심층적인 분석이 가능하다. 학생들의 학습 진행 상황을 추적하고 성과를 예측할 수 있는 것이 장점이지만,

클라우드

인터넷을 통해 컴퓨팅 자원(서버, 스토리지, 네트워크, 소프트웨어 등)을 필요에 따라 사용하고 사용한 만큼 비용을 지불하는 서비스.

상대적으로 높은 비용이 발생할 수 있다. 구글 클래스룸은 구글의 닥스, 드라이브, 미트 등과 연동이 쉽고, 기본 기능은 무료로 사용할 수 있으며 인터페이스가 간단해서 누구나 쉽게 사용할 수 있다. 에드모도는 소셜 네트워크와 비슷한 인터페이스를 갖춘 학습관리 시스템으로, 학생 참여와 소통을 강조하는 초중등 교육 환경에 적합하다.

이들 플랫폼의 학습관리 시스템은 유연성과 커스터 마이징(무들), 사용 편의성과 기능 통합(캔버스), 기존 시스템과의 연동(블랙보드), 구글 생태계 이용(클래스룸), SNS 특화 기능(에드모도) 등을 앞세워 에듀테크 시장을 주도하고 있다. 나아가 AI를 활용해 또 다른 혁신을 실현해나가는 중이다.

무들의 AI 플러그인은 학습자의 성과를 기반으로 퀴즈를 자동으로 생성하고, 학생들의 학습 데이터를 분석해 학습 지원이 필요한 학생을 찾아낸다. 또한 AI 기반 학습 도우미를 통해 학생들에게 실시간 피드백을 제공해 학습 이해도를 높이고 있다. 캔버스는 챗GPT를 활용해 개인별로 맞춤형 학습 콘텐츠를 추천하고, 개인 수준에 맞는 학습 모듈을 생성해 학생 스스로 문제 해결 능력을 키울 수 있도록 도와준다.

블랙보드 역시 AI로 학생들이 어려워하는 문제만 찾아내 맞춤형 학습을 할 수 있도록 해주는 한편, 과제 자동 채점 및 콘텐츠 추천 등의 방식으로 교사의 업무를 줄여준다. 구글 클래스룸도 AI 기술을 활용해 과제관리와 평가를 자동화해주고, 다양한 학습자료를 번역해주거나 문서 생성을 지원한다. 에드모도는 AI 기능을 활용해 학생들의 학습 과정을 개인화하고 별도의 피드백을 제공한다.

학생과 교사의 교육용 플랫폼 활용법

AI 기업들의 주도로 전통적인 학습관리 시스템 플랫폼에도 변화가
일어나고 있다. 오픈AI가 투자한 그레이드스코프는 평가와 채점에 특
화된 교육용 플랫폼이다. 수기로 작성된 종이 문서와 타이핑된 문서는
스캔해서 평가하고, 프로그래밍 과제까지 AI가 채점 및 평가해준다.
학생이 문제를 풀자마자 채점되기 때문에 교사는 과제 채점에 신경 쓸
필요가 없다. 학생이 틀린 문제에 대한 피드백뿐 아니라, 학업 성취에
대한 분석 자료까지 받을 수 있기 때문에 그 일은 AI에게 맡기고 교사
는 보다 더 중요한 교육 활동에 집중하면 된다.

스마트리더는 학생들의 독해 능력과 읽기 수준을 평가해 적합한 읽
기 자료와 훈련을 제공하는 맞춤형 AI 플랫폼이다. 미국 대학 입학시
험인 SAT와 ACTAmerican College Test에서 높은 성적을 올릴 수 있는 비
판적 분석 능력을 개발하는 데 도움을 준다. 교사 계정이 별도로 있어
서 학생들의 독해 수준에 맞는 읽기 자료를 활용해 맞춤형 교실을 운
영할 수도 있다. 또한 스마트리더는 학생과 직장인을 비롯해서 학습과
자기계발에 관심이 많은 이들에게도 적합한 플랫폼이다. 보고서 작성
과 자료 분석뿐 아니라 어휘력, 독해 능력, 비판적 사고 능력 향상에도

도움을 받을 수 있기 때문이다.

초중고생은 물론 고등학생과 대학생들의 숙제를 대신해주는 AI도 있다. 구글의 교육앱 소크라틱은 질문에 해답을 제시해주는 아주 똑똑한 숙제 앱이다. 학생들이 질문을 사진으로 찍어 업로드하거나 타이핑하면 AI가 관련된 자료와 학습 리소스를 제공한다. 수학 문제를 사진으로 찍으면 자동으로 분석해서 계산해줄 뿐만 아니라 계산에 쓰인 개념까지 쉽게 이해할 수 있도록 상세히 알려준다. 개념 정리부터 관련 동영상 자료까지 다양한 정보를 모아 보고서 형식으로 알려주는데, 마치 개인 교사 같기도 하다.

영국 기업 센추리 테크는 인지신경과학 및 데이터 분석 기술을 활용해 맞춤형 교육을 설계해주는 AI 플랫폼을 제공하고 있다. 학생의 이해도와 학습 패턴을 분석해 적합한 학습자료를 추천해주고, 교사에게는 학생의 학습 진행 상황을 모니터링할 수 있도록 도와준다. 코스 히어로는 학생들을 위한 AI 기반 숙제 해결 도우미다. 다양한 과목의 학

> **인지신경과학**
>
> 인간의 인지 과정, 즉 지각, 주의, 기억, 언어, 사고, 문제 해결 등 정신적인 활동이 뇌의 신경 회로와 어떻게 관련되는지를 연구하는 학문.

습자료에 대한 즉각적인 답변과 자세한 문제 해결 과정을 제공한다. 학생들은 과목별 학습자료를 쉽게 찾을 수 있으며, 학습에 필요한 다양한 리소스를 얻을 수 있다.

페치는 교육자들을 위한 AI 기반 플랫폼이다. 교육과정을 보다 쉽고 효율적으로 만들 수 있도록 다양한 도구를 제공한다. 교사들은 클릭

몇 번만 하면 잘 짜여진 수업계획안을 만들 수 있다. 그뿐만이 아니다. 학년이나 과목에 맞춘 계획을 자동으로 생성해 교육과정을 손쉽게 설계할 수 있다. 또한 학생들의 학습 수준과 교육 기준에 맞춘 맞춤형 시험 문제를 출제할 수 있으며, 학업 성취도도 쉽게 평가할 수 있다. 페치는 이 과정에서 채점, 피드백, 보고서 작성뿐 아니라 일상적인 행정 업무까지 해결해주기 때문에 교사들의 업무 부담이 상당히 줄어든다.

소크라트는 생성형 AI 기술을 활용해 교사가 학년과 과목 영역에 따라 학생들에게 최적화된 콘텐츠를 제공할 수 있는 AI 도구다. 교사는 소크라트의 다양한 도구로 토론, 논쟁, 소크라테스식 대화 등을 하면서 학생들이 깊이 있는 사고를 하게끔 유도한다. 초등학생에서 대학원생까지 학생들의 수준과 필요에 맞게 콘텐츠를 선택할 수 있다.

업스테이지가 KT, 매스프레소와 함께 개발한 매스GPT프로는 AI 수학 교사다. 복잡한 수학 문제를 사진이나 텍스트로 업로드하면 빠르고 정확하게 해결해준다. 문제 풀이 과정을 단계별로 설명해주기 때문에 이해하는 데 도움이 된다. 초중등과 고등학교 교육 수준의 학생들에게 적합하고 모바일 앱을 통해 어디서든 사용할 수 있다. 2024년 매스GPT프로는 '수학 언어 모델의 수능'으로 불리는 MATH 벤치마크에서 0.488점을 기록하며 1위에 오르며 큰 주목을 받았다. 한국 스타트업이 만든 수학 AI가 오픈AI의 GPT-4(0.425점)와 마이크로소프트의 ToRA 7B(0.401점) 모델을 뛰어넘는 성과를 낸 것이다.

코그니티브시스템즈는 유치원에서 초중고, 고등교육 기관, 기업에 이르기까지 다양한 대상에 특화된 AI 솔루션으로 교육과 훈련을 지원한다. 특히 가상 학습 도우미가 주관식 문제를 두고 학생과 대화를 하면서 답을 찾아가는 맞춤형 튜터링을 제공하기 때문에 학생들이 더 깊이 생각하면서 비판적인 사고력을 키우도록 돕는다. 또한 교사는 코그니티브시스템즈가 제공하는 학생의 성과 데이터 분석을 바탕으로 학생별 맞춤형 지도를 할 수 있다.

아이비퀀텀은 고등교육 기관을 대상으로 개발된 AI 기반 챗봇이다. 학교의 웹사이트, SMSShort Message Service, 이메일 그리고 페이스북 메신저와 같은 다양한 채널의 기능을 대신해주기 때문에 교직원들은 시간을 빼앗기는 일상 업무에서 해방된다. 학교 지원 양식, 등록, 수업료, 마감일과 같은 기본 정

AI 기반 챗봇

LLM을 활용해 AI가 사용자의 질문을 이해하고 적절한 답변이나 서비스를 제공하는 지능형 대화 시스템.

보는 물론 대출, 장학금, 보조금 등 학생들에게 꼭 필요한 정보를 챗봇이 대화 형태로 제공한다. 특히 구글 번역을 활용해 100개 이상의 언어까지 다국어를 지원한다. 대학뿐만 아니라 학교, 기업, 기관 등도 중요 정보를 상담하고 안내해주는 챗봇으로 확대 사용이 가능하다.

노우지는 AI 기반의 어휘 학습 앱으로 어휘력 향상을 도와준다. 다양한 시청각 자료와 간단한 정의 및 예문을 통해 학습자가 어휘를 쉽게 이해하고 기억할 수 있도록 설계되어 있다. 특히 과학적으로 입증된 반복 학습 알고리즘과 메모리 코치를 사용해 배운 단어들을 오랫동안 기억할 수 있도록 도와준다. 미국 대학원 입학시험Graduate Record

Examination, GRE 과 미군 입대 자격시험Armed Services Vocational Aptitude Battery, ASVAB 등 각종 시험을 겨냥한 어휘력 향상에 유용하다.

에듀테크, 교육 환경에 지각 변동을 일으키다

마이크로소프트는 학생과 교사 및 교육 기관을 위해 특별히 설계된 클라우드 기반의 MS 오피스 365 에듀케이션 솔루션을 제공하고 있다. 여기에는 워드, 엑셀, 파워포인트, 팀 프로젝트를 위한 팀즈, 무제한 저장공간인 원드라이브 등 다양한 도구가 포함되어 있다. 그 외에 팀즈에서는 학생들이 쉽게 팀을 구성해서 함께 작업하며 과제를 제출하는 것이 가능하다. 특히 리딩 프로그레스는 AI가 학생들의 읽기 능력을 추적해 맞춤형 학습 지원을 해주고, 리딩 코치는 발음 및 읽기 속도에 대한 피드백을 실시간 제공한다. 또 스피커 코치와 프로그레스는 학생들의 발표 속도, 음조, 내용 전달 방법 등을 평가해 발표 능력이 향상되도록 도와준다.

국내에서도 에듀테크 시장이 갈수록 커지고 있다. 뤼이드, 에듀클래스, 클래스팅, 수학대장, 매스GPT 등이 AI 교육 시장을 만들어가는 중이다. 뤼이드의 대표적인 서비스인 AI 튜터 산타는 토익 학습자에게 1 대 1 맞춤형 학습을 함으로써 점수를 올리는 데 큰 도움을 준다. AI가 실시간 피드백을 해주면서 학습자의 수준과 취약점을 분석해 맞춤형 문

▶ 국내 에듀테크 뤼이드가 제공하는 AI 토익 학습 서비스

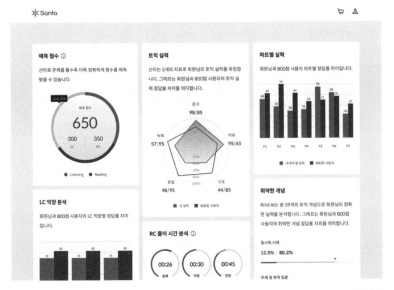

출처 : 산타 홈페이지

제를 제공한다. 나아가 진단 테스트를 통해 실력을 스스로 점검하게 하면서 점수 향상에 효과적인 문제들을 추천해준다. 이때 적절한 시간 배분과 스킬 등 시험 노하우까지 알려주므로 매우 유용하다.

클래스팅은 교사, 학생, 학부모를 위한 AI 기반 학습관리 시스템을 제공하고 있다. AI가 학생 수준을 진단해 맞춤 학습을 추천해주기 때문에 학생은 성공적인 학습 경험을 쌓아나가면서 성취감을 높일 수 있다. 미래엔에듀파트너는 교사와 학생 모두를 지원하는 방과후 교실 에듀 클래스 서비스로 온오프라인 혼합형 학습을 지원한다.

네이버는 초거대 AI 하이퍼클로바X를 활용해 학생의 학습 패턴과

광학문자 인식 기술

사람의 손글씨나 인쇄된 문자를 컴퓨터가 이해할 수 있도록 이미지를 디지털 텍스트로 변환하는 기술.

수준에 맞는 맞춤형 학습 콘텐츠를 제공한다. 또한 교사들에게 학습자료 제작, 학습 내용 요약, 평가 자동화 등의 기능을 서비스하면서 한국의 교육 환경을 바꾸는 데도 영향을 미친다.

에듀테크 회사인 매스프레소는 AI 문제 풀이 및 학습 도우미 콴다를 개발해서 서비스하고 있다. 광학문자 인식 기술을 활용해 모르는 문제를 사진으로 찍어 AI에게 물어보면 5초 안에 해설해주고 관련 강의와 개념까지 정리해준다. 전 세계 9,200만 명의 가입자를 확보하면서 글로벌 경쟁력을 입증했으며《타임》이 발표한 '2024년 세계 최고의 에듀테크 기업'에도 이름을 올렸다.

스타트업 튜링은 자기주도형 수학 학습 플랫폼 수학대왕을 만들어 초중고 학생들의 수학 공부에 도움을 주고 있다. 2018년 회사 설립 후, 2021년에 출시한 수학대왕은 3년 만에 누적 회원 수 100만 명을 돌파했으며 구글과 애플의 앱스토어에서 수학 교육 부문 1위 앱으로 자리매김했다.

AI가 주도하는 교육 혁명은 공교육에도 큰 변화를 불러왔다. 교실 안에서만 이루어지던 교육이 온라인으로, AI, 디지털 교과서와 문제집을 활용한 통합교육으로 전환되는 중이다. 이런 흐름으로 보아 나는 AI가 교육 산업을 완전히 재편할 것으로 전망한다. AI가 개인화된 학습과 자동화된 수업계획뿐 아니라 지능형 콘텐츠를 생성하고, 음성 인식에 기반한 쌍방향 교육을 가능케 하기 때문이다. 그뿐만 AI는 VR과

모르는 문제를
찍어서

풀이를
확인하세요

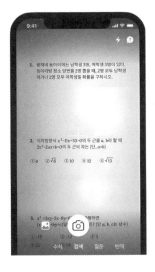

출처 : 콴다 홈페이지

AR을 활용한 교육과 적응형 학습 플랫폼 등 다양한 혁신을 이어나갈 것이다.

우리 사회에서 학교는 가장 변화가 더딘 교육 기관 중 하나다. 이런 이유로 고등학교와 대학교를 졸업해도 사회에서 재교육을 받아야 실무가 가능하며, 이런 교육을 위해 사회적 비용이 점점 더 증가하는 악순환이 반복되고 있다. AI는 이러한 문제를 해결하는 데 선봉장 역할을 할 것이다. 국가와 사회, 기업의 미래를 위해서라도 교육의 AX 대전환은 시급한 과제다.

누구나 접속 가능한
글로벌 강의실이 만들어진다

AI가 기업의 직원 채용에서 교육과 훈련 방법까지 바꿔놓고 있다. 채용 과정에서 사람을 대신해 면접을 보면서 적성과 인성을 평가해주고, 채용 후에는 직원 개개인의 직무를 고려해 개인화된 학습과 맞춤형 훈련을 제공한다. 더불어 직원들은 회사 업무를 빨리 이해하고 업무 효율성을 높일 수 있다. 특히 AI는 산업 현장에서 직원들이 단기간 내에 업무 스킬을 습득해 역량을 높일 수 있도록 맞춤형 교육과 훈련 프로그램까지 설계해준다.

미국 뉴욕에 본사를 둔 파이메트릭스Pymetrics는 회사가 필요로 하는 인재 채용을 도와주는 AI 솔루션을 제공한다. 지원자의 성격과 지능을 평가할 뿐만 아니라 지원자에게 다양한 질문을 해서 회사 내 각종 상황에 얼마나 신속하고 재치 있게 대응하는지도 평가해준다. 맥도날드, JP모건, PWC, 크래프트 하인즈 등의 기업도 직원 채용 과정에서 파이메트릭스의 AI 채용 솔루션의 도움을 받고 있다. 미국 유타주의 하이어뷰HireVue도 AI 채용 솔루션을 제공한다. 구직자가 컴퓨터나 모바일기기를 통해 면접을

> **AI 채용 솔루션**
>
> 지원자의 자기소개서와 면접 내용을 분석해 역량, 성격, 잠재력 등을 평가해주는 데이터 기반 채용 지원 AI.

진행하면 AI가 인터뷰 영상을 분석해 지원자의 응답을 평가해주는 식이다.

이처럼 AI는 기업의 인재 채용 과정에서도 중요한 역할을 담당하고 있다. 각종 채용 절차를 간소화하고 채용 기간도 줄일 뿐 아니라 편견 없는 선별로 사람보다 공정하다는 평가를 받고 있다. 물론 아마존의 경우 AI 채용 솔루션이 여성 지원자에 대해 편견을 보여 사용을 중단한 일이 있다. 하지만 산업 분야별로 인재 영입 전쟁이 치열해짐에 따라 AI 채용 솔루션을 수용하는 것은 기업 경쟁력 제고를 위해 필수적인 일이다.

직원 채용부터 교육까지 AI가 책임진다

글로벌 교육 기업 스킬소프트Skillsoft는 AI를 활용해 맞춤형 훈련 콘

텐츠를 제공한다. 다양한 직무와 산업에서 필요한 기술을 훈련할 수 있도록 함으로써 직원 역량 강화를 돕는다. 조직을 이끌 리더뿐 아니라 기술 인재의 지속적인 역량 강화와 재교육을 통해 경쟁력을 높이는 데도 일조하는 셈이다.

코세라Coursera는 컴퓨터 및 데이터 과학, 비즈니스, 인문학, 사회과학 등 다양한 분야의 강좌를 개설해서 제공한다. 기업들은 직원들의 업무 역량 향상을 위해 코세라가 제공하는, 세계 유수의 대학과 협력한 학사와 석사학위 과정, 전문 인증 과정, 각종 단기 강좌 등을 활용한다. 구글과 IBM 등 글로벌 기업은 코세라에 자체 교육과정을 개설해서 실무 중심의 인증 프로그램을 운영하고 있다. 직무 훈련이나 새로운 기술을 배우려는 개인에게 실용적인 기회를 제공하는 것이다. 이들 기업은 해당 인증 프로그램을 이수한 이들을 채용으로까지 연결시키면서 코세라를 전 세계 불특정 다수의 인재 양성 채널로도 활용하는 중이다.

국내에서는 에듀윌, 패스트캠퍼스, 멀티캠퍼스와 같은 기업들이 직원들의 직무 향상과 직업 교육에 도움을 주고 있다. 에듀윌은 공인중개사, 주택관리사, 전기기사, 행정사, 노무사, 회계사 등과 같은 각종 전문 자격증 취득에 필요한 교육 프로그램을 비롯해서 검정고시와 어학 시험 등에 필요한 콘텐츠까지 제공 중이다. 특히 AI 합격 비서 Ai지니어스를 도입해 학습자들에게 합격 여부 진단부터 복습 시스템까지 1 대 1 맞춤 학습 서비스를 제공하는 것이 특징이다.

패스트캠퍼스는 성인들을 위한 직무 교육 및 실무 중심의 온오프라인 교육 플랫폼이다. 데이터 사이언스, 프로그래밍, 디자인, 마케팅, 경영 등 다양한 분야에서 전문가들이 가르치는 실무 중심의 교육 콘텐츠를 제공한다. 직무 전환을 준비 중이거나 특정 기술을 심화 학습하려는 사람에게 유용하다. 이 회사는 AI를 활용해 이전 학습 이력과 관심 분야를 분석해 맞춤형 콘텐츠를 추천해주고, 학습 속도, 집중도, 오답 유형 등을 분석해 개인별 학습 방식을 개선할 수 있도록 도와준다. 챗봇 상담이 가능하고 어려운 문제는 AI 튜터에게 1 대 1 맞춤형 학습 지도를 받을 수 있다.

멀티캠퍼스는 기업 맞춤형 교육 서비스 회사다. 제조, 금융, IT 등 다양한 분야의 최신 기술과 트렌드를 반영해 온오프라인 융합 교육을 제공한다. 특히 가상 공간을 활용해 실감 나는 학습 경험의 기회를 주고 있으며 기업이 원하는 교육을 별도로 설계해준다. 나아가 AI 기반의 개인별 맞춤 학습 추천, 챗봇을 통한 실시간 학습 지원과 평가, 학습 진단과 분석 등 다양한 서비스도 제공한다.

스웨덴 기업 사나랩스Sana Labs는 AI를 활용해 기업의 학습 방식과 지식 접근 방식을 혁신하고 있다. 사나랩스의 온보딩 프로그램은 인사팀, 마케팅팀, 기술팀 등이 신입사원 교육을 위해 만든 교육용 콘텐츠를 한데 모아 편리하게 교육할 수 있도록 해준다. 신입사원은 이를 활용해 회사 업무에 필요한 교육과 훈련을 받은 후 빠르게 업무와 조직에 적응할 수 있다.

학습자는 자신이 필요한 내용을 적시에 제공받아 효율적으로 학습하고, 관리자들은 수강 등록에서 성과 추적까지 자동화된 프로그램을 통해 업무 부담을 던다. 또한 회사별로 직원들이 실시간 공동 작업을 해서 콘텐츠를 업데이트할 수 있다.

또한 기업 내부의 지식을 쉽게 찾고 공유할 수 있도록 지원하고, 사내 데이터 분석을 통해 더 나은 의사결정을 할 수 있도록 도와준다. 그 결과 일렉트로로룩스, 머크, 알란, 스베아 솔라 등 혁신 기업들을 고객으로 확보하는 중이다.

세계적인 게임 회사인 블리자드 엔터테인먼트는 교육 프로그램 '레벨업 유'LevelUp U를 만들었다. 블리자드는 아티스트 클래스와 프로그래밍 클래스 등을 개설해서 직원들에게 게임 개발과 관련된 기술과 지식을 전수함으로써 제품 개발에 지속적으로 도움을 준다. 직원들은 프로그램이 제공하는 다양한 학습 과정을 통해 게임 개발, 디자인, 엔지니어링 등 다양한 분야에서 성장할 수 있는 기회를 갖게 되었다.

학습 경험 플랫폼만 있으면 자기계발도 문제없다

학습관리 시스템과 달리 학습 경험 플랫폼Learning Experience Platform, LXP은 기업 교육과 직무 훈련에서 학습자의 참여도를 높이고 맞춤형 학습 경험을 제공하는 역할을 한다. 대표적인 학습 경험 플랫폼 기업

으로 디그리드Degreed, 에드캐스트EdCast, 코너
스톤 온디맨드Cornerstone OnDemand가 있다. 이
들 플랫폼은 학습자 중심의 맞춤형 학습 경험을
제공함으로써 개인과 조직의 성장을 지원하는
데 효과적이다.

　미국 샌프란시스코에 기반을 둔 교육 기술 기업인 디그리드는 대기
업과 조직에서 사내 교육과 직무 훈련을 통해 직원들의 스킬을 개발하
는 데 도움을 준다. 인재 경험 플랫폼 기업인 에드캐스트는 동료 간 학
습 콘텐츠를 공유하고 피드백할 수 있도록 함으로써 조직 내 지식 관
리의 효율성을 높여준다. 코너스톤 온디맨드는 클라우드 기반의 HR
소프트웨어 기업으로, 단순한 학습 플랫폼을 넘어 인재 관리 솔루션
역할을 하고 있어서 학습자가 자신의 경력 개발과 조직 내 성장을 효
과적으로 관리할 수 있다.

　유데미Udemy는 다양한 주제에 대한 온라인 강의를 제공하는 세계적
인 교육 플랫폼 기업이다. 이 기업의 플랫폼 유데미는 전문가들이 강
의를 제작하고 전 세계 학습자들과 공유할 수 있는 환경을 제공한다.
전 세계 전문가에게서 전문적인 직무와 관련된 실용적인 지식을 배우
고, 취미나 자기계발에 필요한 다양한 스킬도 익힐 수 있다. 동시에 전
문가들은 자신의 지식으로 유데미에서 전 세계 교육생들을 대상으로
수익 창출이 가능하다. 강의 콘텐츠 분야는 프로그래밍과 데이터사이
언스, 비즈니스, 디자인과 마케팅, 음악과 취미 등 다양하다. 그 외 AI

추천 시스템을 활용해 학습자가 과거에 수강한 강의나 학습 패턴을 분석해 맞춤형 강의를 추천해준다. 나아가 강의 내용, 영상의 퀄리티, 수강생의 피드백을 분석해 강의 품질까지 알려준다.

한국의 대표적인 에듀테크 기업인 엘리스Elice는 교육실습 플랫폼 엘리스 LXP를 제공하고 있다. 대표적으로 엘리스 코딩은 초급부터 고급 수준까지 다양한 프로그래밍 언어와 기술 스택을 배울 수 있는 온라인 코딩 교육 플랫폼이다. 이론뿐 아니라 직접 코드를 작성하고 실습하면서 코딩 실력을 향상시킬 수 있으며, 데이터 분석과 AI 등 실제 업무에 활용할 수 있는 실용적인 내용까지 배울 수 있다.

클래스 101은 5,300개가 넘는 온라인 클래스를 수강할 수 있는 스트리밍 서비스로 일종의 학습 경험 플랫폼에 해당한다. 음악과 미술, 디자인과 요리 등 다양한 분야의 취미 강의뿐 아니라 커리어에 필요한 전문 지식과 창업 및 재테크 등의 전문 강의도 있다.

세계인들 대상으로 지식을 공유하는 빅테크 기업들

AI 시대에 우리가 주목해야 할 점은 세계적인 빅테크 기업들의 인재 양성과 기술 선도 방식이다. 구글, 애플, MS, 엔비디아, 오픈AI, 테슬라 등은 매년 개발자 콘퍼런스와 AI 테크 세미나를 개최해 자사의 최신 기술을 발표하면서 개발자와 연구자들에게 최신 트렌드와 기술 혁신을 공유한다. 그리고 행사가 끝난 뒤에는 관련 내용을 웹사이트에 공유해 개발자, IT 전문가, 비즈니스맨들에게 기술 습득과 성장의 기회를 제공한다.

구글은 2008년부터 매년 개발자 콘퍼런스인 '구글 I/O'를 개최하고 있다. I/O는 컴퓨터 시스템에서 '인풋'Input과 '아웃풋'Output을 의미하지만 구글은 '개방에 의한 혁신'Innovation in the Open 의 뜻으로 사용하고 있다. 기술을 개방하고 공유해 더 많은 개발자, 연구자, 기업이 그 기술에

> **개발자 콘퍼런스**
>
> 구글, 마이크로소프트 등 기술 기업들이 자사의 혁신 기술과 제품, 최신 기술 동향, 개발 트렌드, 성공 사례, 문제 해결 방법 등을 발표하고 토론하는 자리.

접근하고 함께 발전해나가자는 철학을 담았다. 개방과 협업을 통한 혁신을 강조하는 것이다.

▶ 구글 I/O 2024 현장

출처 : 구글 I/O 홈페이지

마이크로소프트는 연례 콘퍼런스 '빌드'에서 애저, AI, 개발도구, 비즈니스 애플리케이션 개발 등과 관련된 지식을 공유해왔다. 이 밖에도 '애플 세계 개발자 회의'Apple Worldwide Developers Conference, WWDC, 아마존의 'AWS 리인벤트'AWS re:Invent, 엔비디아의 'GTC'GPU Technology Conference, IBM의 '씽크'Think, 테슬라의 'AI 데이'AI Day 등 다양한 형태의 기술 세미나가 개발자와 연구자들에게 최신 기술을 직접 경험하고 학습할 수 있는 기회로 활용되고 있다.

아마존은 AI 전문가를 육성하기 위한 무료 AI 교육 프로그램을 발표했다. AI 레디라는 신규 프로그램으로 생성형 AI 기술의 기초와 고급 AI 기술까지 배울 수 있도록 한 것이다. AI 후발주자에 속하는 아마존은 이 무료 교육 프로그램으로 AI 생태계를 대폭 강화할 전망이다. 아마존의 AI 레디는 총 여덟 개의 온라인 과정으로 구성되어 있으며, 현업에서 요구하는 기술을 아마존 직원 외에 일반인들도 무료로 수강할 수 있다.

이처럼 빅테크 기업들은 기술 콘퍼런스와 각종 온라인 교육 프로그램을 통해 지구촌 전체의 전문가들을 대상으로 큰 규모의 직무 교육과 기술 혁신의 미션을 수행한다. 또한 각 기업의 기술 수준과 방향, 경쟁력을 뽐내는 무대로도 삼고 있다. 한국의 글로벌 기업들도 이 같은 경쟁에 뛰어들어야 글로벌 AI 기업 또는 빅테크 기업의 대열에 합류할 수 있을 것이다.

AI 기술은 단순히 업무 자동화를 넘어 학교와 기업의 교육 방식에 혁신적인 변화를 가져왔다. 이런 변화 덕분에 과거 일괄적이고 획일화된 집단 교육 방식에서 벗어나 개인 맞춤형 학습 경험을 제공함으로써 교육의 효과를 극대화할 수 있게 되었다. 이제는 AI 기술을 좀 더 적극적으로 활용해서 보다 더 효율적인 교육 시스템을 구축할 필요가 있다. 기업과 국가의 경쟁력 강화와 성장에 기여하는 혁신적인 인재를 육성하기 위해서는 보다 세분화된 맞춤형 학습과 AI 튜터, 교육 데이터 분석과 자동화된 평가 등이 보편화되어야 한다.

글로벌 확장성을 확보한
에듀테크 비즈니스 모델 11

교육 AI는 기술 발전과 교육 방식 변화로 빠르게 성장하는 분야다. 교육 사업은 학교 교육, 취업 교육, 기업 교육 등 다양한 영역에서 필수적인 분야다. 단순 강의 시장도 있지만 교육 기자재, 학습용 교재, 교육 인프라 등 교육 분야는 시장의 규모가 매우 크다. 교육 영역도 유아 교육, 초중고 교육, 고등 교육, 성인 교육, 기업 교육 등으로 각기 특화되어 있다.

디지털 교육이 확대되면서 온라인 학습과 디지털 교과서 도입이 확산 되고 있으며, 스마트 교실이 구축되면서 공교육 디지털화도 본격화되는 상황이다. 또한 초거대 AI 및 생성형 AI를 활용한 맞춤형 학습 및 평가 도구도 등장했다.

확장되는 교육 AI의 역할

앞으로 교육 AI 사업은 기업의 직무 전환 교육 및 재교육 수요 증가와 맞물려 시장이 급속히 팽창할 전망이다. 그뿐만 아니라 공교육에도 본격적으로 AI가 도입되면서 다양한 형태의 교육 AI가 학교와 교실에서 도움을 줄 것이다. 예를 들면 학생의 학습 데이터를 기반으로 개인화된 학습 콘텐츠를 제공하는 '맞춤형 학습 플랫폼', 학생의 학습 성과를 분석해서 피드백을 제공하는 'AI 학습 도우미', AR·VR기기를 활용해 몰입형 학습 경험을 제공하는 '메타버스 강의실' 등이다.

> **몰입형 학습**
> VR, AR, MR, XR 등의 기술을 활용해 실제와 유사한 시뮬레이션 환경을 통해 몰입할 수 있도록 하는 교육 방식.

디지털 학습 시장을 개척하고 있는 에듀테크 플랫폼은 드림박스 러닝, 클래스팅, 네이버의 하이퍼클로바X, 런큐.ai, 구글의 구글 익스페디션, 아반티스 에듀케이션Avantis Education의 클래스VR 등이 있다. 그 외에 캔버스, 블랙보드, 무크, 코세라, 유데미, 튜터닷컴 등이 있다.

멀티캠퍼스와 디그리드는 직무 맞춤형 훈련을 통해 직원 역량 강화와 직무 전환을 지원하고 있으며, 코너스톤 온디맨드와 에드캐스트는 학습자 중심 플랫폼으로 맞춤형 콘텐츠를 제공한다. 스킬소프트Skillsoft의 퍼시피오는 리더십과 데이터 분석, AI 기술 등 기업에서 필요로 하는 다양한 전문 콘텐츠를 갖추었다.

에듀테크 기업에 투자할 때 알아야 할 것

교육 사업은 정부의 정책이 산업의 흥망을 결정할 정도로 커다란 변수가 되기 때문에 에듀테크 기업에 투자할 때는 정부의 정책 지원 방향에 주목할 필요가 있다. 정부 정책과 AI에 대한 지원 및 규제 여부를 점검해야 하고, 정부 주도의 공교육 AI 프로젝트가 민간 기업에 미칠 영향도 고려해서 투자를 결정해야 한다. 또한 디지털 기반 AI 학습 플랫폼은 전 세계 사용자를 동시에 확보할 수 있으므로 글로벌 확장성이 중요한 투자 포인트다.

▶ 교육 AI 개발 기업

기업 이름	성장 기대 이유
뤼이드 Riiid	– AI 튜터 산타를 통한 맞춤형 학습 지도로 토익 점수 향상에 기여
클래스팅 Classting	– 학생 수준 진단 후 맞춤형 학습 추천, 성공적인 학습 경험 제공
네이버 Naver	– 하이퍼클로바X를 활용한 맞춤형 학습 콘텐츠 제공 및 교사용 교육 지원 도구
매스프레소 mathpresso	– 모르는 문제를 사진 찍어 올리면 5초 안에 맞춤형 풀이 제공 – 전 세계 9,200만 명의 가입자를 확보한 아시아 대표 교육 서비스
업스테이지 Upstage	– KT와 AI 기반 플랫폼 콴다 운영사 매스프레소와 함께 개발한 수학 특화 초거대 AI '매스GPT', 글로벌 수학 벤치마크 평가에서 마이크로소프트와 오픈AI를 넘어섬
코세라 Coursera	– 글로벌 대학과 협력 실무 중심 학위 및 전문 인증 프로그램 제공

패스트캠퍼스 FastCampus	– 직무 전환 및 특정 기술 맞춤형 교육 콘텐츠와 AI 기반 학습 추천
멀티캠퍼스 Multicampus	– 기업 맞춤형 융합 교육과 AI 기반 학습 지원 도구 제공
엘리스 Elice	– 프로그래밍 및 데이터 분석에 있어 맞춤형 교육 플랫폼 제공
런큐.ai LearnQ.ai	– 생성형 AI에 기반한 미국 대학 입시표준시험 대비 'SAT 플랫폼' 　운영 – 디지털 SAT에 최적화된 개인 맞춤형 학습 제공
칸 아카데미 Khan Academy	– 세계 최고의 무료 교육 기관. 수학, 화학, 물리학, 컴퓨터공학, 금융 　등 다양한 분야의 동영상 강의 4,000여 개 보유 중

제5장

미래 도시와 국가를 디자인하는
AI 비즈니스

곧 범죄 제로 시대가
현실이 된다

2054년 워싱턴 D.C에는 범죄가 일어나기 전 이를 미리 예측해 범죄를 막는 가상의 범죄 예측 시스템인 프리크라임이 구축된다. 세 명의 초능력자(예지자)가 미래에 발생할 범죄를 미리 예측하고, 예지자들이 본 미래의 범죄 영상을 분석해 범죄가 발생할 시간, 장소, 범인을 특정한다. 그리고 범죄 발생 전에 범인을 체포해 사전 예방한다.

이는 스티븐 스필버그 감독의 SF영화 〈마이너리티 리포트〉의 내용이다. 당시에는 공상과학에나 나올 법한 일로 여겨졌지만, 어느새 영화 속 이야기는 현실이 되었다. 2011년에 로스앤젤레스 경찰국City of Los Angeles Police Department, LAPD은 캘리포니아대학교 연구팀과 함께 과거 범죄 기록 빅데이터를 토대로 10~12시간 뒤 범죄가 일어날 시간과 장소를 도출해냈다. 그리고 이 지역들의 순찰을 강화해 범죄율을 낮추는 범죄 예측 AI 솔루션 프레드폴을 도입했다.

하지만 이 솔루션이 현실에서 활용되는 건 그리 간단한 일이 아니다. 프라이버시 침해와 인종, 사회경제적 알고리즘의 편향에 대한 시민단체와 인권단체의 비판이 거세지면서 도입 10년 만에 공식적으로 중단되었기 때문이다. 지금은 새로운 대안을 모색 중이다. 그럼에도 시카고 경찰은 프레드폴을 총기 범죄를 예측하는 데 사용하고 있으며, 워싱턴DC, 산타크루스, 멤피스 등 다수의 도시에서 도입해 범죄 예방에 활용 중이다. 영국 켄트 경찰과 호주 빅토리아 경찰도 프레드폴을 도입해 범죄가 집중될 수 있는 시간대 외 지역에 대한 순찰을 강화하고 있다.

범죄 예측 소프트웨어 회사로 선구적인 역할을 하던 프레드폴은 편향된 데이터와 프라이버시 문제로 비판을 받자 2021년 회사명을 지오리티카 Geolitica로 변경했다. 이 회사는 여러 비판에도 불구하고 투명한 데이터 처리와 알고리즘 개선으로 예측 치안에 집중하면서 절도, 차량 도난, 주거 침입과 같은 범죄 유형을 예측하는 데 강점을 보인다.

샷스포터는 AI를 활용해 도시 내에 설치된 센서를 통해 총소리를 듣고 곧바로 경찰에 알려 대응할 수 있도록 하는 총기 발사 감지 시스템이다. 총기 폭력이 자주 발생하는 지역에서 매우 유용한 보안관 역할을 하고 있다.

범죄와의 전쟁에서 범죄 예방의 시대로

미국의 AI 데이터 분석 기업인 팔란티어 테크놀로지스Palantir Techno-logies는 방대한 양의 데이터 분석을 통해 범죄 패턴을 예측하고 범죄 수사를 돕는다. 정부 기관, 경찰, 법 집행 기관의 범죄 수사와 테러 방지를 도와줌으로써 사이버 범죄, 조직 범죄, 테러리즘과 같은 복잡한 범죄 행위를 막는 데 기여한다.

팔란티어의 주요 서비스 중 하나는 미국 정보기관을 주 고객으로 삼는 플랫폼 고담이다. 고담은 빅데이터 분석을 기반으로 테러, 돈 세탁, 밀수, 마약 거래 등 범죄 움직임을 사전에 감지한다. 2011년 미국이 9·11 테러의 주범인 오사마 빈 라덴을 파키스탄 내 은신처에서 사살한 작전에 활용되었고, 당시 빈 라덴의 은신처를 파악하는 데 큰 역할을 했다. 그 외에도 세계를 뒤흔든 각종 사건 해결을 위해 미국 정보기관을 지원했다.

팔란티어는 AI 시대를 맞아 강력한 데이터 분석 기업으로 더욱 주목받고 있다. 공공과 민간 부문에서 방대한 데이터를 분석해 전략적 의사결정을 지원하며 탁월한 성과를 거두고 있기 때문이다. 또한 국방, 정보기관, 의료 등 다양한 분야의 산업에서 정부와 협업하며 혁신적 솔루션을 제공하고 있다.

코그니티브시스템즈는 와이파이 무선 신호를 이용해 홈 시큐리티, 에너지 관리, 스마트 홈 솔루션을 제공하는 캐나다 기업이다. 이 회사의 와이파이 모션 기술은 가정 내 침입자를 감지하고 거주자의 활동을 모니터링하면서 스마트 홈기기 작동 등의 기능을 구현한다. 카메라를 사용하지 않아 사생활도 보호받을 수 있다.

브리프캠은 수 시간 분량의 CCTV 영상을 단 몇 분 만에 검색하고 분석해 범죄 수사, 사고 조사, 보안 강화 등에 도움을 준다. 프레딕션 즈랩은 AI를 활용해 범죄 행위를 예측하고 범죄자가 특정 지역에서 활동할 가능성을 분석한다. 특히 범죄 행위자들의 행동 패턴을 분석하고, 과거 범죄 데이터를 통해 미래에 발생할 가능성이 높은 범죄를 예측하는 시스템을 개발 중이다.

노스포인트Northpointe는 범죄자의 신상 정보, 범죄 기록, 생활 환경, 심리평가 등 137개 요소를 바탕으로 재범 가능성을 점수로 예측하는 AI 시스템인 콤파스를 개발했다. 실제로 뉴욕, 위스콘신, 캘리포니아, 플로리다 등 여러 법원에서 피고인의 보석이나 감형 여부를 결정하는 데 콤파스 점수를 참조한다.

미국 카네기멜런대학교에서는 범죄 예측 프로그램인 크라임스캔을 개발해 과거 범죄 데이터를 기반으로 미래에 범죄가 발생할 가능성이 높은 시간과 장소를 예측한다. 피츠버그 경찰은 2016년 10월부터 이 프로그램을 도입했다. 그러나 범죄 예측의 긍정적인 평가에도 불구하고 데이터와 AI의 편향성이 논란이 되고 있다. 데이터가 사회적, 인종적 편견을 반영할 경우 AI도 이를 반영해 편향된 결과를 보여주기 때문이다. 그러다 보면 특정 인종이나 지역, 집단에 대해 더 높은 범죄

가능성을 부여하는 등의 문제가 생길 수밖에 없다.

AI 경찰이 보이스피싱과 흉기 사건도 해결한다

한국에서는 그동안 CCTV와 방범용 카메라가 범인을 잡는 효자 노릇을 했다. 이제는 비전 AI를 활용한 영상 분석 기술 등의 도움으로 보다 쉽고 정확하게 범죄 예방과 범죄자 검거를 할 수 있게 되었다. 주목할 만한 기업으로는 생성형 AI 관제 선도 기업인 인텔리빅스를 들 수 있다. 인텔리빅스는 국내 최초로 보이스피싱 예방 AI를 신한은행과 함께 개발했다. 수년간 현금자동입출금기에 설치된 핀홀카메라(바늘 구멍 사진기)에 포착된 보이스피싱 사기범의 행동 패턴을 분석한 결과 사기범들에게는 공통된 특징이 있었다. 얼굴이나 눈이 잘 보이지 않도록 모자를 눌러쓰는가 하면 불투명한 안경과 헬멧 혹은 마스크 등을 착용한 채 누군가와 휴대폰으로 통화하거나 두리번거렸다.

행정안전부와 국립과학수사연구소는 2023년 세계 최초로 보이스피싱 사기범을 찾아내는 AI 기반 음성 분석 모델 케이봄을 개발했다. 이 모델은 범죄자들의 음성을 분석해 기존 범죄자와 동일인 여부를 신속하게 판별해 검거할 수 있도록 도와준다. 국내외에서 수집한 100만 개 이상의 음성 데이터를 AI가 학습해 음성을 분석하는 데 2~3주 걸리던 것을 실시간 분석으로 바꾸며 혁신을 일으켰다. 경기남부경찰청은

2023년 10월 케이봄을 활용해 미제 사건으로 분류되어 있던 '해외 콜센터 조직 사건' 총책 등 51명을 검거할 수 있었다.

인텔리빅스가 개발한 실종자 탐지 AI는 CCTV에 찍힌 사람의 얼굴

과 행동 패턴, 차량 번호판 등을 사람의 눈보다 정확하고 빠르게 인식해내는 영상 검색 기능인 '빅스 서치'VIX-Search를 갖고 있다. 이 기능을 활용하면 CCTV에 포착된 우범자나 도주자, 현상 수배범, 현장범, 탈옥수 등의 위치를 정확히 탐

지해 검거할 수 있다. 또한 도주 차량이나 체납 차량, 실종자, 미아, 치매 노인 등의 위치를 찾아내 행정력과 사회적 비용의 낭비를 줄이는 데도 효과적이다.

▶ CCTV 카메라를 이용해 얼굴을 감지하고 추적하는 인텔리빅스 AI 얼굴 인식

출처 : 인텔리빅스 홈페이지

이제는 경찰이 며칠 동안 녹화된 CCTV를 일일이 들여다보면서 사람을 찾기 위해 노력할 필요 없다. 찾고 싶은 인물의 사진만 있으면 AI가 단 몇 초 만에 그 사람과 차량을 정확히 찾아내기 때문이다. 또한 특별히 감시가 필요한 차량의 차량번호만 AI에게 알려주면 이 차량의 동선과 이동 패턴을 분석해서 보고서까지 작성해준다. 단 아직까지 이 기술이 널리 활용되고 있지는 않다.

AI는 사람의 목소리를 인식하는 기능도 갖고 있다. 이상 음원 인식 AI는 "도와주세요.", "사람 살려.", "살려주세요." 등 주변의 소리에 비해 일반적이지 않은 비명과 구조요청 소리를 인식한다. 그런 후 LTE 망으로 연결해서 관제센터를 통해 112와 119 출동이 가능하도록 해준다. 화장실이나 주민센터, 엘리베이터, 편의점, 지하 주차장, 우범 지역 등에 설치하면 시민의 안전을 지키는 데 큰 도움이 된다.

'흉기 난동 예방 AI'는 칼이나 총기 등 흉기를 든 사람이 나타나 시민을 위협할 경우 이를 추적해 위험 상황을 알려준다. 이 과정에서 AI는 난동범이 어떤 흉기를 소지했는지, 흉기를 든 사람이 멈춰 있는지 뛰는지, 주변에 쓰러진 사람이 있는지 등 흉기 난동 상황이 발생할 때 생길 수 있는 이상 상황을 포착해낸다. 일반적인 CCTV 화면은 흉기를 제대로 인식할 수 없다. 그러나 흉기 난동 예방 AI 시스템의 경우에는 고정형 카메라가 흉기를 든 사람을 먼저 탐색한 후, 피사체를 확대해 자동 추적하는 PTZ 카메라를 활용해 흉기 소지 여부를 확인한다. 이 기술은 범인이나 도주범, 귀순 용사 등을 추적하는 데 유용하게 사용할 수 있다.

SF영화 〈마이너리티 리포트〉가 예상한 2054년의 미래는 이미 우리의 현실로 다가왔으며, 이는 AI의 발전이 가져온 성취다. 기술이 진화하는 만큼 범죄의 유형도 지능화될 것으로 예상된다. 따라서 사회 안전망을 확보하고 사회악을 추방하는 데 혁신적인 AI 기술을 적극적으로 활용할 필요가 있다.

공항과 항만의 안전 업무도 데이터로 관리한다

최근에는 범죄의 유형도 점점 글로벌화되고 있다. 상황이 이렇다 보니 항공과 항만에서는 마약과 총기류, 은닉물 등을 찾아내는 것이 큰 골칫거리다. 하지만 첨단 AI 기술을 활용하면 관세행정을 획기적으로 혁신할 수 있어서 이런 문제에도 상당한 도움을 받을 수 있다. 우선 공항과 항만 등 관세 구역 주변 외각의 경계 시스템을 구현하는 것이 가능하다.

우범자 탐지 AI 시스템

비전 AI, 생체 신호 분석 기술 등을 활용해 공항, 항만, 기타 공공장소 등에서 범죄를 저지를 가능성이 있는 사람(우범자)을 식별하고 추적하는 시스템.

'우범자 탐지 AI 시스템'을 활용하면 우범 여행자만 따로 식별해 추적하고, 추적 과정에서 이상행동을 발견하면 시각언어 모델 AI가 문자 보고서를 작성해 알려준다. 해외 도주범이나 인터폴 적색 수배범 등의 얼굴 사진만 입력해도 이들의 공항과 항만 출입을 차단하고 바로 검거하는 데 도움을 받을 수 있다.

지능형 AI 카메라에는 얼굴과 전신 재식별 및 생체 신호, 얼굴 표정, 심리적 불안을 분석하는 기능이 있다. 다른 기능도 있다. 우범자의 걸음걸이, 행동 특성에 대한 정보, 신발 등의 정보를 기억해서 마약사범 등 우범자들을 인식하거나 추적해낸다. 이 기능을 활용하면 우범자 DB 생성도 가능하다. 가령 마약 던지기 영상을 토대로 마약 유통 사범들의 행동을 분석하면 마약사범 DB도 생성할 수 있다.

'차량 식별 AI' 기능을 활용하면 차량번호와 특이점 등을 AI가 인식하고 기억한 뒤, 재인식한 차량만 집중적으로 찾아내는 기능도 구현해낼 수 있다. 'X-레이 탐지 AI'는 입출입 과정에서 탑승이나 입출국 불허 품목만 찾아내 모

> **차량 식별 AI**
> 비전 AI 기술을 활용해 영상 또는 이미지 데이터를 기반으로 원하는 차량을 자동으로 식별하는 AI.

니터에 적색으로 알려준다. 특히 승객정보 사전분석 시스템Advanced Passenger Information System, API과 연계해 이들의 수하물을 X-레이로 정밀 판독할 경우, AI를 활용하면 통관심사를 보다 신속하고 정확하게 할 수 있다. 싱가포르 창이공항은 AI 기반 '자동 반입금지 품목 탐지 시스템'을 운영한다. AI가 X-레이 영상에 찍힌 수하물의 영상 중 살충제, 라이터, 칼, 배터리, 폭발물, 흉기 등의 위험물질을 탐지하는 것이다. 또한 2D와 3D 이미지를 생성해 노트북 등 전자제품도 식별해낸다. 지금보다 더 많은 데이터가 쌓이면 AI는 보안이 중시되는 행사장

에서 위험물을 탐지해 안전하고 효율적인 사회를 만드는 데 크게 기여할 것이다.

이스라엘 회사 코그나이트Cognyte는 데이터를 분석해 인사이트를 제공해주는 의사결정 인텔리전스 플랫폼 NEXYTE를 운영한다. 주로 법집행, 국가 안보, 금융조사 등의 분야에서 활용되는데, 텍스트·이미지·비디오·오디오 등 다양한 형식의 데이터를 결합해 실시간 분석해서 결과를 알려준다. AI가 통관신고서와 송장 등의 수출입 신고 자료와 은행 거래 등을 통합해서 분석한 후, 비정상적인 패턴을 찾아내 불법이나 부정 무역 거래 사례를 적발해낸다.

실제로 미국의 세관국경보호국Customs and Border Protection, CBP은 AI를 활용해 미국으로 수입되는 물품의 거래에서 비정상적인 거래가 이루어지고 있는지 파악한다. 나아가 사람들의 여권과 비자 위조를 탐지해 불법 품목이나 위험물질의 반입과 테러리스트의 입국도 금지한다.

위험에 처한 '디지털 혈관' 네트워크를 지켜라

2017년 5월, 전 세계를 공포에 몰아넣은 대규모 사이버 공격이 있었다. 워너크라이 랜섬웨어Ransomware가 마치 바이러스처럼 빠르게 확산되어 수많은 컴퓨터를 감염시키고 파일을 암호화해 컴퓨터를 사용할 수 없도록 만든 것이다. 당시 전 세계 99개국의 약 23만 대가 넘는 컴퓨터가 감염되었다. 전 세계 병원과 정부 기관의 시스템이 순식간에 마비되는 순간이었다.

2021년 5월에는 미국 최대 송유관 운영업체인 콜로니얼 파이프라인Colonial Pipeline이 다크사

> **랜섬웨어**
>
> '몸값'Ransom과 '소프트웨어'Software의 합성어로, 컴퓨터 시스템을 감염시킨 뒤, 이를 복구해주는 대가로 금전(주로 암호화폐)을 요구하는 악성 소프트웨어.

이드라는 랜섬웨어의 공격을 받아 대규모 시스템이 마비되는 초유의 사태가 발생했다. 이 일로 5,500마일이 넘는 송유관의 운영이 중단되었고 미국 동부 해안 지역의 연료 공급에 큰 차질이 빚어졌다. 당시 콜로니얼 파이프라인은 해커에게 약 500만 달러 상당의 비트코인을 지불하고서야 시스템을 복구할 수 있었다.

이 사건은 국가 핵심 기반 시설에 대한 사이버 공격 중 가장 심각한 사례로 평가받는다. 그런데 이제는 AI가 해커들의 사이버 공격을 막는 해결사로 등장했다. AI가 방대한 데이터를 분석해 알려지지 않은 위협까지 실시간으로 이상 징후를 탐지하고 대응해낸다.

데이터 유출과 금융 범죄 막아라

AI는 사이버 보안에서도 주도적인 역할을 수행 중이다. 고객의 행동 분석, 이상 징후 탐지, 실시간 위협 대응을 통해 '온라인상의 안전'을 책임진다. 이스라엘 기업 바이오캐치BioCatch는 금융 기관과 온라인 비즈니스 기업을 대상으로 디지털 사기와 금융 범죄를 막아주는 '행동 생체인식 기술'을 제공한다. 이 기술은 사람들 각자가 지닌 고유한 행동 패턴을 AI가 분석해서 특정 개인을 식별하는 기술이다. 즉 지문이나 얼굴처럼 신체적인 특징이 아니라 핸드폰이나 컴퓨터 등 디지털기기 사용 시의 행동 특성에 주목한다. 타이핑 속도, 마우스를 움직이는 속도와 패턴, 음성, 터치스크린 제스처 등을 데이터화해서 실제 고객인지 사기범인지를 식별해낸다.

영국의 사이버 보안 기업 다크트레이스Darktrace는 AI 기반 사이버 보안 솔루션을 제공하고 있다. 특히 자율 학습 AI를 활용해 기업의 네트워크를 실시간으로 모니터링하고, 알려지지 않은 위협까지도 스스로 학습해 탐지해낸다. 또한 다양한 산업의 네트워크, 클라우드, IoT, 이메일 시스템 등에 적용되어 실시간 위험을 탐지해 대응할 수 있도록 해준다. 예를 들어 특정 IP 주소가 갑자기 다량의 데이터를 전송하려고 할 때 이를 차단하는 방식으로 국가 주요 시설의 데이터 유출을 방지한다. 이와 같은 비정상적인 행위를 탐지해내는 사이버 면역 시스템과 사이버 공격 발생 시 이를 차단하고 방어하는 자율 대응 솔루션 안티제나는 금융, 의료, 제조, 에너지 등 다양한 산업에 활용되고 있다.

포르투갈의 핀테크 보안 회사인 피드자이Feedzai는 은행과 결제 회사, 상거래 플랫폼 등에서 발생하는 사기를 탐지하고 위험을 관리해준다. AI가 거래 데이터를 분석해 비정상적인 행동이나 패턴을 탐지해내고, 사기 가능성을 예측하며 위험도를 평가한다. 특히 '화이트박스 설명 가능성 기능'으로 AI가 특정 거래를 왜 위험하다고 판단했는지 그 이유도 설명해준다.

미국의 핀테크 기업 제스트 AIZest AI는 AI 기반 신용평가 모델을 통해 금융 기관이 대출자의 신용 위험을 보다 정확하게 평가할 수 있도록 도와준다. 특히 인종, 성, 직업과 같은 불공정 요소와 신용 소외층까지 고려한 포용적 신용평가를 추구한다. 이 회사 역시 화이트박스 AI 모델을 활용해 고객별 대출 승인 여부와 그 이유를 명확하게 설명해준다.

심포니 AI는 금융, 헬스케어, 제조, 유통, 정부 등 산업별 특화된 AI 솔루션으로 기업들이 더 나은 의사결정을 하고 운영을 효율화할 수 있도록 지원하는 역할을 한다. 금융업계에서는 자금 세탁 방지, 사기 탐지, 고객 행동 분석과 같은 금융 관련 문제를 해결하는 역할을 한다. 그리고 헬스케어 분야에서는 환자 데이터 분석, 진단 지원, 치료 예측 모델 등의 AI 솔루션을 공급한다. 제조 현장에서는 장비와 시스템의 상태를 모니터링하고 고장 발생 전에 예측해서 사전에 유지보수 작업을 할 수 있도록 조언해준다.

이스라엘의 테타레이Thetaray는 AI 기반 금융사기 탐지 및 예방 솔루션을 제공하는 기업이다. 주로 다중 계좌 거래, 복잡한 국제 송금, 고위험 지역과 관련된 거래를 실시간 분석해 자금 세탁 가능성을 평가한다. 또한 비정상적인 금융거래나 의심스러운 활동을 탐지해 금융 회사에 알려주고 테러 조직에 자금이 전달되는 것을 막아준다.

사전 예방에 탁월한 AI가 뜬다

기존의 사이버 보안 솔루션은 패턴 기반의 방어 체계에 의존했다.

하지만 AI는 수작업으로는 불가능했던 위협 탐지와 대응 과정까지 자동화해준다. 예를 들면 전력망 해킹 시도를 사전에 차단하고, 군사 기밀 데이터의 유출을 막고, 적대 세력의 사이버 공격을 실시간으로 차단한다. 특히 전장에서 드론과 무인 장비에 대한 해킹 시도를 방어하는 데 필수적이다.

크라우드스트라이크는 클라우드 기반 엔드포인트 보안 솔루션으로, 실시간으로 위협을 탐지하고 분석해낸다. 특히 정부 기관과 군사 시설에서 발생할 수 있는 랜섬웨어 공격과 같은 고급 위협에 대응하는 데 강점을 갖고 있다. 센티넬원은 AI 기반 자율 방어 플랫폼을 구축해 데이터 손실 방지와 이상 상황을 통합적으로 탐지해낸다. 공격이 시작되기 전에 이를 차단하고, 이미 진행 중인 공격은 자동으로 복구해 시스템 피해를 최소화해준다.

지스케일러Zscaler는 제로 트러스트 보안 모델을 기반으로, 국가 기반 시설의 클라우드 전환 과정에서 발생할 수 있는 보안 취약점을 해결해주는 AI 솔루션을 제공한다. 예를 들어 정부 네트워크와 원격 접속 사용자를 보호해줄 수 있는 강력한 인증 시스템을 제공한다.

한국의 사이버 보안 기업들도 기존의 엔드포인트 및 네트워크 보안에서부터 AI, 클라우드, 블록체인 기반의 차세대 보안 솔루션까지 뛰어난 기술력을 갖고 있다. 특히 안랩, 시큐아이, 이글루시큐리티는 국내외에서부터 높은 신뢰를 받고 있으며, SK쉴더스와 같은 기업은 통합 보안 모델로 차별화에 성공했다. SK쉴더스는 보안관제에서 침해사고 대응과 클라우드까지 보안의 전 영역을 책임진다. 국내 최대 규모의 화이트해커 그룹인 이큐스트를 비롯해서 사이버 보안 전문가와 함께 개발한 AI 보안관제 플랫폼을 기반으로 다양한 고객사에 맞춤형 보안 서비스를 제공 중이다. 그 외 파수, 윈스, 라온시큐어 등이 차세대 보안 솔루션을 앞세워 시장 개척에 나섰다.

이제 전 세계는 온라인 네트워크에 의해 작동되고 있다. 통신 네트워크는 현대사회의 모든 디지털 활동을 가능하게 하는 핵심 인프라로 개인, 기업, 정부 간의 연결을 지원하는 필수적인 요소다. 통신 네트워크는 전력망, 수도 시스템, 교통 제어와 의료 서비스 등 국가의 주요 인프라를 연결하고 제어할 뿐 아니라 정부의 긴급 경보 시스템, 대규모 재난 대응, 국가 간 협력 등에서도 핵심적인 역할을 담당한다. 개인들도 통신 네트워크를 통해 다양한 디지털 활동을 하고 있기 때문에 네트워크가 제대로 작동하지 않으면 기업과 국가 안보뿐 아니라 시민의 일상과 안전까지 위협받게 된다.

그런데 국가의 주요 시설과 공공 서비스를 위협하는 해킹 공격은 점점 더 정교해지고 고도화되고 있다. 특히 AI 기술을 악용한 사이버 위협이 주요 위험 요소로 떠오르는 상황에서 국가와 기업은 이를 방어하기 위한 새로운 기술을 찾아 선제적으로 대응해나가야만 한다.

시민을 위한 도시와
국가를 디자인하는 비결

AI는 다양한 분야에서 인류의 생명과 자산을 지키는 역할을 톡톡히 하고 있다. 일상생활을 위협하는 범죄, 재난재해에서 우리를 안전하게 지켜주는 것은 물론이고 산업 및 국방의 안전까지 전방위적으로 지대한 영향을 미친다. 그중 인류의 생존을 위협하는 가장 큰 위기 중 하나인 기후 문제 해결에도 앞장서고 있다.

오늘날 전 세계는 폭우와 폭염, 폭설과 태풍, 해수면의 상승으로 큰 위기에 직면한 상태다. 산불은 대기 중에 엄청난 양의 탄소를 배출시키고 폭염은 에너지 수요를 증가시켜 탄소 배출을 가속화한다. 지진, 홍수, 태풍 등의 복구 과정에서도 탄소 배출은 늘어난다. 이처럼 기후

위기는 재난재해의 원인이자 탄소 배출의 주범이다. 이에 따라 기후위기가 초래하는 문제들을 사전에 예측하고 알려주는 첨단과학기술에 관한 관심도 뜨겁다.

비전 AI로 화재 탐지하고, 디지털 트윈으로 홍수 예방한다

AI는 각종 데이터를 활용해 재난재해를 예측하고 대비할 수 있는 예방안전 시스템을 구축하는 데 핵심적인 역할을 담당한다. 이와 관련해서 '비전 AI'가 각광받고 있다. 비전 AI란 컴퓨터 비전과 AI가 결합된 기술로 AI가 이미지나 영상을 분석해서 원하는 기능을 수행해주는 역할을 한다. 기후 위기에 따른 재난재해와 관련해 비전 AI는 CCTV에 찍힌 산불, 태풍, 지진, 홍수, 산사태 등의 각종 재난을 모니터링해서 시군구 통합관제센터와 경찰 및 소방서에 알려주는 기능을 수행한다.

현재의 기술 단계는 AI가 이벤트 탐지 및 단순 알람 수준을 넘어 시군구에 설치된 수만 개의 CCTV를 동시에 모니터링해서 관계자(또는 일반 국민)에게 알람 문자를 보낸다. 그뿐만이 아니다. 관제일지 생성, 데이터 분석, 모바일 관제까지 하는 차세대 통합관제 플랫폼인 AMS로 진화했다.

초거대 시각언어 모델Vision Language Model, VLM이 영상에 찍힌 정보를 요약 분석해서 텍스트로 안전 관련 빅데이터를 만든다. 그리고 이

데이터를 분석해 시간대별, 요일별, 월별, 계절별로 사람의 안전을 위협하는 요인이 무엇인지를 도출해낸다. 데이터 분석을 통해 사고의 징후를 미리 파악하고 대비함으로써 '예방안전'을 구현할 수 있는 길이 열린 셈이다. 이러한 AMS 기술을 AI 재난재해 예측 플랫폼으로 발전시켜 국민의 생명과 재산을 지키는 첨병으로 활용할 필요가 있다.

> **초거대 시각언어 모델**
>
> 이미지와 영상의 시간적 맥락, 즉 앞뒤 흐름과 오디오 데이터까지 종합적으로 이해하는 AI 모델. 장면 내용을 이해해 영상(이미지) 정보를 텍스트로 생성해 설명해준다.

AMS를 지능형 교통 시스템Intelligent Transportation System, ITS에 접목해 탄소 배출을 줄이고 교통 흐름을 최적화해야 한다. 또한 비전 AI를 산불 감시에 활용하면, AI가 연기나 불꽃을 빠르게 감지해 소방서에 산불 신고를 해주고 경고 사이렌을 작동시킬 수 있다. 위성, CCTV, 열화상 카메라, 드론 등으로 데이터를 수집해 산불 조기경보 시스템을 구축하는 것도 가능하다. 나아가 산의 형태와 지형, 주택과 강의 위치, 산불 움직임 등 3D 지도 분석을 통해 산불 진화 방법을 과학화할 수 있다. 이렇게 산불을 예방하고 조기 진화하면 탄소 배출을 줄여서 기후 위기를 막는 데도 도움이 된다.

홍수 피해는 디지털 트윈 기술로 줄일 수 있다. 가상 세계에서 시뮬레이션을 해 홍수가 발생하기 전에 저수지 배수를 통한 저수용량 확보 등의 조치를 사전에 할 수 있으며, 각종 방재 시설을 미리 설치해서 예방 효과를 높일 수 있다. 또한 가상 공간에서 위험 지역으로 분류되는 곳을 파악한 뒤 경고 메시지를 보내는 등 여러 가지로 활용이 가능하다.

음주 운전 사고와 압사 사고 막는 관제 시스템

우리나라 시군구에는 모두 80만여 대의 CCTV가 설치되어 있다. 이들 CCTV를 모니터로 연결해서 시군구 내 6,000여 명이 24시간 시민들의 생활안전과 교통안전을 모니터링한다. 기초단체인 시군구에는 두 개의 통합관제센터가 구축되어 있는데 하나는 시민들의 일상생활 안전을 모니터링하는 '생활방범용 CCTV 통합관제센터'이고, 다른 하나는 교통관리를 위한 '교통용 CCTV 통합관제센터'다. 또한 광역단체에서는 홍수, 지진, 태풍 등 자연재해를 관제하는 '재난재해 관제센터'가 운영되고 있다. 그동안 이들 관제센터는 사람이 CCTV에 연결된 모니터 화면을 쳐다보는 '영상관리 시스템Video Management System, VMS이라고 하는 '육안 관제'에 의존해왔다.

영상관리 시스템

여러 대의 CCTV를 관제센터에 설치된 모니터로 연결해 사람의 눈을 통해 화재, 도난, 쓰러짐 등 도시안전을 모니터링하는 시스템. 첨단 AI 기능을 갖춘 AMS로 대체되고 있다.

하지만 사람이 직접 관제할 경우 피로도 누적이나 집중력 저하 문제가 생길 수 있고, 1인 평균 2,024여 대에 달하는 CCTV를 모두 효율적으로 관제하기란 불가능하다. AI는 이 같은 문제점을 혁신적으로 해결한다. AI가 수만 개의 CCTV를 동시에 모니터링하는 차세대 통합

관제 플랫폼 AMS가 일대 혁신을 일으키고 있는 것이다. 이를 통해 비전 AI는 산불, 화재, 도난, 쓰러짐, 폭력 행위, 군집 사고, 불법주정차, 차량 역주행 등을 탐지해서 알려준다.

AMS를 구축해 시민 안전에 앞장서고 있는 지방자치단체는 안산시, 고양시, 화성시, 부천시, 오산시, 김천시 등이다. 서울에서는 강동구, 노원구, 은평구, 중구, 금천구, 광진구 등이 AMS를 구축해 활용 중이다. 경기도에서는 의정부시, 김포시, 이천시, 수원시 등도 AI를 활용해 24시간 안전한 도시 환경을 만들기 위해 노력하고 있다.

AI CCTV를 활용한 각종 범죄 및 사고 예방의 사례도 늘어나고 있다. 경기도 오산시에 설치된 AI CCTV는 음주운전 사고를 막아 큰 화제가 되었다. 2024년 2월 새벽 시간에 AI는 오산시 스마트시티 통합운영센터 모니터에 경고음과 함께 CCTV에 찍힌 거동이 수상한 사람의 영상과 메시지를 띄웠다. 그 사람은 몸을 가누지 못할 정도로 비틀거리는 만취 상태의 20대 남성이었다. 그런데 이 남성이 주차된 승합차를 몰고 갔고, 관제요원은 이 사실을 112 상황실에 신고했다. 이어 AI는 지그재그로 달리는 차량을 추적해서 112 상황실에 동선을 알려주었으며 경찰이 바로 출동해 운전자를 붙잡았다.

서울시는 2023년 10월 25일 핼러윈 참사 1주기를 앞두고 인텔리빅스가 개발한 '인파 감지 AI 시스템'을 활용해 합동훈련을 실시했다. AI는 CCTV에 찍힌 사람 수를 정확히 카운팅해서 단위 면적당 인원 수의 밀집 상태를 분석해 사고의 위험징후를 자치구의 재난안전실, 서울시, 소방서, 경찰서에 알려주는 역할을 맡았다. 구체적으로 AI는 좁은 골목에 1제곱미터당 세 명이 몰리면 '주의', 1제곱미터당 네 명이면 '경계', 1제곱미터당 다섯 명이면 '심각' 단계로 나눠 인파 해산을 관제센터에 권고한다. 이 시스템은 서울을 비롯해 부산과 대전 등 주요 다섯 개 대도시를 중심으로 축제를 하는 곳 등 주요 인파 밀집 지역에 설치되었다.

안녕, 쓰레기 무단 투기와 묻지마 범죄

최근 우리나라에는 강력범죄들이 잇따라 일어나면서 시민들의 불안이 가중되는 상황이다. 그런데 AI가 '묻지마 범죄'를 예방하는 데도 중요한 역할을 할 것으로 보인다. '흉기 난동 예방 AI'는 사전에 위험을 감지해서 알려준다. AI가 흉기를 든 사람이 나타날 경우 이를 추적해 위험 상황을 알려주는 역할을 하는 것이다. 고정형 카메라가 흉기를 든 사람을 탐색해내면, 피사체를 자동 추적하는 PTZ 카메라가 흉기 소지를 감지하는 방식이다. AI는 흉기를 탐지하는 한편 주변에 쓰러진 사람이 있는지, 위험 상황을 회피하고 있는 사람이 있는지 등 세세한 상황까지 인지해 주변에 위험을 경고한다.

주요 도시의 공원과 산책로 등 공공장소에 설치된 AI 카메라는 시민의 안전 지킴이 역할을 하면서 쓰러짐, 방황, 폭력 행위, 화재 등을 탐지해낸다. 시군구에 설치된 AI CCTV는 사람의 쓰러짐을 판독해 관제센터에 알려주는 역할을 한다. 공장이나 건설 현장에 설치된 AI 카메라는 근로자가 쓰러지면 이를 탐지해서 구조를 요청한다. 지자체에 설치된 AI 카메라는 실종 아동이나 치매 노인을 신속하게 찾을 수 있는 '빅스 서치' 기능을 탑재했다. 이 시스템에 실종자의 사진 또는 신체 사이즈와 구체적인 인상착의를 입력하면 곧바로 관련 영상을 검색해서 실종자가 있는 위치를 알려준다. 현재 경찰청에서도 이를 도입해 범죄인 추적 및 실종자 탐색 등에 실제로 활용하고 있다.

AI 카메라는 쓰레기 무단투기도 정확히 탐지한다. 쓰레기를 무단으로 투기하는 순간 AI가 사진을 찍는다. 그리고 "사진이 촬영되었습니다. 투기물을 가져가지 않으면 관련법에 따라 처벌받게 됩니다."라는 경고 메시지도 전한다. 음성 경고를 할 수도 있고 문자로 주의를 줄 수도 있다.

이처럼 시군구에 설치된 CCTV 통합관제센터에서는 CCTV에 AI 기능을 탑재해 다양한 목적으로 시민들의 안전을 관제한다. 보다 더 안전한 스마트시티를 구축하기 위한 공공 AMS로의 대전환은 이미 시작되었다. 고양시는 전국 최초로 공공안전 AMS를 구축해 AI가 365일 24시간 빈틈없이 고양 시민의 안전과 재산을 보호하는 역할을 한다. 더 이상 9,000여 대의 CCTV를 사람이 육안으로 관제할 필요가 없다. AI가 탐지해서 알려주

> ### AI 카메라
> CCTV 자체에 AI를 탑재해 서버 없이 시민들의 안전사고(화재, 교통사고, 차량 역주행, 터널사고 등)를 탐지해서 알려주는 지능형 CCTV. 보안, 산업안전, 건설안전 등 다양한 용도로 활용되고 있다.

는 배회, 쓰러짐, 폭력, 군집 등의 이상 상황에만 대응하면 되기 때문이다. 이를 통해 관제의 효율성이 크게 향상되었다.

화성시는 전국 최대 규모인 약 1만 2,500대의 CCTV 카메라를 기반으로 하는 AMS 시스템을 구축했다. 해당 AMS는 CCTV 영상을 실시간으로 분석해 이상 상황을 자동으로 감지하고 관제요원에게 알려 효율성을 극대화하고 있다. 예를 들어 범죄 발생 가능성이 높은 상황이나 화재, 교통사고 등 긴급 상황이 발생하면 즉각 탐지해 대응 시간을 단축한다. 관제요원은 AI 기술이 제공하는 데이터를 바탕으로 더욱 정확하고 빠른 판단을 내릴 수 있으며, 이를 통해 안전관리의 사각지대를 대폭 줄일 수 있다.

최근 비전 AI를 기반으로 구축된 AMS는 생성형 AI 기반 플랫폼으로 빠르게 진화하는 중이다. 비전 AI는 객체를 감지 또는 분류하고 행위를 탐지해 알려주는 역할에 충실하지만 데이터를 생성해주지 못하는 한계가 있다. 인텔리빅스는 이 같은 비전 AI의 한계를 뛰어넘어 VLM을 활용해 비전 AI 기반 AMS를 '생성형 AI 기반 데이터 AMS'로 한 단계 더 발전시켰다. 해당 AMS는 차세대 VLM AI 엔진이 CCTV에 찍힌 영상 정보를 텍스트 데이터로 전환해 빅데이터를 생성해준다.

예를 들어 CCTV에 찍힌 화재와 도난, 불법

생성형 AI 기반 데이터 AMS

AI가 CCTV에 찍힌 영상의 내용을 이해한 뒤, 이를 설명해주는 텍스트 데이터를 생성해서 관제 요원에게 화재, 교통사고, 폭력 행위 등 이벤트 발생 시간과 장소, 내용을 문자로 알려주는 데이터 기반 관제 플랫폼. 비전 AI는 탐지, 알람의 기능만 있는 데 반해 생성형 AI 기반 AMS는 데이터를 생성해 '예방안전'을 구현해준다.

주정차와 교통사고, 폭력 행위 등 공공안전을 위협하는 모든 사항을 탐지한 후 알려주는 동시에 요약 보고서까지 작성해준다. AI가 365일, 24시간 CCTV를 모니터링하면서 관제일지를 자동으로 작성해주는 것이다. 따라서 사용자는 축적된 요약 보고서의 빅데이터를 분석해 시간대별, 요일별, 월별, 계절별로 시민의 안전을 위협하는 요소를 찾아내 사고를 예측하고 대비하는 '예방안전'을 구현할 수 있다. 또한 기상 조건, 도로 상황, 차량 흐름 데이터를 분석해 특정 지역에서 발생할 수 있는 교통사고 위험을 예측하며, 범죄 유형과 시간대를 예측해 범죄 발생을 예방한다.

생성형 AI 기반 데이터 AMS는 정확한 사고 위치까지 지도에 반영해줌으로써 사고 발생에 즉각 대응할 수 있도록 도와준다. 또한 재난재해나 사고 발생 현장의 모습을 네트워크로 연결해 스마트폰으로 CCTV를 실시간 볼 수 있다. 따라서 단체장은 장소나 시간의 구애를 받지 않고 실시간 보고를 받으며 현장 지휘를 할 수 있으니 여러모로 유용하다.

이처럼 AI는 국민 안전을 지키는 수호신 역할을 하고 있다. 시민의 생활안전을 지켜낼 수 있도록 일거수일투족을 모니터링해서 위험을 알려주고 보고서까지 작성해준다. 앞으로는 AI를 보다 더 적극적으로 활용해서 공공질서를 바로 세우고, 국민의 안전과 재산을 지키는 효율적인 방법을 찾아낼 필요가 있다. 이처럼 첨단 기능이 반영된 도시라면 최적의 스마트시티가 될 수 있을 것이다.

스마트시티 AI

단순한 이동을 넘어
도로 위의 모든 상황을 조절한다

오늘날 교통법규 위반을 판단하는 AI 시스템은 아주 평범한 기술이다. 교통 감시 카메라와 센서, 비전 AI 기술이 결합된 AI가 신호 위반과 법정 속도를 초과하는 차량을 자동으로 탐지해 경고 또는 벌금을 부과한다. 주차 금지 구역에 일정 시간 이상 정차할 경우 이를 탐지해 알림 문자를 보낸다. 그뿐만이 아니다. CCTV와 연계된 비전 AI가 도로 상황을 실시간으로 분석해 불법 주차 차량을 감지하고 벌금을 부과한다.

현재 우리나라는 부천시, 파주시, 김포시, 의왕시, 평택시, 청주시, 진주시, 구미시 등 여러 지자체가 ITS 국고보조 지원 사업을 통해 첨단 IT 기술이 적용된 다양한 ITS 사업을 추진했고, AI와 데이터 기반의 지능형 교통 시스템을 구축했다. ITS는 전자, 정보, 통신, 제어 등의 기술을 교통체계에 접목시킨 첨단 교통 시스템으로, 안전한 차세대 교통체계를 구현하는 역할을 한다. 이를 위해 부천시는 도시 전역에 CCTV를 설치했다. AI가 실시간 교통 흐름을 파악해 교차로 신호를 지능

형으로 전환해줌에 따라 교통 흐름을 최적화하고 있다.

도로에 설치된 지능형 신호등은 차선별 차량 대수를 정확히 파악해 교통 정체를 해소해줌으로써 탄소 배출을 줄이고, 에너지 사용량도 절감해준다. 예를 들어 좌회전 차선에 차량이 20대 서 있고 직진 차선에 다섯 대 서 있다고 가정해보자. 기존에는 차량 대수와 관계없이 시간에 따라 청색 신호가 켜졌다. 하지만 지능형 신호등은 직진 신호는 짧

▶ 의왕시 지능형 교통체계 구축 시스템

출처 : 의왕시

게 좌회전 신호는 길게 켜서 정체를 줄인다.

향후 과속 단속 카메라와 방범용 카메라에 AI가 탑재될 경우, 도로에서 차량 사고가 나거나 고장 차량이 발생하면 AI가 자동으로 근처 경찰에 알려주게 된다. 그리고 경찰은 문제 차량을 신속히 도로에서 갓길로 이동시켜 차량 정체를 해소할 수 있다. 또한 심야 시간대 횡단보도에 사람이 없을 때는 AI가 차량용 신호등만 작동시켜 차량 흐름을 원활하게 해줄 것이다. 이 또한 탄소 배출을 줄이는 데 상당한 도움이 된다. 이처럼 교통안전 AI는 도로 위 CCTV에 탑재되어 차량의 역주행, 불법주정차, 과속 및 신호 위반 등의 범죄 차량과 체납 차량을 탐지해 행정 관청과 경찰의 업무를 도와주며 성과를 내고 있다.

교통사고를 막고 교통 정체를 없애주는 AI 솔루션

교통안전 AI는 스마트시티의 핵심 기술로 자리매김하는 중이다. 싱가포르의 ITS는 전 세계의 주목을 받고 있다. AI가 교통량 데이터를 실시간으로 분석해 교차로에서의 정체를 예측하고, 긴급 차량의 최적 경로를 자동으로 계산해준다. 이러한 기술은 사고 발생 시 긴급 구조대의 도착 시간을 대폭 단축시켜주는 동시에 사고에서 비롯되는 교통 체증을 최소화한다.

또한 싱가포르는 도심 곳곳에 설치된 센서, CCTV, IoT 장치를 통해 실시간 도로 위 교통량, 차량 속도, 사고 정보 등을 분석해서 교통 흐름을 최적화하는 스타즈 시스템을 구축해 운영 중이다. AI와 머신러닝 알고리즘을 통해 교통 체증을 예측하고 신호등 패턴을 조정하거나, 대체 경로를 제안하는 방식으로 교통 체증과 사고 발생률을 줄여준다. 특히 사고가 발생하면 AI는 긴급 구조대의 최적 경로를 자동으로 계산해 신속하게 대응하도록 돕는다. 이처럼 싱가포르의 스타즈 시스템은 단순한 교통 시스템 차원을 넘어 스마트시티 구현의 핵심 도구로 활용되고 있다.

중국 항저우는 알리바바 그룹이 개발한 AI 기반의 도시 운영 플랫폼 시티 브레인을 도입해 스마트시티를 구현했다. 이 플랫폼은 AI로 교통 신호를 제어해서 교통 흐름을 최적화하고, 사고 탐지와 긴급 대응을

▶ 항저우 시티 브레인 시스템 메인 화면

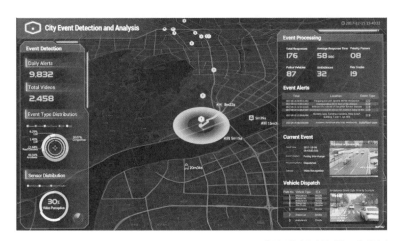

출처 : 알리바바 클라우드 홈페이지

통해 도시 전체의 효율성을 극대화해준다. 사고가 발생하면 AI가 신속하게 사고 현장을 파악해서 구조대와 소방서를 자동으로 연결해주고, 교통 체증 해소에 필요한 대책까지 실시간으로 제공한다.

항저우는 이를 위해 도시 전역에 CCTV와 IoT 센서를 설치해 AI가 실시간 교통 데이터를 수집해서 분석할 수 있도록 했으며, 디지털 트윈을 생성해 가상으로 도시 운영을 시뮬레이션하고 있다. 이를 통해 항저우는 시민들의 출퇴근 이동 시간을 15분이나 단축시켰고 교통사고율은 30퍼센트 줄였다. 그뿐인가. 긴급 구조대의 평균 도착 시간은 7분에서 5분으로 단축되었다. 중국의 베이징, 상하이, 선전 등도 시티브레인을 속속 도입해 스마트시티를 구현하고 있다.

우리나라에서는 국가에서 세종 5-1 생활권과 부산 에코델타시티를 스마트시티 시범도시로 선정해 미래형 도시 모델을 실현하는 테스트베드로 추진하는 중이다. 아직은 미흡한 상황이지만 점차 스마트시티로서의 면모를 갖추어나갈 것으로 보인다.

세종시는 2036년까지 에너지와 교통, 헬스케어, 생활안전을 중심으로 스마트 기술을 접목해 시민이 체감할 수 있는 스마트 서비스를 제공할 계획이다. 부산 에코델타 스마트시티는 수변 도시와 국제물류 연계성을 중심으로 스마트 기술을 구현하려 하고 있다. 나아가 디지털 도시, 증강 도시, 로봇 도시 등 3대 미래 도시 플랫폼을 운영하면서 시민의 삶에 가치를 더하는 10대 혁신 기술을 도입할 예정이다. 참고로 10대 혁신 기술은 로봇 기반 생활 혁신, 배움-일-놀이 융합사회, 도

시행정, 관리 지능화, 스마트 워터 등이다.

일석삼조 효과 : 에너지 절약, 탄소 배출 절감, 삶의 질 향상

AMS는 CCTV와 결합되어 교차로, 고속도로, 골목길 등에서 일어나는 사고를 실시간으로 탐지한다. 낙상, 급정거, 보행자와의 충돌 등 각종 위험 상황을 자동으로 감지해 관련 당국에 즉각 알림을 보낸다. 이 시스템은 사고 후 대응뿐 아니라 예방 차원에서도 중요한 역할을 한다.

특히 ITS AI는 차로별 교통량, 이동 차량의 밀도, 대기행렬 길이, 횡단보도 보행자 수, 보행 잔여량 등을 정확히 분석해서 교통 흐름이 최적화될 수 있도록 신호 주기를 자동화한다. 또한 횡단보도 위의 사람을 감지해서 횡단보도에 보행자가 없을 경우에는 차량용 신호등만 작동시켜서 차량 흐름을 원활하게 해줌으로써 에너지 절약과 탄소 배출 절감을 도와준다.

이처럼 AI는 교통과 도시 문제를 해결하고 삶의 질을 향상시키는 스마트시티 구축에 혁신적인 역할을 한다. 이로써 AI는 교통과 안전을 비롯해 환경과 에너지 등 다양한 분야에서 스마트시티의 핵심 기술로 자리매김했다. 특히 AI를 활용한 교통사고 탐지 및 예방 기술은 시민들의 안전과 편리함을 제고하는 데 혁신적인 변화를 일으킬 전망이다.

안전의 기준이 관리자 중심에서
작업자 중심으로 바뀐다

AI 기술은 산업 및 건설 현장에서 작업자의 안전을 보호하고 사고를 예방하면서 효율적인 작업 환경을 조성하는 데 크게 기여하고 있다. 그리고 CCTV와 결합된 위험 감지 AI는 작업자의 행동을 분석해서 추락, 안전장비 미착용, 중장비 협착 위험, 위험구역 진입 등을 알려준다. 또한 IoT 센서를 통해 산소 농도, 가스 누출, 온도 등의 환경 데이터를 실시간으로 분석해 위험 요인을 사전에 경고해주고, 작업자의 위치와 상태를 모니터링해서 안전 유무도 알려준다.

스마트 펜스는 장비 작업 구간이나 유해가스 유출 영역 등 위험한 구역에서 활용할 수 있다. 특히 전자기파를 이용한 AI 펜스는 사람의 접근을 자동으로 감지해 경고음을 내서 안전사고를 예방한다. 건설 현장에서의 이러한 AI 기술 활용은 기존의 관리자 중심 안전관리가 작업자 중심으로 변화하는 계기를 만들었으며, 안전의 사각지대를 없앰으로써 중대 재해 사고를 줄이는 데 상당히 기여했다.

작업자들의 수호자가 된 건설 로봇

미국의 독셀Doxel은 AI와 로보틱스를 활용해 건설 현장을 실시간으로 모니터링하고 시공 관리를 자동으로 해준다. AI 로봇은 주로 감독자 역할을 한다. 현장을 돌아다니며 3D 스캔을 하면서 작업의 진행 상황을 분석해서 공정의 오류를 사전에 감지하고, 공사가 정확한 절차와 공정대로 진행될 수 있도록 한다.

미국 보스턴에 본사를 둔 스마트비드Smartvid.io는 머신러닝을 활용해 건설 현장의 사진과 비디오를 분석해 작업자 안전과 생산성 및 품질을 향상시키고 있다. 이 회사의 스마트태그Radio Frequency Identification, RFID 엔진은 비디오나 사진에서 음성 인식 및 이미지 인식을 통해 자동으로 태그를 생성하고, 이를 통해 프로젝트 팀이 정의한 조건에 따라 콘텐츠를 분석해낸다.

빌트 로보틱스Built robotics는 일반 건설 장비

> **스마트태그**
> 생산에서 판매에 이르는 전 과정의 정보를 초소형칩(IC칩)에 내장시켜 이를 무선 주파수로 추적할 수 있도록 한 기술. '전자태그', '무선태그'로도 불린다.

에 AI와 센서 시스템을 장착해 자율주행이 가능하도록 변환해준다. 해당 장비들은 360도 카메라와 라이다Light Detection And Ranging, LiDAR 센서를 통해 주변 환경을 인식하고 안전하게 작업할 수 있도록 안전 시스템까지 장착하고 있다. 빌트 로보틱스의 자율형 굴착기와 불도저는 작업자가 중장비 차량을 운전하는 대신 좌표를 프로그래밍하기만 하면 된다. 이후 사람은 작업이 제대로 수행되고 있는지 확인할 수 있다.

현대건설은 AI 기반 소프트웨어를 탑재한 4족 보행 로봇 스팟을 주택과 터널 등 건설 현장에 도입해 품질 및 안전관리를 무인화하는 중이다. 보스턴다이내믹스가 만든 스팟은 산업안전과 건설안전용으로 점차 사용이 확대되는 추세다. 험난한 지형과 좁은 공간 등 사람이 접근하기 힘든 환경에서도 이동이 가능하고, 네 개의 관절형 다리로 장애물 회피 및 균형 유지가 뛰어나기 때문에 다양한 용도로 활용 방안을 모색하는 중이다. 또한 스팟은 원자력 발전소, 석유 및 가스 플랜트, 화학 공장 내 고온·고압·방사선이 존재하는 산업 환경에 사람 대신 투입되어서 상태를 점검하는 데도 활용되고 있다.

기계 설비의 상태를 주기적으로 점검하고 이상 신호를 사전에 감지해내며, 유독 가스 누출이나 폭발 위험이 있는 장소에서 안전하게 현장 조사를 해서 데이터를 전송한다. 실제로 세계 2위의 석유 회사인 브리티시 페트롤륨British Petroleum, BP은 석유 및 가스 시설에서 스팟을 사용해 설비 점검과 이상 상황을 감지해낸다. 미국 건설 회사 헨셀 펠프스Hensel Phelps도 건설 현장에서 스팟을 이용해 현장 상태를 실시간으

242 ◁◀

로 기록하고, 3D 모델링 데이터와 통합해 프로젝트 진행 상황을 관리한다.

산업 현장도 스마트하게 지키는 AI 안전요원

AMS는 산업안전을 지키는 스마트팩토리 AI 역할을 하며 작업자의 위험 상황을 탐지해서 경고해주고, 가스와 기름 유출·화재 등 대형 사고 발생을 예방해준다. 구체적으로 공장과 건설안전 AI는 작업자의 개인 안전장비 미착용과 작업자의 긴급 상황, 위험구역 진입과 작업자의 중장비 협착 등 다양한 위험 상황을 감지하고 이를 경고해주는 역할을 한다.

LG전자는 창원 스마트파크에서 가전제품을 생산하는 근로자들의 안전을 위해 산업안전과 물류안전을 결합한 산업 AMS를 구축해 운영 중이다. AI 모니터링 시스템을 활용해서 AI가 공장의 외곽 방범, 공장 내 안전사고 감지, 물류 차량의 효율적 배차 등을 동시에 수행할 수 있게 했다. 그 외에 삼성디스플레이와 LG디스플레이, 현대엘리베이터와 포스코HY클린메탈 등도 여러 위험 상황이 발생할 경우 현장 스피커와 경광등으로 알람을 송출해 작업자가 다치는

> **산업 AMS**
>
> 공장에서 작업 중 발생할 수 있는 근로자들의 안전사고 위험을 실시간 탐지해서 알려주는 AI 모니터링 시스템. 생성형 AI 기반 산업 AMS는 사고 위험 발생 시 실시간 모니터 보고서를 작성해준다.

일이 없도록 공장 안전에 심혈을 기울이고 있다.

포스코는 포항제철소와 광양제철소의 철강 제조 모델에 안전 모델을 결합한 '복합인지플랫폼'이라는 산업 AMS 구축을 포스코DX와 추진 중이다. 이를 통해 제철소에 설치된 CCTV를 지능형으로 전환해 AI가 캠퍼스는 물론 제철소 내부 작업 현장을 실시간 모니터링해서 안전사고 없는 '사고 제로 제철소'를 구현할 방침이다.

LG화학, 한화케미칼, GS칼텍스 같은 석유화학 기업들도 예외는 아니다. 이들 기업은 AI를 활용해 무인화물운반시설Rail Guided Vehicle, RGV이나 그와 유사한 자동화 장비가 사람이나 장애물과 충돌하는 것을 예방하는 중이다. 차량에 초음파, 라이다, 카메라 센서를 부착해서 주변 환경을 모니터링해 장애물이나 사람의 존재를 감지해내는 방식이다.

삼성물산, 삼성엔지니어링, GS건설, 롯데건설 등은 공사장 안전 AMS를 구축해 작업자를 모니터링하고 안전한 건설 현장을 만들기 위해 노력하고 있다. 이를 통해 사고 없는 건설 현장을 유지하면서 중대재해처벌법에서 자유로운 회사를 만들고자 한다. 서울지하철공사와 현대백화점을 비롯한 다중 이용시설들은 이용객의 피해를 최소화하기 위해 군중 안전 AMS를 구축했다. AMS는 엘리베이터 멈춤 사고, 역주행, 고객 쓰러짐, 유모차나 휠체어 사고 등을 탐지하고 즉각 대응한다.

한서대학교는 GPS 신호가 없는 환경에서도 라이다를 활용해 자율

라이다

레이저를 쏘고 반사되어 돌아오는 시간을 측정해 반사체의 위치좌표를 측정하는 시스템.

비행을 하는 '지하 드론'Underground Drone을 개발해 CES 2025 혁신상을 수상했다. 이 드론은 불규칙한 지하 환경에서 장애물을 감지하며, 광산 탐사에 필요한 데이터를 제공하거나 지하 인프라의 구조적 결함을 실시간으로 지상 기지국에 전송하는 역할을 한다. 특히 재난 상황에서 실시간 지형 분석 및 구조 작업을 지원한다.

산업과 건설 현장은 고위험 작업 환경이 많아 작업자의 안전과 사고 예방이 최우선 과제다. 산업 현장에서는 중장비 사고, 기계 오작동, 유해 물질 노출, 구조물 붕괴와 같은 위험 상황이 언제든지 발생할 수 있다. 그뿐인가. 좁은 공간에서의 사고 위험과 작업자의 부주의 등 도사린 위험 요소가 많다. 이런 환경에서 안전을 담보하려면 실시간 감지와 신속한 대응이 필수다. 또한 AI 안전관리 솔루션이 가장 유용한 해결책이다.

돌봄과 공공 서비스의 차원이 높아진다

최근 우리나라 지방자치단체에서도 적극적으로 AI 활용에 나섰다. 서울시는 2024년 4월 지자체로는 최초로 AI 활성화 전략인 '서울시 AI 행정 추진 계획'을 발표했다. 주로 공공부문에 활용하고 있는데, AI가 독거노인들에게 주기적으로 전화하고 그들의 움직임을 감지한다. 이처럼 안전을 살피는 '스마트 안부 확인 서비스'와 119로 신고한 사람의 음성을 분석해 긴급한 상황의 정도와 위험 징후를 파악하는 '119 종합 상황관리체계' 등을 활용하기 시작했다. 서울시 외에 세종시와 수원 등 주요 지자체에서도 공공부문에 AI 도입을 점차 확대하는 중이다.

정부의 AI 활용은 다양한 영역에서 성과를 내는 중이다. 국민의 안전 제고와 교통약자 이동권 확보, 산재 업무 처리, 공공시설의 노후화 정도 진단, 외국인들을 위한 통번역 지원 등으로 점차 범위를 넓히고 있다. 또한 국립과학수사연구원은 최근 기승을 부리는 가짜뉴스와 디지털 성범죄 등의 불법 합성 콘텐츠에 대응하기 위해 AI를 활용한다. 동영상의 딥페이크 적용 여부를 분석하는 모델 개발이 대표적인 사례다.

근로복지공단은 AI 모델을 개발해 진료 기간 연장 심사 업무에 소요되는 시간을 절반 정도로 단축시켰다. 이 AI 모델은 최근 5년간 요양을 끝낸 재해자 58만 명의 요양 정보와 상병 정보, 주치의 소견 등의 데이터를 활용해 산재 요양 예측 일수를 파악했다.

한국환경공단은 전국의 주요 사업장 내 굴뚝의 대기오염물질을 항목별로 측정해서 얻은 각종 데이터를 활용해 대기오염을 발생시키는 물질의 배출 여부를 선별하는 AI를 개발 중이다.

AI를 활용하면 1인 가구의 고독사도 예방할 수 있다. 기존에는 사회복지 공무원이 고독사 위험군 주민 전체를 대상으로 일주일에 한두 차례 일일이 전화를 걸어 확인했다. 그러나 AI 도입으로 방식이 달라졌다. AI가 전력, 통신, 수도와 관련한 빅데이터를 바탕으로 1인 가구의 생활 패턴을 분석한다. 그런 후 전력 사용량 급감 등 이상 징후를 감지하면 지자체 사회복지 공무원에게 해당 내용을 알린다. 이 밖에도 전국 도로의 교통량 조사에 AI를 활용한다거나 농작물의 병해충 발생 및 위험도 예측, 주요 질병별 의약품 품절 예측 지원 모델 개발 등 다양한 영역에서 AI가 두각을 나타내고 있다.

AI 도입으로 사회복지사들의 행정 업무가 대폭 줄어든 것은 우리나라만 해당하는 일이 아니다. 영국에서도 AI 덕분에 사회복지사들이 돌봄과 상담 업무에 더 집중할 수 있게 되었다고 한다. BBC에 따르면 영국 스윈던 자치구에서 진행된 시범사업에서 AI 소프트웨어인 매직 노트가 사회복지사의 행정 업무를 60퍼센트 이상 감소시킨 것으로 나타났다. 매직 노트는 대화를 기록하고 평가서를 자동으로 작성해주는 기능을 제공한다. 해당 AI가 도입되기 전 사회복지사들은 평가서를 작성하는 데 네 시간이나 할애해야 했다. 하지만 AI 도입 후에는 그 시간을 90분으로 단축했으며, 평가 과정에서도 시간이 절반 이상 줄어들어 직접적인 돌봄에 보다 더 많은 시간을 사용할 수 있게 되었다.

AI 공무원이 공공행정 업무도 척척!

한국에서도 AI는 국회, 법원 등 공공행정 분야에서 대국민 민원 서비스를 획기적으로 바꾸며 변화를 꾀하는 중이다. 국회는 '법률쟁점 DB'와 '의정활동 Q&A 챗봇'을 만들어 디지털 국회를 만들고 있다. 법률안을 제정 및 개정할 때 법률쟁점 DB로 사회적·정책적 쟁점을 요약 및 정리하고 관련 자료를 함께 제공한다. 또한 AI 기반의 챗봇 서비스를 도입해 국회의원별

법률 쟁점 DB

제정·개정된 법률이 국회를 통과하는 과정에서 논의된 주요 쟁점들을 입법 경과와 요약표로 정리한 DB.

관련 뉴스 및 소셜 반응 등도 분석해 제공한다. 법원은 소송 당사자가 온라인으로 소송 서류를 제출하고 열람할 수 있고 관련 법조문과 판례를 신속하게 확인할 수 있도록 '전자 소송 시스템'을 구축해 디지털 법원을 만들고 있다.

전자 소송 시스템

법원에 직접 방문하지 않고도 소송 업무를 인터넷으로 처리할 수 있는 시스템.

공공행정 혁신은 더 빠르게 진행되는 중이다. 다양한 공공기관에서 AI 기반의 민원상담 챗봇을 도입해 국민의 문의에 신속하고 정확하게 대응한다. 이를 통해 24시간 민원상담이 가능해졌으며, 행정 서비스의 접근성이 크게 향상되었다. 특허청은 AI를 활용한 특허 검색 시스템을 구축했다. 이로써 사용자들이 원하는 특허 정보를 빠르고 정확하게 찾을 수 있도록 함으로써 특허 출원 및 심사 과정의 효율성을 높였다.

행정안전부는 AI가 문서를 요약해주고 각종 문서의 초안을 작성해줄 뿐만 아니라, 법령과 지침, 정보 검색 등 공무원의 행정 업무를 지원하는 정부 전용 'AI 행정지원 서비스'를 시작했다. 쉴 새 없이 밀려드는 각종 민원 또한 AI가 분석 후 요약해주고, 과거 유사 사례 및 관련 법령 등을 종합해 정보공개 여부와 처리 절차를 제안해준다.

AI 행정지원 서비스

문서 요약, 문서 초안 작성, 법령·지침 정보 검색, 정보공개 민원 관련 공무원의 행정 업무를 지원하는 정부 전용 생성형 AI 서비스.

전 세계 주요국 정부들도 AI를 활용해 행정 서비스의 효율성을 높이고 있다. 미국 정부는 이민 관련 민원 처리 챗봇인 엠마를 도입해서 월 100만 건 이상의 민원을 처리 중이다. 또한 AI 빅데이터 기반의 노인

의료보험 분석 시스템을 통해 노인의 만성 질환 패턴과 치료 계획을 예측해 의료비를 줄이고 맞춤형 의료 서비스를 제공한다.

그뿐만이 아니다. AI 기반 식중독 예방 프로그램으로 식중독 발생 가능성을 사전에 감지해낸다. AI가 식품 유통망 데이터를 분석하고 유통기한, 온도, 보관 상태 등의 데이터를 분석해 식중독 위험 요소를 미리 파악해 경고해주는 것이다. '난민 배정 AI 시스템'은 난민의 언어, 직업 기술, 건강 상태 등 다양한 데이터를 분석해 적합한 거주지와 서비스를 추천해주고 있다.

스웨덴은 시 정부 직원을 채용할 때 AI 면접 로봇 텐가이를 활용한

▶ AI 면접 로봇 '텐가이'

출처 : 텐가이 홈페이지

다. 이 로봇은 사람과 비슷한 방식으로 면접을 진행하며 편향성 없이 객관적인 데이터를 기반으로 평가한다. AI로 사회복지 수급 신청자의 지원 자격을 자동으로 평가하고 결정하는 AI 기반 '사회복지 결정 자동화 서비스'도 이용 중이다.

폴란드는 AI가 실업자의 교육, 경력, 기술 수준 등을 분석해 개인 맞춤형 취업 지원 서비스를 제공한다. 일본 내각부는 방대한 간담회 의사록을 AI로 분석해 정책 결정에 반영하고 있으며, 이를 통해 정책 수립 과정에서 다양한 의견을 효율적으로 수렴한다. 인도 정부는 2020년 5월에 국가 AI 포털인 인디아ai를 개설해 AI 관련 최신 뉴스와 연구 논문 등 다양한 교육 콘텐츠를 종합적으로 제공하고 있다.

인디아ai
인도 정부와 관련 기관들이 추진하는 국가 차원의 AI 이니셔티브.

영국의 국민 보건 시스템인 NHS 트러스트는 AI를 활용한 의료 진단 시스템 에이드를 병원에 공급했다. 이 시스템은 의료 영상을 분석해 의사들이 다양한 질병을 조기에 발견하고 정확하게 진단하는 데 도움을 준다.

이제 AI의 영향력은 다양한 분야를 넘나들며 파급 효과가 커지는 중이다. 공공 서비스 분야까지 혁신을 주도하며, 국민 삶의 질 향상과 행정 효율성 증대에 기여하고 있다. 나아가 국민에게 더 나은 서비스를 제공하고 사회적 문제를 해결하는 도구로 활용된다. AI를 활용한 공공 서비스 혁신 방안을 더욱 고민해야 할 때다.

국가 인프라의 지능과
효율을 높이는 비즈니스 모델 19

오늘날 전 세계 국가기관의 과제는 정부의 행정 혁신, 스마트 도시 구현, 시민의 안전과 교통안전, 범죄 없는 도시 구현 등 다양하다. 그래서 AI를 활용한 국가 인프라의 지능화와 효율화 시스템을 구현하는 AI 기업들이 투자 유망 기업으로 주목받고 있다.

국가의 안보와 시민의 안전을 책임지는 AI 기업

대표 기업으로는 팔란티어 테크놀로지스, 센스타임, 바이오캐치, 브리프캠, 코그니티브시스템즈, 제스트 AI, 알리바바 등을 꼽을 수 있다. 이들 기업은 AI로 방대한 데이터를 실시간 분석해 행정, 교통, 산업 시스템을 효율화하는 AI 솔루션을 제공한다. 또한 AI 기반 시스템을 만들어 교통 흐름 최적화, 에너지 절감, 탄소 배출 감소 등을 적극적으로 이끌며 지속가능한 스마트시티를 구현해내고 있다. 이를 통해 정부는 예산을 줄이고, 시민을 위한 행정을 혁신해 국가와 도시 운영의 효율성을 높인다.

AI 기업들의 비즈니스 모델 중 가장 주목받는 분야는 시민 안전과 범죄 예방, 재난재해에 대한 긴급 대응 시스템 구축, 교통사고 예방과 교통 체증 완화 등이다. 이들 기업은 AI와 CCTV 및 센서를 활용해 범죄가 발생하기 전에 예방하는 서비스를 선보였으며, 각종 재난 상황을 신속하게 탐지해 대응할 수 있도록 안전 보안관 역할도 한다. 또한 교통법규 위반, 차량 충돌, 보행자 사고 등을 실시간으로 탐지해 사고를 예방하고 신속하게 대응할 수 있도록 도와준다.

안전 솔루션 기업에 투자해야 하는 이유

공공안전 AI, 산업안전 AI, 업무 혁신 AI를 구축하는 기업들은 향후 매우 유망한 투자처다. 전 세계적으로 스마트시티, 자율주행, 스마트팩토리의 도입이 확산되고 있어서 해당 AI 기술의 수요는 지속적으로 증가할 것으로 보인다.

실제로 각국 정부가 막대한 예산을 투입해 안전 인프라를 구축하면서 행정 혁신에 나서고 있다. 이런 점들로 볼 때 공공행정과 안전 시스템 분야는 사회적, 경제적 가치를 동시에 창출할 수 있는 미래 지향적인 분야라 할 수 있다.

▶행정 혁신과 도시 안전을 이끄는 대표 AI 기업

기업명	주요 AI 기술 및 제품
센스타임 SenseTime	– 비전 AI 글로벌 기업, 스마트 엣지박스(센스네뷸라) – 중국 정부의 스마트시티 프로젝트에 적극 참여 중
팔란티어 테크놀로지스 Palantir Technologies	– 데이터 분석 및 예측 AI 플랫폼 제공 – 정부, 국방, 기업 고객 기반이 탄탄함
다크트레이스 Darktrace	– AI 기반 사이버 보안 솔루션의 선두 주자 – 자율학습 AI 기술로 성장 잠재력 큼
바이오캐치 BioCatch	– 행동 생체 인식 AI, 금융사기 탐지 및 방지 솔루션 전문 – 금융업계의 디지털 보안 수요 증가로 시장 확대 전망
코그니티브시스템즈티브 시스템즈 Cognitive Systems	– Wi-Fi 모션 기반 스마트홈 보안 솔루션 – 사생활 보호형 스마트홈 기술 선도 기업
브리프캠 BriefCam	– CCTV 영상 요약 및 분석 AI, 수 시간 분량 영상 요약 가능 – 비전 AI의 고도화로 경찰 및 공공기관 수요 강세
인텔리빅스 IntelliVIX	– 생성형 AI 기반 AMS, 보이스피싱 방지 AI – 한국 AI 관제 선도 기업, 글로벌 시장 진출 잠재력 보유
제스트AI Zest AI	– 신용평가 AI 모델로 차별화 – 공정성 및 투명성을 강조한 화이트박스 AI 강점
테타레이 ThetaRay	– 금융사기 및 자금 세탁 방지 AI – 글로벌 금융권 고객 확보로 매출 성장 가능성 큼
알리바바 Alibaba	– AI 기반 스마트시티 플랫폼 알리바바 시티 브레인 – 중국 스마트시티 시장 선도, 교통과 공공안전 분야 강자
씨쓰리에이아이 C3.ai, Inc.	– 엔터프라이즈용 AI 소프트웨어 플랫폼 제공 – 다양한 산업군에 AI 솔루션 제공, 글로벌 확장 잠재력 큼
다이나트레이스 Dynatrace, Inc.	– 클라우드 인프라 및 애플리케이션 모니터링 – 수요 확대 가능, 성숙한 시장에서 시장 점유율 높음

지스케일러 Zscaler, Inc.	– 클라우드 기반 보안 솔루션 – 제로 트러스트 보안 아키텍처 도입이 가속화되고 있음
크라우드 스트라이크 Crowdstrike Holdings, Inc.	– 엔드 포인트 보안 및 위협 인텔리전스 서비스 – 사이버 공격 증가로 수요 증가 예상, 기술 선도 기업
옥타 Okta, Inc.	– 아이덴티티 및 액세스 관리 솔루션 – 클라우드 보안과 접근 관리 수요 증가
센티넬원 SentinelOne, Inc.	– AI 기반 사이버 보안 솔루션 – 자율 방어 시스템의 차별화된 기술력 보유
클라우드 플레어 Cloudflare, Inc.	– 웹 성능 및 보안 서비스 제공 – 인터넷 트래픽 증가와 클라우드 서비스 확산
스노우 플레이크 Snowflake, Inc.	– 클라우드 데이터 플랫폼 제공, 빅데이터 분석 선두 – 데이터 중심 경제에서 지속적인 성장 가능함
데이터독 Datadog, Inc.	– 클라우드 모니터링 및 보안 플랫폼 제공 – 디지털 전환과 클라우드 도입 증가로 수익성 확대

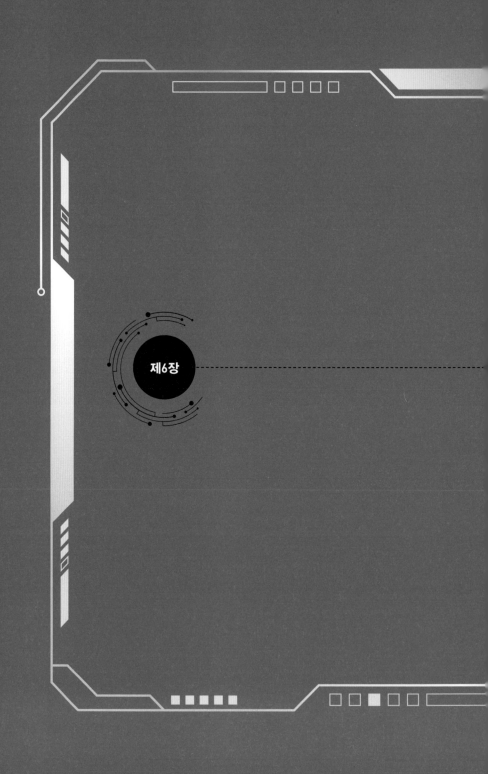

제6장

사람처럼 생각하고 행동하는 AGI 시대, 불붙은 패권 전쟁

인간보다 1만 배 똑똑한
AGI에 드리운 빛과 그림자

AI는 3단계로 구분할 수 있다. 1단계는 인공협소지능Artificial Narrow Intelligence, ANI이며, 2단계는 인공일반지능Artificial General Intelligence, AGI, 3단계는 인공초지능Artificial Super Intelligence, ASI이다. 그중 ANI는 정해진 범위 내에서 제한된 활동을 수행하도록 만들어진 AI로, 가장 일반적인 AI다. 언어 처리와 데이터 패턴 분석과 같은 단일적인 작업에는 뛰어나지만, 지식을 일반화하는 등 인간의 사고력이 지닌 유연성과 확장성을 발휘할 수는 없다.

두 번째 단계인 AGI는 '강한 AI'로 흡사 인간

> **인공일반지능**
>
> 특정 작업에 특화된 ANI와 달리 인간 수준의 종합적이고 일반화된 지능을 가진 AI. 다양한 문제를 스스로 학습하고 해결하며, 인간처럼 사고하고 추론하는 능력을 가진 AI가 목표다.

인공초지능

인간의 지능을 훨씬 뛰어넘는 가상의 AI. 논리, 추론, 문제 해결, 학습, 창의성 등 모든 지적 능력에서 인간을 능가해 인간이 풀 수 없는 복잡한 문제들을 손쉽게 풀 수 있다.

과 비슷한 사고력을 가진 존재라 할 수 있다. 사람의 명령 없이도 인간의 지능 수준을 뛰어넘어 자율적으로 판단할 수 있는 능력을 갖춘 AI다. 특정한 용도로 쓰이는 AI와 달리 이론적으로 인간이 할 수 있는 모든 지적 작업을 수행할 수 있고, 광범위한 활동에 걸쳐 정보를 이해 및 학습해서 적용하는 능력을 갖고 있다. 이처럼 스스로 사고하는 AGI의 등장은 인류사에 산업혁명보다 더 큰 변화를 몰고 올 것이다. AGI 다음은 ASI 단계다. 창의성과 추론 능력을 지니고 있으며 감정 지능을 포함해 모든 면에서 인간의 지능보다 우수하다.

▶ 'AI의 대모'로 불리는 페이페이 리

출처 : 구글 이미지

최근에는 언어와 이미지 및 비디오를 넘어 세상의 물리적 환경을 이해하기 위한 거대 세계 모델Large World Model, LWM이 주목을 받고 있다. LWM은 페이페이 리Fei-Fei Li 스탠퍼드대학교 교수가 공간지능을 구현하기 위해 개발 중인 AI 모델이다. LWM은 공간지능을 부여해 실제 우리가 살고 있는 세계를 인식, 생성, 추론하며 이를 통해 궁극적으로 상호작용할 수 있다. 인간

> **거대 세계 모델**
>
> 단순히 텍스트나 이미지, 영상 등의 데이터를 넘어 3차원 물리 세계를 이해하고 모델링하는 데 초점을 맞춘 AI 모델. LMM이 데이터 생성에 집중하는 반면 LWM은 현실 세계의 공간적, 물리적 특성 이해가 목표다.

과 같은 인지 능력을 갖춘다는 측면에서 '몸을 가진 AI'Embodied AI로 불리며 AGI에 도달할 유일한 방법으로 손꼽는다.

이 혁신적인 기술 덕분에 인간은 물리적 현실 세계를 좀 더 깊이 이해하고 효과적으로 상호작용할 수 있다. 이 기술이 다양한 산업 분야에 광범위하게 적용되면 또 다른 세상을 경험하게 될 것이다. 이처럼 인간을 넘어서는 AGI를 구현하려는 시도가 지속되고 있다는 점을 생각해보면, 챗GPT의 등장은 변화의 시작점에 불과함을 알 수 있다.

산업혁명보다 더 큰 변화가 찾아온다

"10년 안에 인간보다 1만 배 똑똑한 AI가 등장해서 인간의 생활양식을 완전히 바꿔놓을 것이다."

손정의 소프트뱅크 회장이 2024년 6월에 열린 주주총회에서 한 말이다. 이어서 그는 'AGI를 개발하는 것이 자신과 회사의 사명'이라고도 밝혔다. 손 회장은 인간과 비슷하거나 10배 정도 똑똑한 AGI가 3~5년 안에 출시될 것이며, AI 사용을 거부하는 사람들은 '어항에 갇힌 금붕어' 같은 신세로 전락하게 될 것이라고도 주장했다.

AI 시대를 이끄는 빅테크 기업들도 스스로 내린 결론에 따라 행동하는 차세대 AI 에이전트 개발로 AGI 프로젝트에 박차를 가한다. 오픈

차세대 AI 에이전트

사용자의 의도를 정확하게 이해하고 능동적으로 작업을 수행하며, 다양한 환경과 상호작용할 수 있는 지능형 AI. 개인 비서, 고객 응대, 건강상담, 교사 등의 다양한 도우미 기능을 수행한다.

AI의 차세대 AI 에이전트는 자유롭게 대화하고 복잡한 아이디어까지 함께 구상하는 음성 비서 어드밴스드 보이스 모드이며, 구글도 비슷한 기능의 음성 비서 프로젝트 아스트라를 준비하는 중이다. 마이크로소프트는 초대형 데이터 센터 프로젝트인 스타게이트 개발에 매진하고 있다.

다만 AGI 세상은 인류에게 축복이자 동시에 재앙이 될 수도 있다. 가장 우려되는 것은 AI가 사람의 통제를 벗어나 오히려 인류를 위협할 수 있다는 점이다. 2024년 10월, 국제경영개발원International Institute for Management Development, IMD 교수 겸 토노무스TONOMUS 글로벌센터 소장인 마이클 웨이드Michael Wade는 인간의 통제를 벗어난 AGI의 등장을 수치화한 'AI 안전 시계'AI Safety Clock를 공개했다. 이 시계에 따르면 AGI 탄생까지, 즉 위험이 일어나는 종말적 상황까지는 29분 남았다.

AI 안전 시계는 AI의 위험을 4단계로 구분한다. 11시부터 11시 15분까

지는 저위험, 11시 16~30분은 중간 위험, 11시 31~45분은 고위험, 11시 46분~자정은 치명적 위험 단계다. 현재는 11시 31분으로 '중간 위험을 넘어 고위험' 단계에 막 진입한 상황이다.

AI 기술에서 가장 큰 변화는 머신러닝과 신경망에서 일어나고 있다. AI는 이미 바둑과 같은 복잡한 게임, 경영대학원의 시험 및 코딩을 비롯한 특정 영역에서 인간을 능가하기 시작했다. 머지않아 모든 영역에서 인간의 능력을 뛰어넘는 시점이 도래하게 된다. 따라서 웨이드 교수는 "원자력 기술 분야의 국제원자력기구International Atomic Energy Agency, IAEA와 유사하게 AGI 개발을 모니터링하는 국제기구가 필요하다."라고 주장한다.

AI는 원자력과 마찬가지로 국경이 없는 기술이기 때문에 만약 한 국가라도 적절한 안전장치 없이 AGI를 개발한다면, 그 결과는 전 세계에 파급될 수 있다는 것이다. 해결책 중 하나로는 AI 시스템에 '킬 스위치'와 같이 동작을 강제로 중단하는 장치를 내장한 상태로 출시하는 것이 거론되고 있다.

AI 안전 시계

핵 전쟁의 위험성을 나타내는 '지구 종말 시계'Doomsday Clock와 유사한 개념으로, 인간의 통제를 벗어난 AGI의 출현 가능성과 거기서 비롯된 위험성을 시각적으로 보여주는 지표.

머신러닝

컴퓨터가 명시적인 프로그래밍 없이 데이터를 통해 스스로 학습하여 패턴을 발견하고 이를 바탕으로 성능 향상, 예측, 의사결정을 내리는 기술.

신경망

인간 뇌의 뉴런들이 서로 연결되어 정보를 전달하고 처리하는 것처럼 여러 개의 노드(뉴런)를 연결해 데이터를 학습하고 패턴을 인식해 예측이나 의사결정을 내리는 AI 모델.

AGI로 어떤 사회를 만들고 싶은가?

만일 AGI가 등장하면 어떤 일들이 일어날까? 다리오 아모데이Dario
Amodei 앤트로픽Anthropic 공동창업자는 "AGI를 잘 활용한다면 인간의
수명은 150세, 즉 두 배 가까이 늘어날 수 있다."고 주장했다. 또한 구
체적으로 AGI가 생물학과 건강, 신경과학과 정신건강, 경제 발전과
빈곤, 평화와 통치, 일과 의미 등 다섯 개 분야에서 인간의 삶을 직접
적으로 개선할 수 있다고 전망했다.

우선 AGI는 신체적·정신적 질병과 빈곤, 불평등을 줄이는 데 기여
할 수 있으며, 환자의 데이터를 분석해 정확한 진단을 내리고 그 환자

▶ 앤트로픽 CEO 다리오 아모데이

출처 : 위키미디어커먼스

의 치료에 맞는 새로운 약물과 치료법을 개발해 완치할 수 있다. 의료 시스템을 바꾸는 '치료 혁명'이 일어나게 되는 것이다. 그뿐만 아니라 새로운 과학 발전을 이끌 수도 있다. AGI는 데이터 분석, 실험 설계, 복잡한 과학적 이론 탐구를 통해 새로운 과학적 발견을 가속화함으로써 인류 발전을 선도할 것이다.

사람처럼 행동하는 인간을 닮은 로봇 휴머노이드도 탄생하게 된다. 일단 외형상 머리, 몸통, 팔, 다리 등 인간의 형체와 거의 비슷할 뿐 아니라, 걷기, 뛰기, 물건 들기 등 인간이 하는 다양한 행동이 가능하다. 더 중요한 것은 인간처럼 생각하고 판단할 뿐만 아니라 학습 능력까지 갖추고 있어 '제2의 사람' 역할을 할 수 있다는 점이다.

사무실과 공장, 병원, 농장 등에서 사람의 도움 없이 복잡한 작업을 사람처럼 처리해주면서 요리를 하고 공부도 가르쳐준다. "음료수를 쏟았어. 도와줄래?"라고 말하면 로봇이 "주방에서 행주를 가져와."라는 의미로 해석해 실제로 행주를 가져다준다. 구글은 이처럼 인간의 언어를 이해하고 스스로 생각해서 반응하는 AI 로봇 팜 세이캔을 개발했다. 언어 모델을 결합한 더 똑똑해진 로봇으로 팜 언어 모델Pathways Language Model, PaLM에 로봇의 어포던스Affordance를 결합한 것이다. 즉 인간의 언어 지시(Say)를 이해하고 그 지시를 실행 가능성(Can)에 따라 판단하

팜 언어 모델

구글의 LLM 중 하나로, 바드가 기존에 사용했던 '람다'LaMDA 언어 모델보다 성능이 한층 더 뛰어나다.

어포던스

로봇이 수행할 수 있는 행동에 대한 가능성.

는 팜세이캔은 보다 추상적인 명령을 알아듣고 여러 동작을 수행할 수 있다. 예를 들어 "목말라."라고 말하면 로봇은 그 의미를 이해하고 물을 가져다준다.

자율주행차에 AGI가 적용된 '로봇 운전사'는 주변의 위험 상황을 사람보다 더 주의력 있게 점검해 안전 운행을 할 수 있다. 교육이나 쇼핑, 드라마나 영화 시청, 법률이나 회계, 세무 등과 같은 자문, 여행과 고객상담 등 개인화된 서비스는 사람보다 더 친절하고 정확하게 실시간 궁금증을 해결해준다.

AGI는 예술, 음악, 글쓰기, 애니메이션, 영화와 드라마 제작, 게임 등 창의적인 분야에서도 인간과 같은 수준의 창작물을 만들어낼 수 있다. 동시에 인간의 상상을 초월한 창의적인 아이디어와 문제 해결 방안도 제시할 수 있는 수준에 이르게 된다. 그뿐인가. 창작물을 만드는 과정에서 인간의 감정을 이해하고 이를 반영하는 것이 가능하다.

나아가 기후변화, 환경파괴, 빈곤, 보건, 불평등 등 지구촌의 난제를 해결하는 최적의 해결책을 제시하는 역할도 하게 된다. 이로써 현존하는 기술로 해결할 수 없었던 난제가 하나씩 해결되면서 인류는 새로운 세상을 맞이하게 될 것이다. 그러나 AGI가 잘못된 방식으로 사용되거나 인간의 통제를 벗어날 경우 인류에게 큰 재앙이 될 수 있다는 사실을 명심해야 한다.

최근 오픈AI 내부에서는 기술 발전의 부작용을 통제할 내부 시스템이 약해지고 있다는 점이 드러났으며, 이는 우려할 만하다. 실제로 오픈AI에서 AI 안전 이니셔티브를 이끌던 마일스 브런디지_{Miles Brundage} AGI 준비팀 수석 고문은 회사를 떠났고, 해당 멤버들은 다른 팀으로 재배치됐다. 마일스 브런디지는 머지않은 미래에

이니셔티브

특정 문제를 해결하거나 목적 달성을 위한 자발적인 계획이나 구체적인 조치.

출현하게 될 AGI에 대해 "오픈AI를 비롯한 그 어떤 프런티어 연구소도 AGI에 준비가 되어 있지 않으며, 우리가 살고 있는 세상도 준비가 되어 있지 않아 보인다."라며 강력한 경고를 남겼다. 그의 우려처럼 AI와 AGI가 인류에 이롭게만 쓰인다는 보장은 전혀 없다. 그러므로 AI 기업의 광폭 행보에 대해 정부와 비영리단체 그리고 시민사회 모두 경각심을 갖고, 기술 발전을 통제할 시스템 마련에 나서야 할 것이다.

AGI 패권을 향한 세계 시총 10대 기업들의 각축전

현재 전 세계 산업과 비즈니스의 향방을 결정하는 기업은 대부분 AI 관련 기업이다. 가장 먼저 AGI 패권 전쟁의 포문은 연 곳은 오픈AI으로, 구글과 같은 빅테크 기업의 AI 주도권을 경계해서 'AI의 안전하고 책임 있는 개발'을 목적으로 한 비영리조직으로 출발했다.

오픈AI 탄생의 비밀

2015년 10월 테슬라의 창업자인 일론 머스크, 현재 오픈AI의 CEO

새뮤얼 올트먼Sam Altman, CTO 그렉 브로크만Greg Brockman, 수석 과학자 일리야 수츠케버Ilya Sutskever, 강화학습 전문가 존 슐먼John Schulman 등이 오픈AI의 창업자로 참여했다.

초기 멤버는 총 세 개 그룹으로 나뉜다. 첫 번째는 스타트업을 발굴하고 키우는 와이컴비네이터의 대표 출신인 새뮤얼 올트먼과 같은 투자자 그룹이다. 두 번째는 새뮤얼 올트먼을 해고하고 '5일 천하'의 쿠데타를 일으킨 일리야 수츠케버와 같은 AI 연구자 그룹, 세 번째는 제품과 서비스를 만들어내는 그렉 브로크만과 같은 엔지니어 그룹이다.

올트먼은 테슬라의 창업자 일론 머스크, 링크드인 창업자 리드 호프먼Reid Hoffman, '페이팔 마피아'의 대부 피터 틸Peter Thiel을 설득해 오픈AI 창업에 참여시켰다. AI 연구자 그룹에는 2024년 노벨물리학상을 받은 제프리 힌턴Geoffrey Hinton 토론토대학 교수

페이팔 마피아
미국 창업 생태계에 큰 영향을 준 페이팔 출신 창업자들의 인적 네트워크.

의 제자이자 구글 브레인 연구원 출신인 일리야 수츠케버를 비롯해 테슬라의 자율주행 AI 개발에 참여한 안드레 카파시Andrej Karpathy, 생성형 AI 기술인 변이형 오토 인코더 모델Auto Encoder을 개발한 디데릭 킹마Diederik Kingma가 참여했다.

엔지니어 그룹의 대표 주자인 그렉 브로크만은 초기에 CEO와 CTO로 활동하며 직원과 연구원을 뽑아 회사 조직을 꾸렸다. 창업 초기 거액을 투자했던 일론 머스크가 손을 떼고 떠나자 마이크로소프트의 CEO 사티아 나델라Satya Nadella에게서 1조 원이 넘는 투자를 끌어내

챗GPT 혁명을 일으켰다. 이 과정에서 직원들과 투자자들의 이익 보장을 위해 2019년 3월 비영리 재단 오픈AI의 영리 자회사인 오픈AI LP를 설립했다. 상업적 활동을 통해 자금을 확보하면서도 인류의 이익을 위한 AI 개발이라는 원래의 목표를 유지하겠다는 의지의 표명이었다.

오픈AI의 주력 멤버들이 만든 오픈AI의 대항마

오픈AI가 이처럼 상업적으로 변하는 것에 실망한 다리오 아모데이와 다니엘라 아모데이Daniela Amodei 남매를 비롯해 잭 클라크Jack Clarke, 재러드 캐플런Jared Kaplan 등 오픈AI 최고 인재들은 결국 회사를 나오고 만다. 이들은 2021년 2월 앤트로픽을 공동창업했다. '효과적 이타주의'를 지향하며 안전한 AI 개발을 모토로 한 이 회사는 영리법인이 아닌 공익법인이다.

통제되지 않은 AI의 잠재적 위협이 커져가는 상황에서 앤트로픽의 행보는 중요한 의미를 갖는다. 앤트로픽의 핵심 제품인 클로드는 사용자의 명확한 허가 없이 개인 데이터로는 학습하지 않으며, 유해하거나 조작된 답변을 최소화하기 위한 윤리적 기준을 중요하게 생각한다. 앤트로픽은 아마존과 구글에게서 각각 40억 달러와 20억 달러의 투자를 유

클로드

오픈AI 출신이 설립한 앤트로픽에서 개발한 LLM. '유해성 감소'와 '도움이 되는 답변 제공'에 초점을 맞춰 설계됐다는 점에서 차별점을 가진다.

치하면서 오픈AI의 최대 라이벌로 부상했다.

앤트로픽의 핵심 목표는 안전하고 윤리적인 AGI 개발이다. AGI가 강력하고 광범위한 영향을 미칠 수 있는 만큼 최우선 과제는 안전한 AI 시스템 설계다. 그래서 AI 시스템이 예상치 못한 방식으로 작동하지 않도록 하는 방법에 대해 깊은 연구를 진행하고 있는데, 앤트로픽은 이를 'AI 정렬'이라고 한다. 즉 AI의 행동이 인간의 의도와 일치하도록 하겠다는 뜻이다. 이를 위해 AI 시스템을 인간의 가치와 윤리, 목표에 부합하도록 만들어

> **AI 정렬**
>
> AI가 인간의 의도와 목표, 가치관에 부합하도록 만드는 것. 즉 AI가 우리가 원하는 방향으로 작동하도록 조정하는 것을 의미한다.

AI가 인간에게 해를 끼치지 않고 인간이 원하는 방식으로 행동하도록 설계하는 데 초점을 두고 있다.

오픈AI와 앤트로픽은 모두 지금과는 차원이 다른 AI, 즉 AGI의 개발을 목표로 한다. 다만 AGI는 특정 작업에 국한되지 않고 인간처럼 다양한 문제를 해결할 수 있는 지능을 가질 수 있다. 이런 이유로 오용됐을 때는 오히려 인류를 위협할 수 있다는 우려를 낳고 있다. 두 회사는 이러한 점을 잘 알기에 AI를 안전하고 윤리적으로 발전시켜야 한다는 철학을 공유한다.

현재 이 두 회사는 LLM 개발에 집중하고 있다. 공교롭게 오픈AI는 마이크로소프트와 앤트로픽은 구글과 협력관계를 맺고 AI 기술 상용화를 준비 중이다. AGI의 선두 기업인 두 기술 회사를 앞세워 마이크로소프트와 구글이 글로벌 AGI 패권 전쟁을 시작했다는 뜻이다. 특히

구글은 2014년 1월 영국의 AI 회사 딥마인드까지 인수해서 AGI 개발에 박차를 가하고 있다.

딥마인드는 AI 바둑 프로그램인 알파고를 개발해 500회 대국에서 499회 승리했는데, 2016년 이세돌 9단과의 대결에서 유일하게 한번 패배했다. 이후 알파제로를 개발해 바둑, 체스, 쇼기(일본식 장기)를 스스로 학습해 세계 챔피언을 능가하는 실력을 과시했다. 2019년에는 '스타크래프트2'라는 복잡한 실시간 전략 게임에서 프로게이머 수준의 실력을 보여주는 AI 알파스타를 공개했다.

또한 단백질 구조를 정확히 예측하는 데 AI 기술을 적용한 AI 알파폴드도 탄생시켰다. '알파고의 아버지'로 불리는 허사비스 최고경영자와 존 점퍼 수석연구원이 AI를 활용해 인간의 모든 생명 현상에 관여

▶ 프로게이머와의 게임에서 승리한 알파스타

출처 : 유튜브 채널 'Google DeepMind'

하는 단백질 구조를 예측하는 데 성공한 것이다. 2020년 두 사람이 만든 알파폴드2는 190개국 200만 명의 연구자들이 2억 개의 단백질 구조를 예측해내는 토대를 만들어줬다. 이로써 항생제의 내성을 더 잘 이해하고 플라스틱을 분해할 수 있는 효소의 이미지를 만들어낼 수 있게 되었다.

막스플랑크연구소Max-Planck-Gesellschaft의 안드레이 루파스Andrei Lupas 교수는 "10년간 알아내지 못한 특정 단백질 구조를 알파폴드2는 30분만에 밝혀냈다."라며 알파폴드를 '게임 체인저'로 평가했다. 이처럼 놀라운 결과는 AI 연구자들이 인간 수준의 지능을 가진 AGI 개발로 향하는 길목에서 이뤄내는 혁신들이다.

> **게임 체인저**
> 판도를 완전히 뒤집거나 기존의 흐름을 획기적으로 바꾸는 중요한 요소, 사건, 인물, 기술 등을 의미한다.

딥마인드는 AGI의 개발을 위해 아기와 비슷한 인지발달 과정을 거치면서 학습하는 AI 시스템 플라토를 개발했다. 이를 통해 인간과 같은 추론과 학습 능력을 갖춘 AI 모델 개발에 도전하는 중이다. 특정 작업이나 도메인에 국한되어 있는 현재 AI의 한계를 뛰어넘어 모든 영역에서 다양한 문제를 유연하게 해결할 수 있는 능력을 지닌 만능 AI를 개발해내겠다는 구상이다. 이러한 AI 패권 전쟁에 애플, 엔비디아, 아마존, 메타, 테슬라, TSMC 등 세계 시총 10대 기업들이 합류했다.

AGI 패권 도전에 나선 아시아 국가들

아시아 국가들도 이에 맞서 AGI 패권 도전에 나섰지만 현재로서는 역부족이다. 그중 소프트뱅크의 손정의 회장이 가장 적극적이다. 소프트뱅크는 엔비디아에 대항하기 위해 AI 관련 칩 제조에 1,000억 달러를 투입하는 '이자나기 프로젝트'를 추진 중이다. 손 회장은 이 프로젝트를 통해 AI 반도체 시장에서 주도권을 확보해 일본이 AI 시대를 주도하고 반도체 산업의 주도권을 되찾겠다는 구상이다.

중국은 2030년까지 글로벌 1위 AI 강국이 되기 위한 'AI 굴기'에 사활을 걸었다. 국가 주도로 대규모 투자와 정책 지원을 아끼지 않고 있다. 이에 따라 바이두, 알리바바, 텐센트, 화웨이, 바이트댄스 등 기술 기업들은 AGI 개발을 위한 연구와 투자를 강화하는 중이다.

대만 기업들은 AGI 개발보다는 AI 반도체 관련 기술 개발에 주력하는 중이다. 세계 최대 파운드리 기업인 TSMC는 3나노 공정을 대규모로 증설해 AI 및 고성능 컴퓨팅high-performance computing, HPC 시장 공략을 강화하고 있다. 반도

이자나기 프로젝트

소프트뱅크의 손정의 회장이 추진 중인 대규모 AI 반도체 개발 프로젝트. 일본 신화에 등장하는 창조의 신 '이자나기'伊弉諾의 이름을 따왔다.

AI 굴기

'굴기'崛起는 '우뚝 섬', '갑자기 일어섬'이라는 뜻으로, AI 분야에서 세계적인 선두 주자가 되려는 중국의 야심찬 목표를 담고 있다.

3나노 공정

반도체 제조 공정 기술 중에서 가장 최첨단기술로 나노nm는 10억 분의 1미터를 뜻하는 반도체 회로의 선폭을 의미. 숫자가 작을수록 더 많은 트랜지스터를 칩 안에 집적할 수 있다.

체 설계 기업인 미디어텍은 5G 이동통신, AI와 차량용 반도체, 주문형 반도체 사업에 주력하는 중이다.

한국도 AGI와 초거대 AI 개발에 뒤처지지 않기 위해 발 빠르게 움직이고 있다. 삼성전자는 미국과 한국에 'AGI 컴퓨팅랩'을 설립하고 AGI 전용 반도체 개발에 착수했다. 네이버는 한국어에 특화된 초거대 AI 모델인 하이퍼클로바X를 개발해 검색과 쇼핑 등 다양한 서비스에 적용하고 있다. 또한 멀티모달 AI 기술을 활용해 이미지와 텍스트를 동시에 이해하는 기능을 강화한다. 카카오는 자체 AI 연구소인 카카오 브레인을 통해 한국어 특화 AI 모델인 코GPT를 개발 중이며, 이를 기반으로 다양한 버티컬 AI 서비스를 출시할 예정이다.

AGI가 인류와 AI의 미래를 바꿔놓을 전망이다. 이로써 현재와는 차원이 다른 새로운 인류 문명이 탄생하게 될지, 혹은 인간의 종말이 가까워질지 미래는 아무도 모른다. 중요한 것은 AGI를 인간이 통제하지 못하면 낙관적인 기대와는 달리 인류의 미래가 오히려 불행해질 수 있다는 점이다. 빅테크 기업들은 막대한 돈을 투입해 AI 패권을 잡기 위한 혁신적 도전을 하는 것도 중요하지만, 부작용이 초래할 위험성에 대해 보다 더 경각심을 갖고 대안을 마련해야 할 것이다.

고성능 컴퓨팅

일반적인 컴퓨터로는 처리하기 어려운 복잡하고 방대한 계산을 매우 빠른 속도로 처리하는 컴퓨팅 기술. 슈퍼컴퓨터가 대표적인 사례로 여러 대의 컴퓨터를 연결해 하나의 거대한 컴퓨터처럼 작동하도록 구성하는 것이 핵심이다.

AGI 전용 반도체

인간 수준의 지능을 가진 AI인 AGI를 구현하기 위한 핵심 기술.

빅테크 기업들의
경쟁 우위를 향한 야심찬 행보

AI가 우리의 일상과 비즈니스 환경을 혁신한 지 수년이 지났고, 생성형 AI의 등장으로 전 세계의 이목을 집중시켰다. 하지만 빅테크 기업들이 목표로 하고 있는 AGI가 등장하면 지금까지와는 차원이 다른 세상이 펼쳐지게 된다. 거센 물결이 일며 비즈니스와 경제뿐 아니라 사회 전반의 판도를 완전히 바꾸는 혁명적 변화가 일어날 전망이다. 이러한 대전환기에 미국의 빅테크 기업들은 또다시 승자의 길을 걷기 위한 준비에 나섰다.

AGI가 주도할 비즈니스와 산업의 혁신

AGI가 등장하면 오늘날의 AI 비즈니스와 산업은 어떻게 달라질까? 첫째, 제조에서 판매까지 비즈니스의 전 과정이 자동화된다. AGI는 단순한 프로세스 자동화를 넘어 기업 내 모든 부서와 업무 간의 복잡한 상호작용을 이해해 완전 자동화를 구현해준다. 공장은 사람이 전혀 없는 자율 제조공장으로 변모해서 명령만 하면 로봇이 스스로 모든 업무를 알아서 처리해줄 수 있다.

현재 대규모 온라인 쇼핑몰은 재고 부족이나 과잉 문제를 해결하기 위해 별도의 관리 시스템을 활용해 사람이 의사결정을 한다. 하지만 앞으로 AGI는 전 세계 물류센터의 데이터를 분석해 재고 상태를 실시간으로 모니터링하고, 특정 지역의 소비자 수요까지 예측해서 대응할 것이다. 예를 들어 폭설로 물류가 지연될 가능성을 미리 예측한 AGI는 필요한 재고를 일찍 배치해 공급 차질을 막아준다.

둘째, 초개인화된 고객 경험을 제공한다. 현재 온라인 쇼핑몰은 사용자의 과거 구매 데이터를 기반으로 단순 추천을 제공하는 수준이다. 하지만 AGI는 사용자가 미처 생각하지 못했던 취향까지 분석해서 의견을 제시한다. 예를 들어 사용자의 사진을 보고 체형과 피부톤을 분석해서 최적의 의상을 추천해주고, 휴가를 앞둔 경우에는 취향과 소비 여력 등을 감안해서 가장 적합한 여행지를 제안하고 예약까지 담당한다.

셋째, 인간-기계 협업의 신세계가 열린다. 현재 건축가는 대략적인 아이디어를 설계로 구현하기 위해 여러 도구를 사용하고 반복 작업을 수행한다. 하지만 AGI는 건축가가 단순히 '햇빛이 잘 드는 친환경 3층 주택'이라는 아이디어만 말해도, 해당 요구사항을 바탕으로 구체적인 3D 설계도를 생성해준다. 이후 건축가는 AGI와 대화하면서 설계도를 정교하게 수정할 수 있다.

넷째, 인간의 수명이 연장된다. 현재 기술로는 희귀병을 진단하는 데 수개월이 걸리고, 신약 개발에는 수년이 소요된다. 하지만 AGI는 환자의 유전자 데이터, 과거 병력, 증상을 모두 분석해 희귀병을 빠르게 진단해서 맞춤형 치료법까지 제시해준다. 신약 개발의 경우, AGI가 약물의 화학적 구조와 생리적 영향을 분석해 후보 물질을 제안하면 개발 기간을 1년 이하로 줄일 수 있다.

다섯째, 교육에 새로운 혁명이 일어난다. 현재 변화와 혁신이 가장 더딘 분야가 교육 시장이다. 모든 학생이 동일한 교재와 강의 방식으로 학습하고 있으며 개별적인 피드백 역시 부족하다. 하지만 AGI가 적용되면 학생의 학습 스타일과 강약점을 분석해 맞춤형 학습이 가능하다. 예를 들어 수학의 그래프 이해에 어려움을 겪는 학생에게는 실생활 예시를 보여주는 그래프 중심의 콘텐츠를 제안하는 식이다. 학생이 실시간 반복적으로 질문해도 AGI는 지치지 않는다. 질문에 즉시 답변하고 추가 학습자료까지 추천해준다.

여섯째, 완벽한 '만능 개인 비서' 시대가 열린다. 현재의 AI 비서는 일정 관리, 음악 재생, 간단한 질의응답에 국한되어 반응한다. 하지만 AGI는 개인의 특성과 습관까지 이해해 일정 관리를 해주고 개개인의 업무 특성까지 이해해서 복잡한 문제를 풀어준다. 가령 "다음 주에 열리는 회의의 발표 자료를 준비해줘."라고 요청한다고 해보자. 그러면 매주 하는 발표의 특성을 이해해서 다음 주 발표 내용에 부합하는 데이터를 조사하고 발표 자료를 작성한 후 시뮬레이션까지 준비해줄 것이다.

일곱 번째, 창작의 신세계를 열어준다. 현재 영화 제작은 시나리오 작성, 촬영, 편집 등 많은 단계에서 수작업과 창의적 협업이 필요하다. 하지만 AGI가 적용되면 모든 과정이 간편해진다. 영화감독이 "공상과학 장르의 감동적인 가족 이야기를 원한다."라고 말하면 AGI가 전체 시나리오를 작성하고 시각효과까지 넣어 시뮬레이션을 만들어준다. 이후 감독과 AGI가 협업해 세부적으로 조정하고 감정선을 더해 최종 작품을 완성한다.

여덟 번째, 노동 시장에 큰 변화가 온다. AI 시대 노동자들이 가장 우려하는 것은 일자리의 소멸이다. 하지만 이는 극단적인 예측이다. 중요한 것은 AGI가 특정 유형의 전문성에 관한 수요를 변화시켜 노동 시장에 어떤 영향을 미칠 것인가 하는 점이다. AGI 시대가 오면 기존의 전문 지식이 지닌 가치는 약화되는 반면, 새로운 분야의 전문 지식이 필요한 일자리를 창출할 수도 있다.

빅테크 기업들의 AGI 생태계를 향한 도전

AGI가 바꿀 이 같은 대변혁 시대를 주도하기 위해 빅테크 기업들은 초거대 AI 개발과 인프라 확장에 거대한 자금을 쏟아붓는 실정이다. 구글의 딥마인드는 AGI 연구를 목표로 수조 원을 투자해 AGI의 가능성에 성큼성큼 다가가고 있다. 이를 위해 구글은 유튜브와 구글 맵스의 검색 엔진에서 수집된 방대한 멀티모달 데이터를 AGI 모델 훈련에 활용한다.

오픈AI 역시 초거대 언어 모델 GPT 시리즈로 AGI 기술을 완성하기 위해 마이크로소프트와 협력을 강화하는 중이다. 메타는 소셜 미디어 데이터를 기반으로 인간 행동과 의사소통 패턴을 학습해 AGI 개발에 접목했으며, 자체 AI 슈퍼컴퓨터인 리서치 슈퍼클러스터를 통해 AGI를 향한 연구에 속도를 내고 있다.

구글, 마이크로소프트, 아마존은 이미 AGI를 활용한 비즈니스 생태계 구축도 준비 중이다. 구글은 AI 기반의 검색과 추천 기술을 AGI 수준으로 고도화할 방침이다. 더불어 신약 개발과 유전자 분석 고도화를 위해 알파폴드에 AGI를 탑재할 계획도 세우고 있다. 아마존은 AGI를 활용해 개인 맞춤형 쇼핑 경험을 제공하고 물류 최적화를 구현하려 준비 중이다. 마이크로소프트는 생성형 AI를 오피스 제품군에 탑재해 고도화한 데 이어 AGI를 활용한 제품군으로 전환해 업무 자동화와 생산성 혁신을 이루어낼 예정이다.

빅테크 기업들은 AGI의 가능성을 실현하기 위해 기술 개발, 데이터 통합, 인재 확보, 윤리적 이슈 대응, 시장 확장 등 다방면에서 철저하게 준비하고 있다. AGI는 단순한 기술적 진보를 넘어 새로운 비즈니스 생태계와 글로벌 경제 질서를 창출할 것이라는 데 이견이 없기 때문이다. 이 경쟁에서 승자가 되기 위해 빅테크 기업들은 AGI의 혁신을 선도하고 이를 바탕으로 지속가능한 비즈니스 생태계를 구축하려는 큰 미래를 구상 중이다. 이런 변화를 지켜만 볼 게 아니라 우리도 이 틈새에서 살아남기 위해 전략적 고민을 시작해야 할 때다.

폭발적 시너지를 품은
AGI와 클라우드 서비스의 대융합

'구름 속 기술 저장소'가 AI 서비스의 미래가 되고 있다. 클라우드 컴퓨팅 기술은 웹 기반 애플리케이션의 등장과 함께 소프트웨어를 설치하지 않고도 인터넷을 통해 다양한 서비스를 이용할 수 있는 세상을 열었다. 서버, 스토리지, 데이터베이스, 네트워크, 소프트웨어 등 모든 IT 자원을 인터넷을 통해 제공받을 수 있다. 2006년 아마존은 AWS를 상용화하면서 클라우드 서비스의 포문을 열었다. 이어 마이크로소프트 애저, 구글 클라우드 플랫폼 등 클라우드 서비스가 우후죽순 등장하면

클라우드 컴퓨팅 기술

인터넷을 통해 서버, 스토리지, 데이터베이스, 소프트웨어 등 컴퓨팅 자원을 필요한 만큼 빌려 쓰고, 사용한 만큼 비용을 지불하는 방식을 의미한다.

서 춘추 전국시대를 맞고 있다. 특히 스마트폰의 등장으로 언제 어디서든지 클라우드 서비스를 이용할 수 있게 되면서 클라우드는 우리 삶의 필수 요소가 되었다. 나아가 클라우드는 AI와 결합해 더욱 스마트하고 개인화된 서비스로 진화하는 중이다.

클라우드 서비스는 왜 중요한가?

대표적인 클라우드 서비스 모델은 인프라Infrastructure as a Service, IaaS, 플랫폼 Platform as a service, PaaS, 소프트웨어Software as a Service, SaaS 등이다. IaaS는 컴퓨터, 서버, 스토리지(CPU, 메모리, 저장공간), 네트워크 등 IT 인프라를 인터넷을 통해 제공하는 서비스 모델이다. 기업은 물리적인 하드웨어를 구매하지 않고 필요한 인프라 자원을 인터넷을 통해 빌려서 사용할 수 있다. 하드웨어 구매와 설치 및 유지보수 비용을 절약할 수 있고 관리 부담을 줄여준다.

PaaS는 애플리케이션 개발, 실행, 관리에 필요한 플랫폼을 제공하는 서비스다. 개발 환경 전체를 제공하기 때문에 개발자는 웹 애플리케이션, 모바일 앱, 데이터 분석 플랫폼, AI 모델 개발에만 집중하면 된다. SaaS는 인터넷을 통해 완성된 소프트웨어를 제공하는 서비스라서 소프트웨어를 설치하지 않고 웹 브라우저를 통해 바로 사용 가능하다. 구글 드라이브나 마이크로소프트에서 제공하는 워드, 엑셀, 파워포인트 등의 365서비스가 대표적인 SaaS다. 그래서 온디맨드On-Demand 서비스가 가능하다. 즉 클라우드 컴퓨팅은 필요할 때마다 자원을 요청해서 사용하고 필요 없을 때는 자원을 반환할 수 있다.

사용자는 물리적인 장비를 구입하거나 유지할 필요 없이 서비스 제공업체의 리소스를 필요한 만큼 빌려 사용하면 되고 서버 자원을 유연하게 확장할 수 있다. 특정 시점에 트래픽이 급증하면 필요한 서버 자원을 즉시 확장할 수 있고 다시 줄어들면 자원을 줄이는 것도 가능하다. 물리적 서버나 장비를 구매하고 유지보수하는 비용을 절약할 수 있는 것도 장점이다. 특히 인터넷에 연결된 곳 전 세계 어디에서나 데이터와 애플리케이션을 사용할 수 있다.

대표적인 클라우드 서비스는 아마존의 AWS, 마이크로소프트 애저, 구글의 구글 클라우드, 알리바바 클라우드, 오라클 클라우드, IBM 클라우드, 화웨이 클라우드, 세일즈포스 클라우드 등이다. 이처럼 클라우드 서비스 시장에서는 거대 기업들이 치열한 글로벌 경쟁을 펼치는 중이다. 네이버 클라우드, KT 클라우드, NHN 클라우드가 국내 대표 클라우드 서비스 제공 기업으로 손꼽힌다.

글로벌 클라우드 기업들의 핵심 과제

AI의 궁극적인 목표로 여겨지는 AGI 시대의 도래는 기술 서비스의 패러다임까지 근본적으로 바꿔놓을 전망이다. 특히 클라우드 생태계를 중심으로 혁신적인 재편이 예상되는데 바로 AGI와 클라우드의 대융합이다.

AGI 시대에는 지금과는 차원이 다른 대규모 데이터 처리와 학습이 요구되며, 이를 지원할 인프라로 클라우드가 필수 요소로 자리 잡게 된다. 지금과 같은 서버형 구축보다는 클라우드가 데이터 저장, 컴퓨팅 파워 제공 그리고 AI 모델 배포를 위한 최적의 플랫폼이다. 따라서 훨씬 경제적인 우위에 올라설 수 있다. 이로 인해 클라우드는 단순한 데이터 저장소의 개념을 넘어, AGI를 구현하고 활용하기 위한 기술 서비스 허브로 진화할 것이다.

기업들이 AGI를 작동시키려면 AI 학습 속도를 높이고 솔루션의 효율적 적용을 위해 초대규모 GPU와 TPU 인프라가 중요하다. 또한 AI 애플리케이션을 쉽게 개발하고 배포할 수 있는 AGI 관련 도구를 비롯해서 프레임워크와 API가 절대적으로 필요하다. 나아가 AGI는 실시간 의사결정과 실행을 요구하므로 엣지 디바이스와 클라우드의 통합이 필수다. 이런 이유로 클라우드는 AGI 시대 기술 서비스의 총아가 될 수밖에 없다. AGI와 클라우드의 융합은 산업 전반의 기술 혁신을 가속화하고 글로벌 클라우드 기업들은 이 변화를 주도하는 핵심 역할을 맡게 될 것이다.

하지만 보안 취약성과 정보 유출에 대한 우려는 여전히 클라우드 확산의 주요 장애 요인이다. 일례로 중요 정보에 대한 데이터 무단 접근,

데이터 전송 중 위험, 네트워크 공격, 내부자의 데이터 유출 등은 여전히 극복해야 할 과제로 남아 있다. 이제 기업들에게 보안은 선택이 아닌 필수다. 그러므로 클라우드 서비스를 제공하는 기업들은 보안 기술 강화에 사활을 걸 전망이다.

이러한 상황에서 국내 민간 클라우드 시장은 점점 더 외국 기업들에게 잠식당하고 있다는 우려의 목소리가 높다. 과학기술정보통신부가 발표한 '2023년 부가통신사업 실태조사'에 따르면, 국내 민간 회사 중 AWS의 클라우드 서비스를 이용하는 기업의 비중은 60.2퍼센트, 마이크로소프트와 구글을 이용하는 기업은 각각 24퍼센트, 19.9퍼센트에 달했다. 국내 기업 중에서는 네이버 클라우드만 20퍼센트의 이용률을 보였다. 마이크로소프트가 국내 공공 클라우드 시장에까지 진입하게 된 상황에서 국내 기업들도 새로운 도전이 필요한 시점이다.

'칩 워' 제2라운드는 AGI 반도체로 이어진다

'마법의 돌'이라고 일컬어지는 '산업의 쌀' 반도체는 20세기 중반 이후부터 현대 기술 혁신의 중추적인 역할을 담당하고 있다. 20세기 초 전자기기는 진공관을 이용해 작동했다. 하지만 1947년 노키아 벨 연구소Nokia Bell Labs의 과학자들이 트랜지스터라는 최초의 반도체 소재 개발에 성공하면서 컴퓨터, 통신 장비, 전자기기의 소형화와 고성능화 시대를 열었다.

1958년 텍사스 인스트루먼트Texas Instruments의 잭 킬비Jack Kilby와 페어차일드 세미컨덕터Fairchild Semiconductor의 로버트 노이스Robert Noyce는 개별 트랜지스터를 하나의 칩에 통합한 집적회로Intergrated Circuit, IC

를 발명하는 데 성공한다. 집적회로는 수많은 트랜지스터를 하나의 실리콘 칩 위에 집적시킨 것으로 복잡한 연산과 제어를 가능하게 했다. 이는 전자기기의 크기와 비용을 획기적으로 줄이는 기폭제가 되었으며 현대 컴퓨터의 기초를 만들었다. 뒤이어 인텔은 1971년 최초로 상업용 마이크로프로세서인 '인텔 4004'를 개발하며 반도체의 제왕이 되었다. 이 칩은 컴퓨터의 중앙처리장치를 하나의 칩에 통합한 것으로 컴퓨터, 스마트폰, 전자기기 등의 핵심 부품으로 자리 잡는다. 인텔의 공동창립자 고든 무어Gordon Moore는 반도체 칩의 성능이 매 18~24개월마다 두 배로 증가한다는 예측을 내놓으며 '무어의 법칙'을 탄생시켰다.

AI 반도체를 둘러싼 빅테크들의 칩 전쟁

1980년대 들어 한국의 삼성전자와 하이닉스가 세계적인 메모리 반도체 기업으로 부상했다. 반도체는 크게 메모리 반도체와 시스템 반도체로 분류되는데, 메모리 반도체는 데이터를 저장하고 읽고 쓰는 정보 저장에 특화되어 있다. 이 시장에서 한국은 세계 최고 경쟁력을 갖고 있다. 하지만 AI 시대가 되면서 시장과 기술의 흐름이 바뀐다. 시스템 반도체가 핵심 반도체로 부상했기 때문이다.

시스템 반도체

메모리 반도체와 달리 연산, 제어, 처리 등 정보 처리 기능을 수행하는 반도체. 쉽게 말해 컴퓨터의 두뇌와 같은 역할을 한다.

시스템 반도체는 데이터를 처리하고 제어하는 역할을 수행해서 논리 연산, 제어, 통신, 센싱 등 다양한 기능을 가능하게 한다. 컴퓨터나 스마트폰의 논리 연산과 제어 역할을 했던 시스템 반도체 CPU_{Central Processor Unit}는 한때 인텔을 세계적인 기업의 반석에 올려놓았다. 지금은 AI의 연산과 그래픽 처리에 특화된 시스템 반도체 GPU_{Graphic Processor Unit}의 수요가 폭증하면서 엔비디아가 세계 1등 기업으로 도약했다.

이른바 AI 대중화의 물결을 타고 AI 반도체를 둘러싼 '칩 전쟁'이 시작되었다. AI 반도체는 AI 연산에 특화된 반도체 칩으로 AI 모델을 학습하고 실행하는 데 필요한 대규모 데이터 처리와 복잡한 연산을 효율적으로 처리할 수 있도록

AI 반도체

AI 알고리즘의 실행에 최적화된 반도체. 병렬 처리, 저전력 고효율 등의 특징을 갖고 있다.

설계된 반도체다. 빠른 연산 속도와 높은 에너지 효율성을 갖고 있으며 AI 알고리즘의 특성에 맞춰 설계되어 있다.

AI 반도체 전쟁의 중심에는 엔비디아가 자리한다. 엔비디아의 A100과 H100 GPU는 AI와 머신러닝 작업에 최적화된 제품으로, 데이터센

터, 클라우드 서비스, 슈퍼컴퓨터 등에서 널리 사용되고 있다. 엔비디아는 2023년에 데이터 센터용 GPU 376만 개를 출하해 이 분야 시장 점유율 98퍼센트를 기록했다. 놀랄 만한 사실은 2022년 264만 대보다 40퍼센트나 물량이 증가했고, 매출은 1년 사이에 362억 달러로 세 배 이상 늘었다는 점이다. 게다가 현재 수요에 비해 공급이 턱없이 부족한 상황이다.

심지어 프랑스는 2024년 6월 생성형 AI 경쟁 심화와 관련한 보고서를 발표하고 "AI 칩 공급업체들이 독점적 지위를 남용할 위험이 있다." 라면서 엔비디아를 반독점법 위반 혐의로 기소하고자 준비 중이다. 미국 법무부도 연방거래위원회와 함께 엔비디아, 마이크로소프트, 오픈 AI의 반독점 조사에 들어갔다. EU 집행위원회는 애플과 메타가 디지털 시장법을 위반했다고 발표한 데 이어 엔비디아의 반독점 규정 위반 가능성을 검토하고 있다. 이런 움직임이 나타난 이유는 엔비디아가 압도적인 시장 점유율을 바탕으로 각국 정부를 위협하는 수준에 이르렀다고 판단했기 때문이다.

엔비디아의 독주에 대항하기 위한 빅테크들의 행보도 이어지고 있다. 구글은 AI 연산에 최적화된 전용 반도체인 TPU를 개발해 AI 칩 전쟁에 뛰어들었다. 클라우드 서비스용으로 개발된 프로세서로 현재 구글 서치, 구글 트랜스레이트, 구글 포토 등의 서비스에 활용 중이다. 인텔과 마이크로소프트는 'GPU=엔비디아'라는 아성을 깨는 데 집중하고 있으며, 아마존도 자체 AI 칩 개발에 주력하고 있다. 대규모 AI 모델의

▶ 3세대 AI 칩 '트레이니움2'

훈련에 최적화된 3세대 AI 칩인 트레이니움2를 개발해 AI 스타트업인 앤트로픽과 데이터브릭스Databricks를 통해 테스트 중이다. 2025년에는 트레이니움2의 성능을 네 배가량 향상시킨 트레이니움3를 출시할 예정이다.

AGI가 주도할 비즈니스와 산업의 혁신

반도체 회사들은 이제 AI를 넘어선 AGI 시대의 도래를 겨냥한 '제2의 칩 워'를 준비하는 중이다. AGI는 인간 수준의 지능을 구현하기 위해 기존 AI와는 비교할 수 없을 정도로 빠른 계산 능력과 대규모 데이터 처리 능력을 필요로 한다. 이를 실현하려면 AI 특화 반도체가 필수다. 또한 기존 CPU나 GPU보다 훨씬 더 최적화된 처리 속도와 에너지 효율성이 마련되어야 가능하다.

이런 변화에 따라 AGI는 반도체 시장의 무게 중심을 클라우드 및 데이터 센터로 옮겨놓고 있다. AGI를 활용하는 기업과 연구소는 대규모 클라우드 인프라를 통해 AGI 모델을 학습하고 배포해야 하며, 이를 지원하기 위한 고성능 AI 반도체의 수요가 폭발적으로 증가할 수밖에 없기 때문이다.

미국은 반도체 장비 및 첨단 공정 기술의 독점을 통해 중국의 AI 반도체 접근 차단에 총력을 기울이는 반면, 중국은 칩 굴기 전략으로 미국을 넘어서겠다는 구상이다. 반도체 기업들의 시장 경쟁도 뜨거워지고 있다. 엔비디아는 AI 및 AGI 훈련에 필수적인 새로운 GPU 개발과 성능 향상에 주력하면서 다른 한편으론 쿠다, 트리톤, 텐서RT AI 개발 및 추론 가속화를 위한 소프트웨어 도구를 제공하며 개발자 생태계 확대에 나섰다.

AMD는 MI300 시리즈와 같은 AI 및 고성능 컴퓨팅용 GPU를 개발해 엔비디아를 추격 중이다. 자율주행차와 IoT 디바이스를 위한 엣지 AI의 수요 증가를 예상해 AGI 특화 칩 개발에도 집중하고 있다. 인텔은 AI 워크로드를 지원하는 AGI 전용 프로세서로 가우디를 재무장시키는 한편 ASIC Application-specific Integrated Circuit 및 FPGA Field Pogrammable Gate Aray 등 특수 목적형 반도체 개발을 강화하는 중이다.

TSMC는 2나노 이하 미세 공정 기술 개발을 가속화해 AI 칩 설계 기업들의 AGI 요구에 대응하고 있다. 구글은 자체 클라우드 애저 플랫폼에서 TPU를 통해 AGI 학습과 추론, 응용을 지원한다는 방침이다. 애플은 TSMC의 파운드리 능력을 활용해 자체 칩 설계로 고성능 AGI 기술을 적용해 모바일 및 엣지 디바이스의 성능을 향상시킬 계획이다.

삼성전자와 SK하이닉스의 셈법도 복잡하다. 삼성전자는 AGI 훈련에서 중요한 역할을 하는 HBM 반도체를 혁신해 디램과 낸드 플래시의 성능과 용량을 확대할 방침이다. 나아가 스마트폰, 태블릿, 웨어러블 디바이스 등에서 AI 기반 작업의 효율성을 높이는 데 사용되고 있는 엑시노스 NPU 및 AI 전용 반도체를 개발해 시스템 반도체의 비중을 확대할 계획이다. GAA~Gate-All-Around~ 공정 기술로 TSMC와 경쟁할 수 있는 파운드리 경쟁력도 강화할 전망이다.

SK하이닉스는 더 공격적이다. AGI 시대를 대비해 HBM 기술 강화, 고객 맞춤형 메모리 플랫폼 개발, 차세대 패키징 기술 도입, AI 기반 제조혁신 등 다양한 전략을 추진하고 있다. 특히 HBM3E(4세대 HBM의 확장 버전인 5세대 HBM)의 12단 적층을 넘어 16단 적층 기술을 개발해 AI 반도체 분야에서의 리더십을 강화하고자 한다. 각 고객사의 요구에 특화된 고객 맞춤형 메모리 플랫폼의 개발 및 고성능, 초소형 반도체 수요 증가를 겨냥한 컨벤셔널 패키지 등 다양한 패키징 기술 개발에

HBM 기술

고대역폭 메모리 기술로 고성능 컴퓨팅, 특히 AI, 그래픽 처리, 슈퍼컴퓨터 등 대량의 데이터를 고속으로 처리하는 데 필요한 핵심 메모리 기술.

주력할 예정이다.

정부는 AI 반도체를 국가 전략 기술로 지정하고 2030년까지 약 4조 원 규모의 민관 합작 투자를 통해 국가 AI 컴퓨팅 센터를 구축할 계획이다. 이를 위해 GPU 우선 구매 및 AI 인프라 확보, 17조 원 규모의 AI 전용 대출 신설, 글로벌 AI 펀드 조성 등을 추진하고 있다.

나아가 국내 기업들이 엔비디아 GPU에 의존하지 않고 초거대 AI 개발이 가능하도록 국산 AI 반도체 개발 지원을 시작했다. 리벨리온 Rbellions, 퓨리오사AIFuriosaAI, 딥엑스DEEPX 등 AI 반도체 스타트업들이 거대 반도체 기업에 도전장을 내밀고 있다. 사피온코리아와 합병한 리벨리온은 기업 가치가 약 1조 3,000억 원에 달하는데, NPUNeural Processing Unit 개발을 통해 AI 반도체 시장을 선점할 계획이다.

> **NPU**
> 신경망 처리 장치 또는 신경망 프로세서로 딥러닝 알고리즘의 연산에 특화된 마이크로프로세서.

AGI 시대 반도체 기업들의 시장 탈환 전쟁은 더욱 뜨거워질 전망이다. 이 전쟁에서 우위를 점하기 위해서는 초고성능 연산과 효율성을 중심으로 한 기술 혁신과 생태계 구축이 중요하다. 현재 엔비디아, 삼성전자, TSMC는 각각 AI 연산, 메모리, 제조 공정에서 구심점 역할을 하고 있다. 구글과 애플은 소프트웨어와 하드웨어의 통합을 통해 차별화 전략을 펼치는 중이다. 이처럼 AGI 시대는 반도체 기업들에게 도전이자 기회로 작용할 전망이다.

지능 있는 디지털 디바이스 세상이 열린다

평범했던 전자기기와 장비들에 AI가 탑재되어 사용자의 편의성을 극대화하고 있다. 텔레비전과 냉장고가 사람의 말을 알아듣고 명령을 실행해주며, 스마트폰 속 AI가 내가 하는 말을 원하는 언어로 동시통역해준다. 에어컨, 청소기, 로봇, 자동차 등 각종 전자제품에 AI가 탑재되어 질문만 하면 스스로 작동하는 AI 일상화 시대가 열리고 있다. '지능 있는 디지털 디바이스'의 세상이 멀지 않았다. 이는 온디바이스 AIOn-device AI가 이루어낸 변화다.

> **온디바이스 AI**
>
> 클라우드 서버나 외부 네트워크 연결 없이 기기 자체에서 AI 연산을 수행하는 기술. 즉 스마트폰, 태블릿, 웨어러블기기, 자동차 등 각종 기기 내에 AI가 탑재되어 있어 AI 기능을 구현해준다.

기존의 AI 기술은 각종 스마트기기에서 수집한 정보를 클라우드 서버로 전송해 분석한 후 다시 기기에 보내는 방식으로 운영되었다. 하지만 온디바이스 AI의 경우 클라우드 서버를 거치지 않고 스마트기기가 자체적으로 정보를 수집하고 연산할 수 있다. 이로써 클라우드 기반 AI의 문제점이었던 보안 문제도 해결할 수 있으며, 별도의 네트워크가 없이도 스마트폰, 웨어러블, 자동차 등의 디바이스 내에서 작업이 가능하다.

이 기술은 실시간 처리와 개인정보 보호가 가능하고 통신 단절에도 오프라인 작동과 같은 장점을 제공하는 등 디바이스를 더 똑똑하고 독립적으로 작동하도록 도와준다.

AGI와 온디바이스 AI가 바꿔놓을 미래

온디바이스 AI가 AGI와 접목되면 스마트폰과 가전제품은 완전히 다른 차원의 전자기기로 바뀐다. "다음 주 출장 일정을 이틀 앞당겨주고 호텔도 다시 예약해줘."라고 말하면 스마트폰 속 AGI 비서는 마치 사람처럼 자연스러운 대화를 하며 사용자의 복잡한 요청을 무리 없이 해결해준다.

그뿐만이 아니다. "우유의 유통기한이 3일 후에 만료됩니다. 계란이 두 개밖에 없습니다." 이처럼 말하는 냉장고는 내부 식재료의 유통

기한과 소비량을 분석해주고, 사용 가능한 식재료를 기반으로 요리 레시피도 알려준다. 여름철에 냉장고 문을 자주 여닫을 경우에는 온도를 자동으로 낮춰서 식재료의 신선도를 최적으로 유지한다.

AGI 웨어러블기기는 사람들의 건강을 지켜주는 데 큰 몫을 한다. 심박수가 비정상적으로 높아지면 AGI가 스마트워치 등 웨어러블기기 사용자의 혈압, 심박수, 산소포화도, 혈당 등 실시간 생체 데이터를 분석해 질병 발생 가능성을 예측하고 예방 조치를 제안해준다. 이제는 휴대용 초음파기기, 혈당측정기기, 애플 워치의 심전도 분석, 수면 모니터링 등 다양한 웨어러블기기가 개인의 건강을 지켜주는 의사 역할을 하게 된다.

AGI는 자동차를 단순한 이동수단을 넘어 지능형 모빌리티의 허브로 바꿔놓는다. 차량 내 AGI가 운전자의 음성 명령뿐 아니라 평소의 생활 습관과 건강 상태 등을 분석해 필요한 서비스를 자동으로 제공한다. 또한 자동차의 완전 자율주행을 구현해서 인간 수준의 의사결정을 내려 기존 자율주행 AI보다 더 정밀하고 안전하게 운전한다. 이런 식이라면 앞으로 차량 판매 방식은 단순히 차량을 판매하는 것이 아니라 AGI 서비스 판매로 바뀔 수밖에 없다.

이처럼 AGI가 온디바이스 AI로 활용되면 우리가 일상생활에서 사용하는 전자기기의 역할과 성능은 획기적으로 달라질 수밖에 없다. AGI의 일상화는 인간의 삶과 산업의 미래에 새로운 차원을 열어주는 중심축이 될 것이다.

한국의 AI 경쟁력은 온디바이스 AI에 있다

현재 한국은 AI 기술 경쟁에서는 뒤처진 상태다. 하지만 세계적인 경쟁력을 갖춘 제조 강국인 만큼 AGI가 탑재된 혁신적인 제품 개발로 세계 시장을 선도할 수 있다. 자동차, 조선, 철강, 가전, 로봇 등 한국의 대표 산업에 AGI를 탑재해 '뇌가 달린 제품 혁명'을 일으켜야 한다. 세계적인 경쟁력을 보유한 제조 역량을 발휘해 온디바이스 AI 기술과 융합하면 지금까지와는 차원이 다른 제품도 탄생시킬 수 있다.

온디바이스 AGI는 차별화된 경쟁력을 확보할 중요한 돌파구가 될지도 모른다. 이로써 클라우드 중심의 글로벌 AI 시장의 부진을 만회하고, 디바이스 중심의 자립적 AI 기술 개발로 한국형 AI 생태계를 구축할 수 있다. 지금부터 AGI 가전, AGI 자동차, AGI 로봇, AGI 스마트팩토리의 영역을 구축할 미래 구상을 해야 한다.

그런 의미에서 세계 최초로 온디바이스 AI를 적용한 삼성 갤럭시 S24의 행보는 주목할 만하다. 갤럭시S24 시리즈는 실시간 통역 기능에 주안점을 두었다. 인터넷 연결 없이도 어디서든 다른 언어를 사용하는 사람과 자유롭게 소통할 수 있게 했으며, 채팅 어시스트 기능은 번역 과정 없이 외국어 사용자와 메시지를 주고받도록 지원한다.

또한 온디바이스 AI를 통해 사용자의 데이터를 클라우드 서버로 보내지 않고 기기 내에서 처리할 수 있도록 함으로써 사용자 프라이버시를 보장한다. 물론 아직까지 온디바이스 AI로서의 경쟁력은 다소 부족

▶ 이미지 편집과 생성이 기능한 삼성 온디바이스

출처 : 삼성 홈페이지

하다. 하지만 시장 선점 측면에서는 삼성의 행보를 긍정적으로 평가할 수 있다.

AGI를 탑재해 수익을 창출하는 비즈니스 모델 18

온디바이스 AGI는 온디바이스 AI보다 한발 더 나아가 기기 자체에서 인간처럼 사고하고 행동할 수 있는 AGI를 탑재한 디지털 디바이스 시대를 열어줄 전망이다. 이 기술은 스마트폰, 웨어러블, 가전제품, 자동차, 로봇, 스마트팩토리 등 다양한 디바이스에 적용되어 일상을 혁신할 것이다. 물론 논란을 불러일으킬 우려도 크지만 차원이 다른 세상이 열린다는 점에서 놀라운 변화를 가져올 것이 분명하다.

제칠 것인가, 밀릴 것인가? 전자제품 회사들의 치열한 경쟁

어떤 기업이 AGI 시대 혁신의 주인공이 될 수 있을까? 과거 20세기 초반 미국은 가전제품의 선도 국가였다. GE, 웨스팅하우스, RCA Radio Corporation of America 등이 전기다리미와 냉장고, 진공청소기를 앞세워 가전제품 왕국을 만들었다. 하지만 제2차 세계대전 이후 1950~1970년 사이에는 유럽이 가전제품 시장을 선도한다. 그런 흐름 속에서 지멘스, 밀레, 일렉트로룩스 등이 가전제품의 강자로 부상한다.

1970년이 되자 일본이 반도체 기술력을 무기를 부상했고 소니, 파나소닉, 샤프 등의 기업이 컬러 TV 등을 앞세워 가전 혁명을 일으켰다. 2000년대에 들어서자 한국의 삼성전자와 LG전자가 스마트TV, 프리미엄 세탁기와 냉장고로 전 세계 가전 시장을 주름잡기 시작했다. 이 틈새를 현재는 하이얼Haier, TCL, 메이디Midea 등 중국 기업들이 차지하고 있으며 저가 제품을 앞세워 시장 점유율을 높이는 중이다.

삼성전자와 LG전자가 이들의 추격에 밀려 추락할 것인지, 개의치 않고 앞서나갈 것인지는 AI와 AGI를 얼마나 잘 활용해 가전제품을 혁신해내느냐에 달려 있다. 특히 생성형 AI 돌풍 이후 시작된 AI 반도체와 AGI의 등장은 온디바이스 AGI 시대를 열어줌으로써 프리미엄 디바이스 시대라는 새로운 경쟁 체제에 돌입할 전망이다.

AGI 시대 투자 유망 기업은 어디인가?

앞으로는 스마트폰, 냉장고, 자동차, 웨어러블기기에 AGI를 탑재해서 어떤 혁신 제품을 내놓느냐가 기업의 운명을 결정하게 될 것이다. 따라서 투자자는 이런 혁신적인 시도를 하는 기업에 주목해야 한다. 대표적인 기업으로는 엔비디아, 아마존, TSMC, 삼성전자, 소프트뱅크, AMD, 마이크로소프트, 애플, 아마존, 메타 등을 들 수 있다.

AGI 시대에는 온디바이스 기술과 클라우드 인프라를 중심으로 일상과 산업 전반에 대혁신이 일어나게 된다. 그러므로 이들 기업이 AGI 기술을 이끌어갈 핵심 주체이자 장기적으로 유망한 투자 대상이다. 다만 투자 시 시장의 변동성과 기술 발전 속도를 면밀히 관찰하고 전략적으로 접근할 필요가 있다. 기술 발전의 불확실성, 경쟁의 심화, 규제와 윤리 문제 등의 이슈도 고려해야 한다.

▶ AGI 시대 투자 유망 기업

기업명	성장 기대 이유
오픈AI OpenAI	– GPT 시리즈를 통해 LLM 개발 선도 – 마이크로소프트와 협력해 AI 상용화 및 AGI 개발 집중 – 윤리적 AI 및 안전한 AI 개발 강조
구글 딥마인드 DeepMind	– AGI 연구를 목표로 다방면에서 기술력 확보 – 알파고, 알파폴드 등 AI 혁신 사례 다수 보유 – 멀티모달 AI 기술과 AGI 학습 데이터 통합
엔비디아 NVIDIA	– AI 훈련 및 추론에 최적화된 GPU로 시장 선도 – 쿠다, 트리톤 등 개발자 생태계 지원 도구 제공 – AI 반도체 시장 점유율 98퍼센트로 AGI 필수 인프라 제공
마이크로소프트 Microsoft	– 클라우드 플랫폼 애저를 통해 AGI 학습과 배포 지원 – 코파일럿으로 AI 비서의 새로운 기준 수립 – 오픈AI와 협력해 연구와 상용화 선도
알파벳 Alphabet	– 딥마인드로 AGI 연구 선도 – 방대한 데이터와 멀티모달 학습으로 AGI 기술 발전 주도 – 구글 서비스와 AGI 통합 가능성
아마존 Amazon	– AWS로 AI 및 AGI 클라우드 인프라 제공 – AI 모델 훈련 및 최적화용 자체 칩 개발

애플 Apple	– 하드웨어와 소프트웨어 통합 역량 강점 – 자체 칩 설계(TSMC와 협력)로 AGI 기반 디바이스 개발 – 사용자 경험 중심의 혁신적 AI 기능 제공
메타플랫폼스 Meta Platforms	– 멀티모달 AI 연구 및 오픈소스 AI 모델 공개 – 소셜 미디어 데이터를 통한 인간 행동 학습 및 AGI 접목
삼성전자 Samsung Electronics	– AGI 전용 반도체 개발을 목표로 AGI 컴퓨팅 랩 설립 – 엑시노스 NPU, HBM 기술로 AI 데이터 처리 혁신 – 글로벌 제조 강점을 통한 디바이스 혁신 주도
SK하이닉스 SK hynix	– AGI 시대의 핵심 인프라인 고성능 메모리와 HBM 기술 – 엔비디아, AMD 등 글로벌 AI 기업과 협력 – HBM3, HBM3E 등 차세대 제품군 개발, 고성능 패키징 기술
타이완 반도체 매뉴팩처링 TSMC	– 2nm 이하 공정 기술 개발로 AI 칩 제조의 중심 역할 – 엔비디아, AMD 등 주요 AI 칩 설계 기업과 협력 – 고성능 컴퓨팅 및 AI 반도체 생산 리더
어드밴스드 마이크로 디바이시스 Advanced Micro Devices	– AI 및 HPC용 GPU MI300 시리즈로 엔비디아 추격 – 엣지 AI 및 AGI 특화 칩 개발 집중
인텔 Intel	– AI 가속기 및 가우디 시리즈로 AGI 워크로드 지원 – ASIC, FPGA 등 특수 목적형 반도체 사업 강화
소프트뱅크 Softbank	– 이자나기 프로젝트로 AI 반도체 시장에 도전 – AI 관련 칩 제조로 일본 반도체 산업의 재도약 시도 – 손정의 회장의 강력한 AGI 비전과 투자
앤트로픽 Anthropic	– AI 정렬 연구로 안전한 AGI 개발 – 공익법인 형태로 윤리적 AI 기술 발전 주도 – 클로드로 AGI 대화형 모델 상용화 추진
네패스아크 nepesArk	– 뉴로모픽 AI 칩 테스트 개발 완료 – AGI 관련 기술력 보유
가온칩스 GAONCHIPS	– 시스템 반도체 설계 전문 기업으로 AGI 관련 기술 역량 보유
에이직랜드 ASICLAND	– AGI 시대를 겨냥한 기술력을 갖춘 기업 – AI 및 AGI 기술 응용 확장 가능성 있음

한국에도 아직
AI 비즈니스의 기회는 열려 있다

'2026년 CES에서는 또 어떤 기업과 기술이 우리를 놀라게 할까?'

라스베이거스에서 열린 CES 2025가 그 화려한 막을 내리던 날, 나의 관심은 벌써 다음 해의 CES로 향했다. 1년 뒤 인류의 삶과 비즈니스는 또 다른 국면에 진입해 있을 것이다. 세계 각국의 혁신가와 기업들이 CES 현장에서 펼친 기술의 향연은 단순한 전시를 넘어 미래의 방향성을 제시하는 무한한 가능성의 장이었다. 이곳에서의 경험은 기술이 우리의 삶을 어떻게 변화시키고 있는지, 나아가 앞으로 무엇을 기대해야 하는지에 대해 깊은 영감과 통찰을 얻는 계기가 되어주었다.

특히 주목할 만한 사실은 한국 기업들이 CES 2025에서 다양한 분야의 혁신상을 수상하며 큰 성과를 냈다는 점이다. 대기업부터 스타트업까지 하나의 부문에만 집중하지 않고, 에너지와 스마트홈 그리고 모빌리티 기술 등 전 분야에 걸쳐 혁신적인 기술을 제품에 구현해냈다. 그 결과 혁신상 수상 기업 292곳 중 한국 기업이 무려 129곳에 이르는 쾌거를 이루어냈다.

전 세계의 기업과 개인들은 끊임없이 서로의 혁신에서 새로운 통찰과 영감을 받고 도전에 나설 것이다. 나아가 매년 더 놀라운 AI 기술이 반영된 제품들을 내놓으며 시대를 이끌 전망이다. 이러한 기술은 인류가 만날 또 다른 난제의 해결 방안이 되어줄 것이 분명하다.

이 책이 개인과 기업, 공공 조직과 국가가 당장의 문제를 해결하는 데 머물지 않고 지속가능한 미래를 위해 무엇을 준비해야 할지 생각해볼 수 있는 계기가 되기를 바란다. 무엇보다 지금 당장 시작해야 한다. 우리가 상상하던 미래는 AI 기술의 진보로 이미 시작되었기 때문이다.

AI가 일으킨 파도에서 좌초되지 않으려면 더 이상 우물쭈물하면서 실행을 미루어서는 안 된다. AI를 활용해 내 삶의 효율성을 높이는 일부터 시작해서 통합적이고 진취적인 사고로 전방위적인 AI 기술 개발에 동참해야 할 때다. 머뭇거리는 사이 세상은 빠른 속도로 변화하며 저만큼 앞서나간다. 미래가 현재가 되는 속도가 점점 더 빨라지고 있음을 잊지 말아야 한다.

특별부록 1

산업통상자원부가 발표한
AI 산업 10대 과제

AI를 접목한 제조 공정 및 제품혁신 성공 사례를 만드는 민관합동 프로젝트

▶ 경영진의 AI 도입에 대한 인식과 낮은 활용도

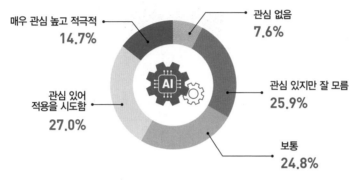

매우 관심 높고 적극적
14.7%

관심 없음
7.6%

관심 있어
적용을 시도함
27.0%

관심 있지만 잘 모름
25.9%

보통
24.8%

출처 : 산업부 · E컨슈머(2024년 9월)

산업 AI 활용의 시발점

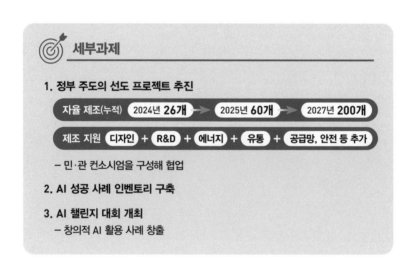

세부과제

1. 정부 주도의 선도 프로젝트 추진

자율 제조(누적) | 2024년 **26개** ➡ 2025년 **60개** ➡ 2027년 **200개**

제조 지원 **디자인** + **R&D** + **에너지** + **유통** + **공급망, 안전 등 추가**

– 민·관 컨소시엄을 구성해 협업

2. AI 성공 사례 인벤토리 구축

3. AI 챌린지 대회 개최
– 창의적 AI 활용 사례 창출

▶ AI 에이전트

자율적으로 작업을 수행하여 인간의 의사결정을 지원

AI 에이전트가 디지털 트윈과 연계되어 다양한 활용 솔루션으로 발전

> "가까운 미래에는 기업 고객과 소통할 수 있는
> AI 에이전트를 보유하게 될 것."
>
> _메타 CEO, 마크 저커버그

▶ 피지컬 AI

AI 모델을 로봇·자동차 등에서 구현

> "로봇의 챗GPT 모먼트가 임박했다."
>
> _엔비디아 CEO, 젠슨 황

해외 사례

- 자율적으로 연구하고 실험하는 AI 사이언티스트 개발(일본, 사카나 AI)
- 피규어AI는 오픈AI와 협업하여 AI 휴머노이드 개발

 세부과제

1. **정부 주도의 선도 프로젝트 추진**
   - AI 에이전트와 디지털 트윈 연계·구축(설비 진단, 품질 검사, 에너지 효율 등)

2. **AI 성공 사례 인벤토리 구축**
   - 기술 개발 실증·양산 인프라 개발 등

3. **AI 챌린지 대회 개최**
   - 자율주행 자동차·선박 등

03 산업 AI 컴퓨팅 인프라

업종·지역 단위의 기업 AI 컴퓨팅 인프라

▶ 국내 AI 기업 중 53%가 AI 컴퓨팅 파워가 부족하다고 평가

• GPU(H100)보유량

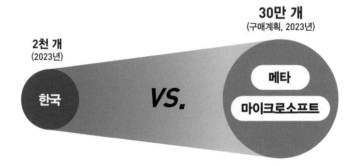

출처 : 소프트웨어정책연구소, 2023년

국가 AI 컴퓨팅 센터와 연계·병행 구축

 세부과제

1. 기업 수요 기반의 AI 컴퓨팅 센터 구축(비수도권)

2. AI 모델 실증 인프라 구축
　– 디지털 트윈과 연계한 실증 공간
　– 연구 장비, 시험 설비 등 패키지 지원

3. 업종별 연합학습 Federated Learning **지원**
　– 공통공정 등 협업이 필요한 기업 간 AI 활용 유도

기업 활동 과정에서 생성·활용되는 데이터

▶ 영업비밀 유출 우려, 데이터 표준화 미비로 기업 간 데이터 연계 활용,
자발적 데이터 교환에 장애

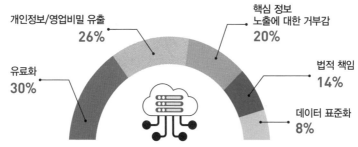

개인정보/영업비밀 유출
26%

핵심 정보
노출에 대한 거부감
20%

유료화
30%

법적 책임
14%

데이터 표준화
8%

출처 : 산업대전환보고서

해외 사례

EU·독일	일본
• 가이아 −X_{Gaia-X} • 카테나 −X_{Catena-X} • 메뉴팩처링 −X_{Manufacturing-X}	• 우라노스 에코시스템_{Ouranos Ecosyste}

 세부과제

1. 산업 데이터 은행 제도 설계
– 민간 자율로 산업 데이터 공유·활용에 대한 대가를 주고받는 플랫폼

2. 데이터 큐레이션 산업 육성
– 빅데이터 처리, 데이터 전처리 등 R&D 지원 확대

3. 산업 데이터 스페이스 구축
– 기업 간 탄소배출량, 공정, 공급망 산업 데이터 공유
– 국가 간 상호인정 추진

05 AI 반도체

학습·추론 서비스 구현에 필요한 반도체, 제품(디바이스)에 AI 탑재 본격화

▶ 온디바이스 AI 반도체 글로벌 시장 규모

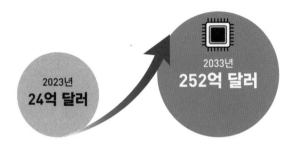

2023년
24억 달러

2033년
252억 달러

출처 : Market.us(2023년)

자동차·로봇 등 제품·기기 탑재용
온디바이스 AI 반도체 육성 필요

 세부과제

1. 주력 산업·제품에 국산 AI 칩 활용·탑재
 − 자동차·로봇·방산·IoT 4대 분야 중심 1조 원 예비타당성조사 신청(2025년 상반기)

2. 데이터 큐레이션 산업 육성
 − 상용화 설계 기술, 차세대 패키징 핵심 기술 등

3. 산업 데이터 스페이스 구축

| 설계지원센터(설계~시제작) | + | 개발지원센터(검증~상용화) |

반도체 생태계 펀드(1.1조 원), 산업은행 저리 대출(17조 원)

산업 분야 전문 지식과 AI 역량을 보유한 인재

▶ 국내 AI 인력 부족 현황

2022년
7.8천 명

2023년
8.6천 명

재직자는 AI 기술 이해도가 낮고, AI 인력들은 도메인 지식이 부족

➡ **미스매치 발생**

출처 : 소프트웨어정책연구소(2024년)

해외 사례

모더나	이케아
• AI Academy 개소(2021년)	• AI 기초교육 제공, AI-사업 연계 교육

인력양성과 경험·지식의 AI화

 세부과제

1. 재직자 대상 AI 활용 능력 배가
　 - AI 사내 대학원을 통한 AI 석·박사 학위과정
　 - 업계 주도형 'AI 아카데미'

2. 제조업 '예비 인재' AI 교육 강화
　 - '산업 혁신 인재 성장 지원 사업' 내 융합 전공트랙 과정 확대
　 - 구직자 대상 AI 교육과정 개발 및 확산

3. 산업 암묵지의 AI 자원화
　 - 마이스터의 노하우와 작업정보 데이터화

07 전력 인프라

안정적·경제적 전력 공급은 AI 컴퓨팅 설비에 필수 요소

▶ AI 전력 소비량 전망

2022년
460TWh

2026년
**최대 620
~1,050TWh**

출처 : 소프트웨어정책연구소(2023년)

▶ 빅테크 사례

- 마이크로소프트 : 원전 운영업체와 20년간 전력구매계약Power Purchase Agreement, PPA 체결(2024년 9월)
- 구글 : 소형모듈원자로Small Modular Reactor 개발 업체와 500MW 규모의 전력구매계약 체결(2024년 10월)

 세부과제

1. AI 전력 수요를 반영한 전력공급계획 수립

2. 산업 AI 친화적 전력 시스템 구축
  - 'AI 데이터 센터 전용단지' 조성
  - 전력계통영향평가 신속 검토

3. AI 데이터센터 냉각 시스템 육성
  - 액침 냉각을 이용한 데이터센터 열관리 기술 개발·실증 등 지원

08 산업 AI 자본

초기 단계인 산업 AI 활성화를 위해 기업의 대규모·고위험 투자를
뒷받침할 산업 AI 인내자본 필요

▶ 국가별 AI 민간 투자 규모

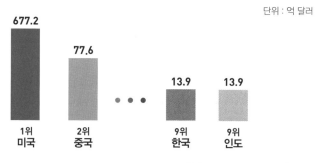

단위 : 억 달러

677.2 — 1위 미국
77.6 — 2위 중국
13.9 — 9위 한국
13.9 — 9위 인도

출처 : 스탠포드 HAI 보고서(2023년)

▶ 과거 기금 사례

정보화촉진기금	기후대응기금

 세부과제

1. AI 전력 수요를 반영한 전력공급계획 수립
 - AI 투자 공백 완화를 위한 중·장기 인내자본 조성
 - AI 인프라, R&D·지분 투자 등

2. 산업 AI 친화적 전력 시스템 구축
 - AI 투자 공백 완화를 위한 중·장기 인내자본 조성
 - 기술 평가 모델 수립으로 벤처기업이 보유한 AI 기술 가치평가

다양한 산업 AI 이해관계자들 간 상호협력·가치창출을 위한 네트워크

▶ AI 강국들은 경쟁력 있는 AI 생태계 보유

> – 세계 100대 유니콘 기업 중 AI 관련 21개사
>
> (미국 18, 중국 2, 오스트리아 1)
>
> – 반면, 국내 AI 스타트업 60% 이상이 자금 조달, 비즈니스 모델 확립 문제 등으로 어려움에 직면
>
> (출처 : 한국경제연구원(2023년))

AI 수요 견인을 통한
국내 AI 선순환 생태계 구축

 세부과제

1. 산업 AI 바우처 도입
  – 수요 기업에 바우처를 지급해 AI 공급 기업 활성화

2. 외국 인재와 기술 유치
  – 해외 AI 우수 인재 처우 개선 등 인센티브 강화

3. 한국형 '슬러시'SLUSH **기획**
  – 투자자–창업자–연구진 간 AI 활용 경험 공유 광장 (성과 경진 대회, TED식 강좌, 패널토론, 국제 심포지엄)

10 산업 AI 제도

산업 AI 확산을 위한
정부 차원의 제도 설계 및 지원 체계 강화

1 **산업 AI 확산 법령 완비**
산업디지털전환촉진법 개정 및
산업AI활용·촉진법 제정 검토

2 **AI 표준 리더십 구축**
국가 AI 표준 마련 및 보급
국제 AI 표준 리더십 확보

3 **규제 개선**
'기획형 규제샌드박스' 법제화 추진

4 **거버넌스 및 산업 AI 지원 조직 강화**
'산업AI위원회' 상설화
'산업AI진흥센터' 지정

|||||| ||| NEXT AI BUSINESS ||| |||||

특별부록 2

CES 2025가 주목한
혁신 제품과 AI 비즈니스

놀라움과 감탄의 드라마, CES 2025 현장 리뷰

'올해는 또 어떤 미래가 펼쳐질까?'

미래 기술의 심장부 역할을 하는 세계 최대 기술박람회 CES 2025 현장. 수많은 인파가 미국 라스베이거스 컨벤션 센터Las Vegas Convention Center, LVCC 현장에 운집했다.

총 160개국의 4,500여 개 기업이 참가했으며 무려 14만 1,000여 명의 참관객이 방문했다. 특히 한국 기업은 1,031개가 참여했는데 미국 기업 1,590개, 중국 기업 1,339개에 이어 세 번째로 참여 기업 수가 많았다. 그만큼 한국 기업의 열기가 뜨거웠음을 방증한다.

그중 최고 혁신상 네 개를 포함해 총 29개의 혁신상을 받은 삼성전자 부스는 온종일 북새통을 이루었다. 2025년형 TV와 모니터 수백 개가 연출한 고화질 영상은 참관객들의 감탄을 자아냈다. 혁신상을 받은 갤럭시 AI, 갤럭시 Z 폴드6, 갤럭시 워치7, 갤럭시 탭 S10 시리즈를 직접 체험해보려는 사람들의 줄은 좀처럼 줄어들지 않았다. 특히 냉장고 속 식재료를 자동으로 인식해 유효기간을 알려주는 'AI 비전 인사이드'의 특별한 기능을 소개할 때는 관람객들의 탄성이 이어졌다.

스마트폰 없이도 실시간 통번역 기능을 제공하는 AI 기반 이어폰 버즈3 프로도 주목을 받았다. 삼성전자가 꿈꾸는 스마트홈은 '홈 AI'다. 스마트싱스SmartThings와 AI 기술을 결합해 초개인화 서비스가 가능한 세상을 꿈꾸고 있다. 여기서 말하는 초개인화 서비스란 개개인의 행동 패턴과 생활방식을 AI가 학습해서 개인별로 맞춤형 서비스를 제공하는 것이다.

예를 들어 사용자가 "잘 거야."라고 말하면 단순히 조명을 낮추고 TV를 꺼주는 수준이 아니다. 사용자의 요구와 상태를 사전에 예측해 온도, 습도, 조도 등 여러 가지 조건을 고려해 나만의 쾌적한 숙면을 위한 루틴을 만들어준다. 세탁기와 건조기를 사용할 때 'AI 맞춤 코스'를 사용하면 세탁물 무게, 옷감 종류, 오염도 등을 분석해 적정 세제량뿐만 아니라 세탁, 탈수, 건조 등의 모드를 알아서 설정해준다.

AI 체험존을 선보인 LG전자 부스 역시 만원사례였다. LG전자는 최고 혁신상 세 개를 포함해 24개의 제품이 혁신상을 받았으며 이들 제품 앞에도 관람을 위해 긴 줄이 이어졌다. 관람객들은 총 여섯 개의 혁신상을 받은 LG 올레드 TV, 집 안의 가전과 IoT기기들을 24시간 연결하는 AI 홈의 두뇌 역할을 하는 LG 씽큐 온, 초경량 프리미엄 AI PC인 그램 프로, 별도의 PC 없이 OTT_{Over The Top} 서비스와 홈오피스를 즐길 수 있는 마이뷰 스마트모니터 등에 큰 관심을 보였다.

특히 초대형 투명 유기발광 다이오드_{Organic Light Emitting Diode, OLED}디스플레이가 선보이는 다양한 영상 앞에서는 참관객들의 탄성과 함께 영상 녹화 세례가 이어졌다.

LG전자가 제시하는 키워드는 '공감 지능'_{Affectionate Intelligence}이다. 이 역시 사용자의 생활 패턴이나 행동 맥락을 AI가 미리 파악하고 초

개인화 서비스를 제공하는 것이다. 삼성과 마찬가지로 AI 홈을 지향하며 LG 씽큐 온이 허브 역할을 한다. 고객은 LG 씽큐 온을 통해 생성형 AI와 일상 언어로 대화하며 모든 디지털기기를 제어할 수 있다.

원할 때마다 화면을 구부렸다 폈다 할 수 있는 벤더블Bendable 게이밍 올레드 TV인 플렉스도 눈길을 끌었다. 플렉스는 시청 환경에 맞춰 화면을 자유롭게 구부렸다 펼 수 있는 가변형 TV다.

가장 주목받은 몰입 기술은 '촉각 피드백'

CES 2025에서는 몰입 기술이 사용자 경험을 혁신적으로 변화시키는 다양한 사례들이 소개되었다. 특히 AI와 결합된 몰입 기술은 미래를 선도하는 핵심 기술이 되고 있음을 실감케 했다. 갤럭시 Z 폴드6은 '레이 트레이싱' 기술을 적용해 실시간으로 빛의 반사와 굴절을 시뮬레이션하는 등 사실감 넘치는 그래픽을 구현해내서 게임의 재미를 극대화했다. 갤럭시 버즈3 프로는 프리미엄 사운드와 적응형 소음 제어 최적화 기술 구현으로 최고의 몰입감을 경험하게 했다. LG 올레드 TV도 뛰어난 디자인과 화질로 사용자의 집중도를 높여주었다.

CES 현장에서 가장 큰 주목을 받은 몰입 기술은 '촉각 피드백'이다. 이는 사용자가 디지털 인터페이스나 물리적 장치와 상호작용할 때 촉각을 통해 정보를 전달하는 기술이다. 디바이스가 떨림, 압력, 진동, 온도 변화 등의 촉각 신호를 생성해 사용자가 보다 직관적으로 경험하고 조작할 수 있도록 도와주는 역할을 한다.

스마트폰이나 웨어러블기기에서 진동으로 알림을 전달하거나 게임 중 발생하는 충격을 기기에서 발생시키는 것이 기술의 적용 사례로 꼽힌다. VR이나 AR기기를 착용하고 가상 물체를 만지거나 조작할 때 실제처럼 느끼게 하는 기술도 촉각 피드백이다. 그 외 수술 시뮬레이터에서 의사가 환부를 절개할 때 환부의 질감이나 저항력을 주는 현실감도 촉각 피드백 기술의 일종이다. 이 같은 기술은 VR, AR, 게임, 의료와 같은 몰입형 기술에서 그 역할이 커지고 있다.

제조업, 의료, 물류 분야에서 돋보인 혁신 기업들

CES 2025에서는 다양한 혁신 기술들이 소개되어 미래의 삶을 엿볼 수 있는 기회를 제공했다. 특히 AI는 산업의 혁신과 변화를 이끄는 주역으로서 제조업에서는 스마트팩토리를 구현하는 혁신의 선봉장이자, 의료 분야에서는 질병 예측과 개인화된 치료법을 찾아주는 의사 역할을 하기에 충분했다. 또한 물류 산업에서는 공급망 최적화를 통해 비용을 낮추고 생산성을 높이는 데 큰 공을 세우고 있음을 보여주었다.

일례로 혁신상 수상 기업인 오티톤메디컬Otiton Medical이 개발한 스마트 체온계는 체온을 측정하고 내시경 카메라로 중이염을 촬영해 실시간으로 분석한 후 이상징후까지 예측해준다. 원격 진료가 가능한 국가라면 병원에 방문할 필요 없이 집에서 간편하게 중이염 치료와 관련 진단을 받을 수 있다.

대만의 바이오 기업 페이스하트Fceheart는 카디오 미러를 선보여 주목을 받았다. 사용자가 거울만 쳐다봐도 AI 심방세동, 심부전을 90퍼센트 정확도로 감지해준다. 게다가 심박수, 혈압, 호흡수, 산소 포화도, 스트레스 지수 등 주요 생체신호를 읽어내 심혈관 위험을 조기에 경고해준다.

그 외에 주목받은 것은 AI 열풍에 따른 에너지 수요 급증 문제를 해결하기 위한 에너지 전환 관련 기술 분야다. 기조연설자로 나선 파나소닉 홀딩스 코퍼레이션의 CEO 유키 구수미Yuki Kusumi는 "태양광 발전, 에너지 저장 홈 배터리 시스템, 순수 수소 연료전지로 에너지 사용의 대전환이 필요하다."라고 강조했다.

이와 관련한 독립 세션인 '그레이트 마인즈'에서는 AI를 활용한 재생 에너지 최적화, 전력 설비의 예방 정비, 스마트 그리드 구축, 공장 에너지 관리 시스템 구축, 에너지 저장 장치Energy Storage System, ESS, 활용 에너지 사용 최적화, 분산형 에너지 거래 등 다양한 아이디어가 기술로 구현되었다. AI 발전에 따른 에너지 생산과 소비에 필요한 혁신 기술로는 GE의 '디지털 윈드 팜'이 모범 사례로 제시되었다. 이는 AI로 태양광 및 풍력 발전의 기상을 예측하고 발전량을 최적화하며, 터빈 운전을 감시해서 발전량을 20퍼센트나 향상시킨 기술이다.

'오토노머스 그리드'도 주목받았다. AI와 IoT 기술을 활용해 사이버 테러나 자연재해로 인해 전력망이 고장 나더라도 자동으로 전력망이 재구성되도록 혁신한 프로젝트다.

'더 빠른' 충전 속도를 가진 전기차 충전, 태양광을 활용한 충전이 대세가 되고 있다. 오텔에너지Autel Energy는 최대 출력 640킬로와트의 초고출력 충전으로 10분만 충전해도 400킬로미터를 달릴 수 있는 기술을 선보여 주목을 받았다.

재커리Jackery는 태양광 루프 타일, 고출력 충전기, 중형 태양광 발전기 등의 혁신 제품을 선보였고, 엔커Anker는 휴대전화와 같은 전자기기를 충전할 수 있는 태양광 파라솔, 태양과 이동식 냉장고를 공개했다. 그 외에도 새로운 에너지 제품 라인업을 선보였다.

삼성SDI는 전기차 보급 확대와 재생에너지의 저장 시스템 시장 활성화를 겨냥한 배터리 기술 혁신을 선보였다. 혁신상을 받은 프라이맥스 680-EV는 최신 전기차용 배터리 셀로 세계 최고 용량을 자랑한다. 고니켈 소재를 활용한 첨단 설계로 에너지 밀도와 성능을 극대화했으며 전기차의 주행 거리를 대폭 연장시켰다.

양자컴퓨팅에서 우주 기술까지, 꿈의 기술을 선보이다

CES 2025가 선정한 핵심 분야는 AI, 디지털 헬스, 양자컴퓨팅, 모빌리티, 우주 기술, 로봇공학, 확장 현실eXtended Reality, XR이다. 그 외에도 AI 기술로 각종 IoT기기들을 연결해 기업의 비즈니스와 인류의 삶을 혁신하는 기술들이 주목받았다. 특히 혁신상 출품작 가운데 AI와 관련한 제품이 전년 대비 50퍼센트가량 늘어나 AI가 미래 기술의 대세가 되고 있음을 확인시켜주었다.

이번 CES에서 AI 전문가들의 최대 관심사는 연산 끝판왕인 양자컴퓨터였다. 병렬 계산이 가능한 양자컴퓨터는 이론상 슈퍼컴퓨터보다 30조 배 이상, 기존 컴퓨터보다 1경 배 이상 빠른 속도로 연산 처리가 가능해 '꿈의 컴퓨터'로 불린다. CES 2025에서는 IBM의 퀀텀, 구글의 퀀텀 AI, 디 웨이브 시스템즈, 리제티 컴퓨팅, 마이크로소프트의 퀀텀 등이 소개되어 전문가들의 폭발적인 질문 세례를 받았다. 특히 IBM의 클라우드 양자컴퓨팅 서비스인 Q 익스피어리언스, 마이크로소프트의 애저 퀀텀을 체험한 관람객들은 놀랍다는 반응을 보였다.

　　CES에서 본 양자컴퓨팅 기술은 더 이상 먼 미래의 가능성에 머물지 않았으며, 상용화를 앞둔 비즈니스 도구가 되고 있음을 실감케 했다. 이 기술이 상용화될 경우 항공우주 산업에서는 최적의 비행경로 계산 과 예비 부품 배치의 최적화 등이 가능해질 것이다. 그리고 의료와 제 약 및 화학 산업에서는 새로운 분자 구조의 생성으로 비약적인 성장을 이룰 수 있다. 나아가 기후 변화 예측으로 환경보호에도 혁신적인 변 화를 가져올 것으로 전망된다.

AI 비즈니스의 미래는
어디로 향하고 있는가

　　CES 2025는 전 세계 기업인들에게 AI는 더 이상 선택이 아닌 생존 임을 보여주었다. 아울러 클라우드 컴퓨팅, 사이버 보안, AI, 로봇공학 도구 등의 혁신 기술로 조직의 인프라를 리모델링해서 재탄생할 것을 주문하고 있다. 그뿐만이 아니다. 디지털 전환은 원격 근무와 현장 근무, 온라인 쇼핑과 대면 쇼핑, 현장 교육과 원격 교육 등 온오프라인이 동일해진 세상을 만들었다. 이처럼 CES 2025는 AI로 재무장해서 더 진화된 디지털 공존의 세상을 열어야 한다고 조언해주었다.

그 첫 출발은 AI 생태계의 구축이다. 이를 위해서는 AI 시스템상 뇌의 역할을 하는 칩과 센서를 활용해 AI가 고기능, 고효율 역량을 발휘할 수 있도록 데이터 인프라를 구축해 활용해야 한다. 이러한 기반 위에서 현대 기업들은 자신들만의 AI 비즈니스 모델을 상용화해야 할 시점이다. 그렇다면 새로운 비즈니스 모델은 무엇일까? 나는 CES 2025에서 AI 비즈니스의 세 가지 혁신적 모델이 휴머노이드 로봇, AI 에이전트, 디지털 트윈이라는 확신을 얻었다.

휴머노이드 로봇, AI 세상의 첫 번째 미래가 되다

2025년 1월 6일, 라스베이거스 만달레이베이 컨벤션 내 미켈롭 울트라 아레나에는 1만여 명이 넘는 인파가 몰려들었다. 엔비디아 CEO 젠슨 황의 기조연설을 보기 위해서다. 이날 젠슨 황은 자신의 트레이트 마크인 가죽 재킷을 입고 록스타처럼 화려하게 등장했다. 전 세계인의 이목을 집중시킨 자리에서 젠슨 황이 제시한 엔비디아의 AI 키워드는 로봇, 주행 개발 플랫폼인 코스모스, 그리고 개인 AI 슈퍼컴 디지트였다.

젠슨 황은 "로봇 산업에 챗GPT 모먼트가 오고 있다."라고 강조하면서 생성형 AI 모델을 갖게 된 빅테크들의 다음 목표는 로봇임을 분명하다고 밝혔다. 코스모스 플랫폼에서는 VR을 통해 현실 세계처럼 다양한 실험을 할 수 있다. 무엇보다 이것이 무료로 제공된다는 점에서 엔비디아의 또 다른 무료 개발 소프트웨어 쿠다를 연상시킨다. 개발자들이 쿠다를 무료로 활용하는 대신 엔비디아의 AI 반도체를 구매해야만 했듯이 코스모스도 같은 전략을 선택한 것이다. 이날 젠슨 황은 14종의 휴머노이드 로봇이 등장한 화면을 배경으로 서 있었다. 이로써 AI의 다음 격전지는 휴머노이드 로봇이라는 점이 더욱 분명해졌다.

휴머노이드 로봇은 인간의 신체 구조를 모방해 설계된 로봇으로 AI 기술의 집약체다. 카메라, 마이크, 촉각 센서 등 다양한 센서를 통해 주변 환경을 인식하면서 인간과 직접적인 상호작용을 통해 다양한 서비스를 구현할 수 있다. 창고와 소매 포장 작업에서 생산성을 높여 인력 문제를 해결해주는 협동 로봇을 비롯해 일상 속에서 돌봄과 동반자 역할을 하는 로봇까지 종류도 다양해졌다.

이외에도 생성형 AI 시대를 견인하는 기업들은 모두 '피지컬AI' Physial AI로의 본격적인 경쟁에 뛰어들었다. 피지컬 AI는 휴머노이드 로봇이나 자율주행차와 같은 실물 하드웨어에 탑재되는 AI다. 칩의 제왕 젠슨 황은 CES 2025 기조연설에서 "생성형 AI 다음은 피지컬 AI다."라고 갈파하며 새로운 방향성을 제시했다. 피지컬 AI는 물리적 활동에 대한 학습이 중요한데 디지털 트윈에서 로봇을 학습시키는 플랫폼이

바로 코스모스다.

테슬라는 2026년에 휴머노이드 로봇 옵티머스의 정식 출시를 목표로 개발에 박차를 가하고 있으며, 아마존 창업자 제프 베이조스와 챗GPT를 개발한 오픈AI는 로봇 스타트업 피지컬 인텔리전스에 공동 투자했다. 또한 중국 로봇 기업들은 이미 대규모 생산에 돌입했다. 실제로 생활 로봇 전시장의 90퍼센트가 중국 업체들일 정도로 중국의 로봇 산업은 가공할 만한 위력을 뽐냈다.

삼성전자는 미래로봇추진단을 신설해 AI 기반으로 인간처럼 생각하고 행동하는 휴머노이드 등 미래 로봇 개발에 대한 강력한 의지를 드러냈다. 최태원 SK그룹 회장은 CES 2025 행사장에서 젠슨 황과 만나 로봇 분야의 협업을 약속했다.

AI 에이전트와 디지털 트윈, AI 생태계를 무한 확장하다

휴머노이드 로봇과 함께 주목해야 할 비즈니스 모델은 생성형 AI를 기반으로 하는 AI 에이전트와 디지털 트윈이다. AI 에이전트가 등장함에 따라 지난 15년간 이어온 앱 경제는 에이전트 경제로 변화할 것이다. 예를 들어 AI에게 일본 도쿄 3박 4일 출장 계획을 알려주면 나머지는 AI 에이전트가 알아서 해준다. 사람처럼 항공권과 호텔 예약 앱에 스스로 접속해서 요구사항대로 실행해준다. 채팅 기반의 AI 에이전트가 앱에서 앱으로 이동하며 사용자가 원하는 것을 대신해줌으로써 시간과 비용을 절약해주는 것이다.

AI 에이전트의 성능은 날로 고도화되고 있다. 2024년 말 기준 오픈 AI의 AI 언어 모델인 GPT4는 챗봇에 해당하는 1단계와 추론자에 해당하는 2단계의 중간 수준에 이르렀다. 영화 〈아이언맨〉에 등장하는 AI 비서 자비스의 구현이 눈앞에 다가온 것이다. 관련해서 새로운 사업 기회도 늘어나고 있다. AI 에이전트는 단지 솔루션 사업뿐 아니라 다양한 AI를 연결하는 데이터 처리와 보안 등의 비즈니스 모델로도 확장 가능하다.

AI 에이전트 생태계에서는 기존의 플랫폼 사업자들의 수익 모델과는 다른 혁신적인 비즈니스 모델이 등장할 것이다. 오픈AI는 컴퓨터를 직접 제어하는 AI 에이전트인 오퍼레이터, 구글은 카메라를 인식하고 제품을 구매하는 프로젝트 마리너를 출시할 예정이다.

디지털 트윈은 현실 세계와 똑같은 쌍둥이 세상을 디지털 세상에 구현하는 것이다. 다양한 센서와 IoT로 디지털 데이터를 수집해 산업 현장에서는 생산라인 고장을 예측할 수 있으며, 의료 분야에서는 환자의 몸을 가상으로 구현해 최적의 수술 치료법을 찾을 수 있다. 또한 방산 업계에서는 지형을 고려한 무기 배치 등 군사 전술을 고도화하는 것도 가능하다.

이러한 디지털 트윈은 AI 분야를 선도하는 엔비디아가 최근 차세대 기술로 주목하는 것이기도 하다. 엔비디아의 어스2는 위성 관측으로 쌓은 데이터를 기반으로 지구의 대기 역학부터 해양, 육지, 얼음층 등 지구를 통째로 가상 세계로 옮겨서 각종 기후 변화를 살필 수 있는 지구 시뮬레이터를 구현했다. 또한 엔비디아의 피지컬 AI 개발 플랫폼인 코스모스는 디지털 트윈 플랫폼 옴니버스와 결합해 디지털 트윈 기술을 통한 산업 자동화 및 로봇 개발을 지원할 예정이다.

지멘스는 엔비디아 옴니버스를 기반으로 구동되는 팀 센터 소프트웨어 그리고 소니와 협력한 차세대 몰입형 엔지니어링 로드맵을 발표하며 산업용 AI의 혁신을 보여주었다. 소니와는 F1 레드불 경주차의 디지털 트윈을 구축해 경주차 성능을 극대화하고 있다. 그뿐만이 아니다. 제조 전략 수립 과정에서 디지털 트윈을 구현해 여러 가지 시나리오를 시뮬레이션하고, 공정을 최적화할 수 있는 방법을 찾는 중이다. 테슬라도 디지털 공간에 도로를 옮겨서 실제처럼 AI 자율주행차 훈련을 하고 있다.

초개인화에서 엣지 컴퓨팅까지, AI 트렌드에 주목하라

내가 CES 2025에서 주목한 첫 번째 AI 트렌드는 '초개인화'다. AI는 단순히 명령을 수행하는 도구를 넘어 사용자의 감정과 맥락을 이해해 개인화된 서비스로 발전하고 있다. 스마트홈 쪽에서 참관객들의 박수를 받은 LG전자의 이동형 AI홈 허브 Q9은 AI가 사용자의 감정까지 파악해서 돌봐주는 친구 역할을 한다. 아사 AI는 사용자의 건강 이력, 생활 습관, 유전 정보 등을 종합적으로 분석해 맞춤형 건강정보를 제공해주고 이상징후를 알려주는 개인 건강관리사다. 또한 오로라 헬스는 증상만 입력하면 가능한 질병을 추정하고 적절한 조치를 조언해주는 24시간 개인 의료상담사다.

삼성전자의 홈 AI도 초개인화된 맞춤 경험을 제공하는 데 주안점을 두었다. 축구장 절반 규모의 삼성전자 전시장은 초연결과 초개인화에 기반한 삼성의 AI 세계관으로 가득 채워져 있었다. 이처럼 AI 기술은 초개인화된 양상으로 우리 삶 곳곳에 활용되면서 새로운 비즈니스의 기회를 제공할 것이다.

두 번째 AI 트렌드는 콘텐츠 생성부터 디자인, 교육, 의료까지 생성형 AI가 '새로운 산업 혁신의 핵심축'이 되고 있다는 사실이다. 일례로 한국의 비바이노베이션VIVAinnovation이 개발한 킨닥 엔도는 비전 AI와 생성형 AI를 활용해 진료 현장에 혁신을 일으켰다. 비전 AI가 대장과 위내시경에서 용종을 실시간 탐지하고 분석하면 생성형 AI가 발견된 병변에 대한 정보를 의사에게 알려주는 진단 보조원 역할을 한다. 대장암 예방을 위한 혁신성을 인정받아 CES 2025 혁신상까지 받았다.

세 번째 AI 트렌드는 'AI와 엣지 컴퓨팅 기술의 결합'이다. CES에 등장한 거의 모든 제품은 AI와 엣지 컴퓨팅 기술을 활용해 실시간 데이터를 확보하고 분석해 활용하는 형태로 진화하고 있었다. 엣지 컴퓨팅 기술은 클라우드 컴퓨팅 기술과 반대되는 개념으로, 인터넷이 아닌 로컬 장치(스마트폰, 태블릿PC 등)에서 데이터를 처리한다. 이러한 데이터 처리 및 분석으로 인터넷 대역폭을 절약하고 데이터 전송 중 발생할 수 있는 보안 위험을 줄일 수 있다.

CES 2025에서 최고 혁신상을 받은 니어스랩의 DFRDrone First Responder

스테이션은 엣지 컴퓨팅 기술을 활용해 드론의 실시간 데이터 처리와 자율 운영을 가능하게 하는 혁신을 일으켜 주목받았다. 경찰 운영 시스템과 연동해 공공안전 위협, 재난 발생과 같은 비상 상황 시 드론이 독립적으로 비행 허가를 받아 공공안전을 지키고 재난 관리를 해주는 역할을 한다.

우리나라의 일만백만은 엣지 컴퓨팅 기술을 활용해 모든 디스플레이에 영상 송출이 가능한 플러그&쇼 엔진을 개발해 혁신상을 받았다. AI 기반 엔터프라이즈 비디오 플랫폼을 개발해 AI로 영상 기획부터 제작, 편집, 배포까지 전 과정을 자동화해 72시간 걸리던 영상 제작을 단 5분으로 단축하는 혁신을 일으켰다.

이 밖에도 엣지 컴퓨팅 기술은 스마트 헬스케어기기에 적용되어 데이터를 즉시 분석해 의사의 진료를 돕고, 스마트 제조 솔루션에도 적용되어 기계와 장비의 유지보수 및 품질관리와 생산라인 안전 예방을 돕는 도우미로 널리 상용화되고 있다.

CES 2025에서 발견한
AI 혁신 기업과 제품들의 공통점

AI 혁신의 프런티어가 되고 있는 AI 에이전트, 디지털 트윈, 휴머노이드 로봇과 같은 비즈니스 혁신의 중심에는 모든 산업의 운영 방식

개선, 효율성 향상, 비용 절감을 위해 설계된 AI 기술이 자리한다. 나아가 일상 업무의 번거로움을 줄이고 효율적인 삶을 지원하기 위해 고민하는 기업들의 깊은 탐구가 반영되어 있다.

'깊은 탐구'는 CES 2025의 공식 슬로건이다. 행사장에 들어서면 대형 현수막 속 '다이브 인'Dive In이 눈길을 사로잡는다. 다이브 인은 탐구, 몰두를 뜻하는 말로 'AI 활용 방법을 깊이 파고들라'라는 의미다. AI 기술로 전 산업을 연결하고 이를 통해 문제를 해결하고, 새로운 가능성을 찾아 지속가능한 미래를 만들자는 비전을 제시하는 것이다.

CES 2025는 혁신적인 비즈니스 모델을 만들려면 산업 간 경계를 허물고CONNECT, 인류가 직면한 다양한 현실 문제를 해결하고SOLVE, 새로운 가능성을 발견해야 하며DISCOVER 이를 위해 AI 활용 방안을 깊이 탐구하라고 조언한다. AI 활용 방법을 깊게 탐구하는 과정에서 새로운 것이 연결되고, 문제의 해법이 발견되며, 새로운 가능성이 열린다는 걸 강조하는 것이다.

연결하라

CES 2025는 3대 관점으로 AI를 탐구하라고 촉구하고 있다. 첫 번째 관점은 산업과 기계 사이의 경계를 허물고 기술과 데이터를 연결해 새로운 통찰력을 찾아내는 '연결자로서의 AI'다. 이와 관련한 각종 가전제품이 관람객들의 눈길을 끌었다. 그중 하나인 소니의 브라비아 극장 쿼드를 보려고 행사 기간 내내 방문객들의 줄이 이어졌다.

최고 혁신상을 받은 이 제품은 무선 홈 스피커 시스템으로 사용자들이 복잡한 배선 없이 집에서 마치 영화관에 있는 듯한 몰입감 넘치는 고품질의 사운드를 경험하게 한다. 가정 내 엔터테인먼트기기와 손쉽게 연결할 수 있고, 네 개의 무선 스피커를 원하는 곳 어디에든지 놓고 생생한 서라운드 사운드를 경험할 수 있도록 효용성을 높였다. 몰입감 넘치는 돌비 애트모스 기능, 사용자의 공간에 최적화된 360도 공간 사운드 매핑, 컴팩트한 디자인, 간편한 설치 기능이 참관객의 눈길을 사로잡았다. 또한 스마트폰 앱을 통해 쉽게 설정하고 제어할 수 있도록 설계된 점도 눈길을 끌었다.

코닝과 카UX가 함께 만든 온디맨드 자동차 인포테인먼트 센터는 자동차를 하나의 엔터테인먼트 시연장으로 바꿔놓았다. 차량 안에서 구현되는 갖가지 첨단 멀티미디어의 신세계에 관람객들은 연신 놀라워했다. 이 제품은 자동차가 제공하는 실내 경험을 재정의했다. 다이내믹 데코 기술을 이용해 사용하지 않을 때는 화면이 보이지 않고 필요시에만 디스플레이로 바뀐다. 또한 유리를 상온에서 원하는 형태로 성형할 수 있는 콜드폼 기술까지 적용해 곡면 성형을 아름답게 연출해준다. 운전자가 시각적으로 매력적인 환경에서 정보를 얻고 엔터테인먼트를 즐길 수 있도록 함으로써 승차 경험을 한층 향상시켜준다. 터치스크린과 음성 명령 기능을 통해 시스템을 조작하는 것은 이제 흔한 기술이 되었다.

씨아이티는 세계 최대 범위 주파수 대역의 투명 안테나를 개발했다.

이 제품은 고속 통신을 가능하게 함으로써 자율주행 차량의 성능 혁신을 끌어내는데, 이러한 기능으로 많은 박수를 받았다. 씨아이티의 투명 안테나는 눈에 거의 보이지 않는 구리 기반 필름을 사용해 차량 창문에 내장되어 외관을 해치지 않으며, 자율주행차의 안전성을 높여준다. 차량 밖과 연결시켜 차량 간(V2V) 혹은 차량과 인프라(V2I) 간 충돌을 막고, 실시간 내비게이션 · 교통 관리 · 사고 예방과 같은 다양한 기능을 수행한다.

이들 제품은 집과 차량 안에서 무선으로 온라인 세상을 연결해 모든 정보와 엔터테인먼트를 경험할 수 있는 새로운 연결 세상을 만들어내고 있다. 이처럼 연결성은 초개인화와 함께 AI 비즈니스의 핵심 트렌드로 자리매김했다.

문제를 해결하라

AI 활용 방안 탐구에 관한 두 번째 관점은 현실 세계의 복잡한 문제와 도전과제를 풀어내는 '해결사로서의 AI'다. 이미 AI는 현실의 복잡한 문제와 도전과제를 풀어내는 해결사로 등장했다. 기업 내 각종 문제 해결과 성과 창출에 기여할 뿐만 아니라, 복잡한 민원 해결에서 의료 사각지대 해소 및 환경 문제 개선까지 인류의 생존을 위한 문제 해결에 나선 것이다.

AI는 이명 치료 분야까지 적용되어 활용 가능성을 열어주는 한편, 환자들에게는 보다 나은 삶을 제공해준다. 건강보험심사평가원 진료

통계에 따르면 이명으로 진료받는 환자 숫자는 매년 약 30만~35만 명에 달한다. 한양대학교가 이 같은 이명의 문제 해결사로 나서서 주목을 받았다. 한양대는 VR 기술과 AI를 활용해 이명 디지털 치료기 TD2TD Square를 개발해 혁신상을 수상했다. 이 기기는 VR기기를 통해 청각·시각·촉각 피드백 시스템을 결합해 인지 치료를 수행하며, AI가 생성한 입체 음향으로 VR 환경에서 이명을 제거하거나 조절해준다. 이러한 기술로 약물 치료의 부작용 없이 이명 증상을 효과적으로 완화할 수 있는 혁신을 일으켰다. 올해 최고 혁신상 수상작 중 유일한 대학 연구소 제품이다.

피티브로는 간단하면서도 효과적인 방법으로 턱관절 근육의 긴장을 완화시킬 수 있는 턱관절 질환의 통증을 완화시켜주는 홈케어 웨어러블기기를 개발해 혁신상을 받았다. 치과나 병원에 가지 않아도 효과적으로 통증을 완화시켜주는 치료사 역할을 이제 사람이 아닌 기계가 하는 것이다.

뉴에너지는 산업용 화석연료 보일러를 대체할 수 있는 혁신적인 산업용 보일러 이온 히팅 시스템을 개발해 최고 혁신상의 영예를 안았다. 이 시스템은 화석연료를 태워 난방하는 대신, 이온 전도 방식을 사용해 열을 생성함으로써 최대 80퍼센트의 탄소 배출을 줄여준다. 특히 AI가 실시간 데이터 분석을 통해 고장을 예측하고 사전 유지보수와 운영 조정을 통해 최적의 성능을 유지할 수 있도록 혁신적인 기능까지 탑재했다.

새로운 가능성을 찾아내라

세 번째 관점은 기존에 없던 시장을 만들어내고 새로운 가능성을 제시해주는 '지혜 제공자로서의 AI'다. 이는 기업들 간의 새로운 협업 및 기술과 서비스의 컬래버레이션을 이끄는 원동력이 되기도 한다. 반도체 회사와 제약 회사의 협업, 자동차 회사와 로봇 회사의 협업 등 AI가 발전하며 수많은 가능성이 열린 것이다.

햅리 로보틱스Haply Robotics는 메타버스 상호작용의 새로운 표준을 제시하는 게임 체인저로서의 가능성을 제시해준다. 이 회사는 메타버스 상호작용을 혁신적으로 향상시키기 위해 설계된 컴팩트한 햅틱 장치인 민버스를 개발해 최고 혁신상을 받았다. 햅틱은 사용자가 가상 환경에서 실제 물체를 만지는 듯한 촉각 피드백(촉각을 통해 물리적 감각을 경험하도록 피드백을 제공하는 기술)을 제공하는 기술이다.

민버스는 이 같은 햅틱 기술을 활용해 사용자가 가상 물체를 잡거나 밀 때 그에 상응하는 촉각 신호를 전달해 실제 물체를 다루는 것과 유사한 느낌을 받을 수 있도록 했다. 이 기술이 게임, 교육, 의료 등 다양한 분야의 메타버스에 적용되면 현실과 똑같은 경험을 제공하게 된다. 만일 의료 분야에 적용되면 어떨까? 가상 수술 시뮬레이션을 통해 의사들이 실제 수술 전에 현실 상황처럼 미리 수술을 해볼 수 있다.

부산에 있는 스타트업 맵시는 해상 및 육상에서 70만 척 이상의 선박을 실시간으로 모니터링해서 선박의 해운 안전과 효율적인 운항을 도와주는 올인원 실시간 해양 데이터 솔루션으로 최고 혁신상을 받았다. 전자해도, 해양 기상 정보, 글로벌 선박 교통 정보, 항만 정보 등을 통합적으로 제공한다. 이를 통해 선박의 항해와 접안 지원, 항로 이탈 경고, 정시 도착 최적화 등 선박 항해를 도와줄 뿐만 아니라 탄소 배출량까지 자동으로 작성해준다. 컴퓨터 비전과 다중센서 기술이 적용된 해상 네비게이션이라 할 수 있다.

하이퍼셸Hypershell이 개발한 하이퍼셸 카본 엑스는 세계 최초 야외용 외골격이다. 사용자가 신체의 물리적 부담 없이 더 멀리, 더 긴 시간 지치지 않고 이동할 수 있는 길을 열었다. 최첨단 로봇공학과 인체공학 및 AI를 결합해 초경량화함으로써 장시간 착용 시 불편함 없이 하이킹이나 트레킹, 중장비 작업까지 손쉽게 할 수 있도록 했다. AI와 로봇 기술의 융합이 사람의 체력적 한계를 극복하고, 동시에 험난한 환경에서도 효율적으로 안전하게 이용할 수 있는 혁신을 일으켰다는 평가를 받았다.

CES 2025가 주목한
혁신 기업과 제품

나는 CES 2025 혁신상 심사위원으로 참여하면서 AI 기술의 진화가 어느 정도의 수준으로 높아졌는지, 그리고 어떤 제품군까지 확장되었는지 구체적으로 체험했다. 놀랍게도 거의 모든 출품작에 AI가 탑재되어 있었다. 33개 부문의 CES 혁신상 출품작 중 AI를 핵심 아이템으로 한 제품은 2024년 대비 무려 49퍼센트나 증가했다. 이러한 점으로 미루어보아 산업과 제품 및 서비스가 한층 더 지능화 및 고도화되고 있음을 알 수 있었다.

특히 현장에 전시된 혁신상 수상작들은 평가 항목의 핵심 사항인 혁신성, 기능성, 미학성, 디자인, 엔지니어링 등의 측면에서 각자 독특한 차별성을 뽐내고 있었다. 주저함 없이 바닷속으로 뛰어드는 다이버처럼 AI를 활용해 자신들의 비즈니스를 어떻게 혁신할지 깊이 탐구한 결과물들이었다.

헬스케어에서 교육까지 다양한 부문의 혁신 제품들

최고 혁신상 수상 기업인 제이스 마이크로옵틱스ZEISS Microoptics는 획기적인 홀로그램 광학 기술로 투명 카메라 홀로캠을 선보여 찬사를 받았다. 자동차 전방 유리의 투명한 표면을 카메라로 전환할 수 있어 투명성과 디자인 미학을 유지하면서도 고성능 촬영이 가능한 혁신성이 참관객들의 주목을 끌었다. 이 제품은 단순히 카메라 기술을 발전시킨 것이 아니라 투명성과 기능성을 융합해 디자인과 기술 사이의 새로운 가능성을 열었다. 이에 더해 미래의 디바이스 설계에 중요한 전환점을 제공했다는 점에서도 전문가들의 관심과 호평을 받았다.

또 다른 최고 혁신상 수상 기업인 일본의 구보다는 농업과 건설 현장에서 사용할 수 있는 네 바퀴 달린 로봇 트랙터인 KATR 로봇을 공개해 눈길을 사로잡았다. 이 로봇은 독자적인 안정성 제어 시스템으로 네 개의 다리를 조정해 경사지거나 불규칙한 지형에서도 화물 갑판을 수평으로 유지하면서 다양한 물건을 안정적으로 운반할 수 있다. 농업과 건설 분야의 생산성을 높이는 미래 지향적인 솔루션으로 작업의 패러다임을 바꾸는 혁신 제품으로 평가받았다.

디지털 헬스케어의 원격 의료 스테이션에서는 미국 기업인 온메드 OnMed의 버추얼 케어스테이션이 주목받았다. 프라이빗 부스에 들어가면 화상상담뿐 아니라 사용자의 혈압, 체온, 산소 포화도 등 기본적인 건강 데이터가 수집되어 실시간으로 의료진에게 전달된다. 의사는 이 자료를 활용해서 사용자에게 적절한 진단과 처방을 제공하거나, 가까운 약국으로 처방전을 전송해 추가 검사를 권할 수 있다. 이러한 시스템은 의료 사각지대를 해소하는 데 상당한 도움을 줄 것이다.

웅진씽크빅의 AI 기반 독서 플랫폼 북스토리는 생성형 AI 기술을 적용해 전 세계의 책을 원하는 언어로 읽어준다. 책을 디지털화한 뒤 태블릿PC나 휴대전화에 저장해 사용자가 원하는 독서 모드를 선택하는 방식이다. 어린이를 위해 시각적 효과와 다양한 소리를 더하거나 부모나 성우 목소리로 책을 읽어준다.

인류의 지속가능한 삶을 위한 기술의 무한 진화

데이터그린DataGreen은 친환경 데이터 센터 솔루션으로 이산화탄소 배출을 82퍼센트나 줄이는 기술로 인정받으며 혁신상을 받았다. 이 회사의 혁신적인 액체 냉각 시스템은 전통적인 공기 조화 시스템을 대체하면서도 에너지 소비를 50퍼센트에서 75퍼센트까지 줄일 수 있다는 점에서 호평을 받았다. 데이터 센터의 운영 비용을 절감하고 환경에 미치는 영향을 최소화하는 데 기여할 전망이다.

LG이노텍의 차량 조명 모듈 넥슬라이드 A+는 에너지 효율성을 높인 제품으로, 지속가능한 모빌리티를 위한 기술로 평가받아 CES 2025 혁신상을 수상했다. 업계 최초로 차량 전방용 조명 모듈에 면광원을 적용했다. 면광원이란 일반적인 점 형태의 광원과는 달리 표면 전체가 균일하게 빛을 내는 광원을 말한다. LG이노텍 고유의 면광원 기술을 적용해 별도 부품 없이 모듈 하나만으로 밝고 고른 빛을 내는 것이 넥슬라이드 A+의 강점이다. 추가 부품이 빠져 모듈 두께도 기존 제품 대비 40퍼센트나 슬림해졌다. 효율적인 공간 활용은 물론이고 차량 디자인 설계의 자유도를 높일 수 있다.

이-솔테크는 재난재해 시 신속하게 확장 전개가 가능한 첨단 IT 기반 다목적 모듈러 챔버(다양한 용도로 사용이 가능한 모듈화된 밀폐 공간)를 개발해 혁신상을 수상했다. 지속가능한 신재생에너지 기반의 최첨단 비대면 장치 및 시스템과 결합한 제품이다. 감염병에서 인류의 안전을 지키고 건강 복지에 기여할 수 있다는 점에서 호평받았다.

솔라리노는 소형 축전식 탈염 담수 기술로 2년 연속 CES 혁신상을 수상했다. 이 기술은 해수를 담수로 변환하는 과정에서 에너지를 효율적으로 사용해 물 부족 문제를 해결하는 데 기여했다는 평가를 받았다.

인네이처는 블라인드 및 발열 기능이 있는 에너지 절감형 전자 차양 시스템으로 혁신상을 받았다. 이 시스템은 건물의 에너지 효율성을 높이고, 자연광을 활용해 전력 소비를 줄여 친환경 건축 구현에 기여했다는 평가가 주를 이룬다. LS일렉트릭과 LS전선이 공동 개발한 하이퍼그리드 NX~Next Generation Superconducting Power System for eco-friendly urban data center~는 초전도 전류제한기로, 스마트시티와 인간안보 부문에서 혁신상을 수상했다. 이 시스템은 낮은 전압으로 대용량 전력을 송전할 수 있어 기존 변전소의 필요성을 낮춰주고, 전자파 발생을 최소화해 환경에 미치는 영향을 줄였다는 평가를 받았다.

CES 2025에 선보인 혁신적인 AI 기술들은 다양한 제품으로 구현되었지만 한 가지 공통점이 있었다. 바로 지구촌의 지속가능성과 환경 및 인류의 미래에 긍정적인 영향을 미친다는 점이다. 기업과 개발자들은 지속가능 기술과 친환경 기술이 미래 시장에서 생존과 성장의 필수 조건임을 인식하고 개발의 핵심 요소로 반영해야 할 것이다.

참고

서비스/소프트웨어/시스템/제품/플랫폼 이름

3D 익스피어런스 3D EXPERIENCE

AI 노바 AI NOVA

AI 레디 AI Ready

AI 메디 워터 Medi Water

Ai 지니어스

AI 패스웨이 컴패니언 AI-Pathway
   Companion

AI-래드 컴패니언 AI-Rad Companion

BPM 프로2 BPM Pro2

CL홈즈 CLholmes

IBM 왓슨 IBM Watson

BM 왓슨 TTS IMB Watson TTS

IBM 클라우드 IBM Cloud

IRB

IRB 6700

KATR

KT 클라우드 KT Cloud

LG 그램 프로 LG gram Pro

LG 씽큐 온 LG ThinQ ON

LG 올레드 TV LG OLED TV

LG 클로이 서브봇 LG CLOi ServeBot

NEXYTE

NHN 클라우드 NHN Cloud

NHS 트러스트 NHS trust

NLLB-200

Puma 9980

Q 익스피리언스 Q Experience

TD2 TD Square

ZDT

가우디 Gaudi

갤럭시S24 GalaxyS24

갤럭시 Z 폴드6 Galaxy Z Fold6

갤럭시 워치7Galaxy Watch7

갤럭시 탭 S10 시리즈Galaxy Tab S10
　Series

갤럭시 핏Galaxy Fit

고담Gotham

고카트GoCart

구글 TTSGoogle TTS

구글 닥스Google Docs

구글 드라이브Google Drive

구글 맵스Google Maps

구글 미트Google Meet

구글 번역Google Translate

구글 서치 콘솔Google Search Console

구글 어시스턴트Google Assistant

구글 익스페디션Google Expedition

구글 클라우드Google Cloud

구글 클라우드 플랫폼Google Cloud
　Platform

구글 클래스룸Google Classroom

구글 트랜스레이트Google Translate

구글 포토Google Photo

그래머리Grammarly

그레이드스코프Gradescope

그로버Grover

깃허브GitHub

네이버 클라우드NAVER Cloud

네이버 파파고NAVER papago

넥스플랜트Nexplant

넥슬라이드 A⁺ Nexlide A⁺

넷플릭스Netflix

노우지Knowji

뉴로 웰니스 인핸서Neuro Wellness
　Enhancer

뉴스 트레이서News Tracer

다이얼로그플로우Dialogflow

닥터앤서 1.0Dr.Answer 1.0

닥터앤서 2.0Dr.Answer 2.0

달리Dall-E

달이 딜리버리DAL-e Delivery

두낫페이DoNotPay

드론 퍼스트 리스폰더Drone First
　Responder, DFR

드림박스 러닝DreamBox Learning

디그리드Degreed

디즈니 플러스Disney+

디지털 SATDigital SAT

디지트DIGITS

디핏Diffit

딥아이즈DeepEyes

딥엘DeepL

딥엘 보이스DeepL Voice

라마3LLaMA 3

라마4LLaMA 4

라이브 트랜스크라이브Live Transcribe

라이트소닉Writesonic

람다LaMDA

래미Lemmy

런웨이 젠3Runway Gen-3

런큐.aiLeanQ.ai

레플리카Replika

로보밴Robo-Ban

로보틱스Robotics

로스ROSS

로톡lawtalk

루멘5Lumen5

루키Rookie

룻아웃Lookout

뤼튼 트레이닝Wrtn Training

리딩 프로그레스Reading Progress

리서치 슈퍼클러스터Research

　SuperCluster

마이마누 클릭2Mymanu Clik2

마이뷰 스마트모니터MyView

　SmartMonitor

마이크로소프트 365 코파일럿

　Microsoft 365 Copilot

마이크로소프트 빙Microsoft Bing

마이크로소프트 빙 TTSMicrosoft Bing

　TTS

마이크로소프트 애저Microsoft Azure

마이크로 소프트 애저 TTSMicrosoft

　Azure TTS

마이크로소프트 엣지Microsoft Edge

마이크로소프트 오피스 365 에듀케

　이션Microsoft Office 365 Education

마이크로소프트 원드라이브Microsoft

　OneDrive

마이크로소프트 팀즈Microsoft Teams

마인드스피어MindSphere

매스GPT프로MathGPTPro

매시아MATHia

매직 노트Magic Note

매직스쿨AIMagicSchool AI

맥스Max

맥시모Maximo

멀린Merlin

메이크 어 비디오Make-A-Video

메타 AIMeta AI

메타파머Metafarmer

무들Moodel

무크Massive Open Online Courses

뮤버트Mubert

뮤즈넷Musenet

미드저니Midjourney

민버스minVerse

바빌론 헬스Babylon Health

바이두 번역BaiduTranslation

바이야 케어Bayyar Care

발러Baler

버즈3 프로Buds3 Pro

버트BERT

버티Bertie

베지봇Vegebot

베터먼트Betterment

보이스잇Voiceitt

볼로시티VoloCity

부이 헬스Buoy Health

북스토리Booxtory

브라비아 극장 쿼드BRAVIATheater
    Quad

브라이트사인BrightSign

브리프캠VriefCam

블랙보드Blackboard

비보스마트Vivosmart

비스포크 AI 하이브리드 4도어
    BESPOKE AI Hybrid 4-Door

비주얼 인텔리전스Visual Intelligence

빅스비Bixby

빅스올캠VIXallcam

사이버캡Cyber Cab

사이보그 Cyborg

사인올SignAll

산타Santa

생성형 AI 검색Search Generative
    Exprience, SGE

샤오미 스마트 밴드Xiaomi Smart Band

샷스포터ShotSpotter

설리번 ASullivan A

세일즈포스 클라우드Salesforce Cloud

센스네뷸라SenseNebula

센티넬원SentinelOne

셀비 메디보이스Selvy MediVoice

셀비 체크업Selvy Checkup

소라Sora

소크라트Socrat

소크라틱Socratic

소팅봇Sorting Bot

수노Suno

수학대왕iammathking

슈도라이트Sudowrite

슈퍼 빌런Super Villain

스마트리더SmartReader

스마트 밴드Smart Band

스캠뱅가드ScamVanguard

스타게이트Stargate

스타즈STARS

스테이블 디퓨전Stable Diffusion

스토리사인StorySign

스팟Spot

스피치XSpeech X

슬립 패드Sleep pad

시리Siri

시스트란SYSTRAN

시잉 AISeeing AI

시티 브레인City Brain

신세시아Synthesia

씽큐ThinQ

아마존 렉스Amazon Lex

아마존 번역Amazon Translate

아마존 폴리Amazon Polly

아마존 프라임Amazon Prime

아마존 프라임 리딩Amazon Prime
Reading

아마존 프라임 뮤직Amazon Prime
Music

아마존 프라임 비디오Amazon Prime
Vidieo

아마존 프라임 에어Amazon Prime Air

아마존 프라임 프레시Amazon Prime
Fresh

아숙업AskUp

아이 서치i-Search

아이그리AIGRI

아이바AIVA

아이비퀀텀IvyQuantum

아이플라이텍iFLYTEK

아인슈타인 GPTEinstein GPT

아치쓰리디 라이너Arch3D Liner

아톰넷AtomNet

아틀라스Atlas

안티제나Antigena

알렉사Alexa

알렉사 투게더Alexa Together

알리바바 시티 브레인Alibaba City

　Brain

알리바바 클라우드Alibaba Cloud

알파고AlphaGo

알파스타AlphaStar

알파제로AlphaZero

알파폴드AlphaFold

알파폴드2AlphaFold2

알파폴드3AlphaFold3

애저 퀀텀Azure Quantum

애플 워치Apple Watch

애플 인텔리전스Apple Intelligence

앰퍼 뮤직Amper Music

어도비 파이어플라이Adobe Firefly

어드밴스드 보이스 모드Advanced

　Voice Mode

어스2Earth-2

에듀에이드 AIEduaide AI

에듀클래스EduClass

에드Ed

에드모도Edmodo

에드캐스트EdCast

에디터Editor

에스야드SYARD

에이다Ada

에이다 헬스Ada Health

에이드AIDE

에이징 인 플레이스Aging in Place

엔비디아 A100NVIDIA A100

엔비디아 H100 GPUNVIDIA H100 GPU

엔비디아 리바NVIDIA Riva

엘L

엘리스 코딩Elice Coding

엘리스LXP EliceLXP

엘리큐ELLiQ

엠마EMMA

오라클 클라우드Oracle Cloud

오우라링Oura Ring

오원o1

오캠 마이아이OrCam MyEye

오퍼레이터Operator

온디맨드 자동차 인포테인먼트 센터

　On-Demand Automatic Infotainment

　Center

온보딩Onboarding

옴니버스Omniverse

옵티머스Optimus

와이사Wysa

왓슨 포 온콜로지Watson for Oncology

왓슨 헬스Watson Health

왓츠앱Whats App

워드스미스Wordsmith

워봇Woebot

웨이모 바이아Waymo Via

웨이모 원Waymo One

웰스프론트Wealthfront

위비츠Wibbitz

유데미Udemy

유미YuMi

유스캔U-Scan

이마젠 비디오Imagen Video

이미지 완드Image Wand

이미지 플레이그라운드Image

　　Playground

이온 히팅 시스템Ion Heating System

이음 5Ge-um 5G

인디아aiINDIAai

인스타그램Instagram

인텔 400Intel 4004

재스퍼 AI Jasper. ai

제니 AIJenni AI

제미나이Gemini

제미나이 라이브Gemini Live

젠모지Genmoji

젠스파크Genspark

존 디어 오퍼레이션 센터John Deere

　　Operations Center

주서Juicer

지샤오바오Zhixiaobao

지스케일러Zscaler

챗GPTChatGPT

카나나Kanana

카디오 미러Cardio Mirror

카카오 아이Kakao i

카카오 아이 TTSKakao iTTS

카피 AICopy.ai

캔바Canva

캔버스Canvas

캔버스 DXCanvas DX

케이 헬스K Health

케이봄K-VoM

켄쇼Kensho

코너스톤 온디맨드Conerstone

　　OnDemand

코드위스퍼러CodeWhisperer

코모 AI Komo AI

코세라 Coursera

코스모스 COSMOS

코스 히어로 Course Hero

코지피티 KoGPT

콘커 AI Conker AI

콤파스 COMPAS

콴다 QANDA

쿠다 CUDA

쿼트봇 Quotebot

퀘스천웰 QuestionWell

퀘이크봇 Quakebot

퀴즐렛 Quizlet

크라우드스트라이크 CrowdStrike

크라임스캔 CrimeScan

크리티컬 케어 스위트 Critical Care
 Suite

클래스101 Class101

클래스팅 Classting

클래스VR ClassVR

클로드 Claude

클로바 더빙 CLOVA Dubbing

클로바X CLOVA X

클로바노트 ClovaNote

키바 Kiva

킨닥 엔도 Kindoc Endo

타이탄 Titan

테라퓨틱 스파 베드 Therapeutic Spa
 Bed

테스 Tess

텐가이 Tengai

텐서RT TensorRT

튜터닷컴 Tutor.com

트랜지스터 Transistor

트레이니움2 Trainium2

트레이니움3 Trainium3

트리톤 Triton

티엠티 Tencent Machine Translation

티엘디브이 tl;dv

틱톡 TikTok

파로 Paro

팜세이캔 PaLM-SayCan

패스트캠퍼스 Fast Campus

퍼시피오 Percipio

퍼플렉시티 Perplexity

페치 Fetchy

포스프레임 PosFrame

포켓 로켓 Pocket Rocket